dtv

Zugegeben oder nicht, Schönheit ist Macht – Bernd Guggenbergers These ist so einfach wie wahr. Neben Geld, Elternhaus, Nationalität, Konfession, Sprache und Ausbildung spielt die Schönheit eine entscheidende Rolle in unserem Leben. Sie bestimmt unser soziales Verhalten, unsere Stellung innerhalb der Gesellschaft sowie unsere Karrierechancen wesentlich mehr, als wir uns gemeinhin eingestehen wollen. Sie ist eine Laune der Natur, eine »schöne Ungerechtigkeit«, eine elitäre Urgewalt, die unserer demokratischen Auffassung von Erfolg widerspricht – denn was wir verdienen, soll schließlich redlich verdient sein. Trotzdem, verlogen wie wir sind, basteln wir in Fitneßstudios und Schönheitssalons Tag für Tag an unserem äußeren Erscheinungsbild. Der Feminismus und die Geschlechterdebatte haben nichts daran geändert, daß wir Schönheitsidealen hinterherjagen. Bernd Guggenbergers ebenso unterhaltsames wie provokatives Buch entblättert die »Schönheitshackordnung«, der wir alle gehorchen. Er hält uns in zahlreichen Beispielen den Spiegel vor und plädiert für die Enttabuisierung der Schönheit sowie für mehr Ehrlichkeit im Umgang mit ihr. Denn staunen zu können, sich von der Schönheit berühren zu lassen, das mache das Leben erst lebenswert.

Bernd Guggenberger, Jahrgang 1949, Sozialwissenschaftler, Essayist, bildender Künstler, ist Professor für Politische Wissenschaften an der Freien Universität Berlin. Er schreibt regelmäßig für ›Die Zeit‹ und die ›Frankfurter Allgemeine Zeitung‹. Zahlreiche Buchveröffentlichungen, u. a. ›Sein und Design. Zur Dialektik der Abklärung‹ (1987).

Bernd Guggenberger

Einfach
schön

Schönheit

als soziale Macht

Deutscher Taschenbuch Verlag

Der Schönen Schönster,
die nie wußte,
daß sie's ist

Ungekürzte Ausgabe
August 1997
Deutscher Taschenbuch Verlag GmbH & Co. KG, München
© 1995 Rotbuch Verlag, Hamburg
ISBN 3-88022-819-1
Umschlagkonzept: Balk & Brumshagen
Umschlagfoto: © Marc Dalphin/TONY STONE
Gesetzt aus der Walbaum 10/12.5˙ (Linotron 202)
Gesamtherstellung: C. H. Beck'sche Buchdruckerei, Nördlingen
Gedruckt auf säurefreiem, chlorfrei gebleichtem Papier
Printed in Germany · ISBN 3-423-36024-0

Inhalt

*»Denn das Schöne ist nichts / als des
Schrecklichen Anfang, den wir noch
grade ertragen, / und wir bewundern
es so, weil es gelassen verschmäht, /
uns zu zerstören.«*
Rainer Maria Rilke,
Erste Duineser Elegie

Bekenntnis

»Wer die Schönheit angeschaut mit Augen,
ist dem Tode schon anheimgegeben, wird
für keinen Dienst auf Erden taugen.«
August Graf von Platen, *Tristan*

Wäre das Lebensrätsel Schönheit auflösbar wie ein beliebiges Kreuzworträtsel, wäre Schönheit in ihren wesentlichen Elementen definierbar und uns in einer treffenden Formel zuhanden – sie würde all ihren Zauber verlieren.

Wer dieses Buch liest, sollte nicht glauben, er wisse am Ende präziser, was »schön« ist. Bei dieser Frage wird uns immer nur das ungefähre, nie das punktgenaue Wissen leiten. Was schön ist und was nicht, das »wissen« wir im Grunde immer schon; etwa so, wie wir »wissen«, daß wir – normalerweise – den Tag der Nacht vorziehen oder den Sonnenschein dem Regen.

Wer dieses Buch gelesen hat, wird also in Sachen einer beschreibbaren Schönheitsgewißheit nicht viel weitergekommen sein. Aber er wird möglicherweise über ein paar gute Gründe mehr verfügen, der Schönheit, der unsere Gesellschaft so zwiespältig begegnet, ohne Wenn und Aber die Treue zu halten. Und vielleicht wird er sich wieder etwas offensiver zum Staunen bekennen; vielleicht wird er sich des offenen Mundes nicht mehr schämen und des schnelleren Atems. Wen der unverhoffte Anblick einer schönen Frau nicht, für einen kurzen Moment wenigstens, aus der Fassung bringt, von dem sollte man manches erwarten, bloß nicht jene Phantasie und Kreativität, die sich der Berührbarkeit verdanken, und schon gar nicht die Fähigkeit, auch dort zu finden, wo man gar nicht suchen kann. Wer die Schönheit erkennen will, muß sie zuerst *anerkennen;* wer nicht bereit ist, sich von ihr in Bann schlagen zu lassen, dem kann auch nicht gegeben werden. Wer das Schöne nicht einfach schön sein lassen kann, wird zu seinem Feind, er mag dies beschönigen, wie er will.

Dies ist also, im Sinne des Wortes, ein »überflüssiges« Buch, das wir dringend brauchen; niemand, der weiß, daß er es bräuchte, keiner, der es vermißte. Es wird die Welt und ihre Akteure nicht dauerhaft verändern; genausowenig übrigens wie die meisten der absichtsvoll welt- und bewußtseinsverändernden Bücher, die täglich geschrieben und gekauft werden.

Weil es aber ein überflüssiges Buch ist – und allein deshalb –, ist es, in einer Umwelt punktgenauer Nützlichkeit, um vieles weniger überflüssig als so manche jener wichtigen Bücher von großer Themen- und Tagesrelevanz. Es ist so überflüssig, wie es überflüssig ist, für Minuten oder Stunden einem Sandkäfer zuzuschauen, eine sich öffnende Blüte zu beobachten oder sich an einem herumtollenden Fohlen zu erfreuen.

Wahrscheinlich ist das Innehalten im Angesicht der grundlosen Schönheit nur ein Augenblicksreflex, ein Windhauch erhabener Weisheit, eine flüchtige Regung des Gewissens; ebensowenig also ein verläßliches Medium der Menschen- und Weltverbesserung wie die Liebe zwischen Mann und Frau, Kindern und Katzen – aber doch nicht nichts, wenn Neid und Mißgunst, Haß und Verrat sich dort ein wenig schwerer tun, Einlaß zu finden, wo Liebe ist und das Auge der Schönheit zum Verweilen nötigt.

Hätte ich einen Wunsch frei an die Märchenfee, ich wünschte mir, daß nur diejenigen Bücher über die Schönheit schrieben, die bereit sind, sich als Schönheitstifosi zu outen.

Bielefeld/Hamburg   *März 1995*

Einfach schön

Was anderes könnte der Sinn der Schönheit sein – des Augenpaares, in das wir schauen, der sich öffnenden Blüte oder der im Meer versinkenden Sonne – als eben dies: die Frage nach dem Sinn dieser Schönheit zum Verstummen zu bringen, jedenfalls solange der Zauber anhält?

Auch wo hundert Fragen auf den Lippen brennen, bleibt uns doch nur, das Schöne immer wieder behutsam zu umkreisen, es nicht zu bedrängen, es sein zu lassen. Wer staunt, bleibt instinktiv fern; denn Staunen fordert Distanz. Wer nah hinzutritt, zerstört.

In jedem außerordentlichen Gesicht, das uns zwingt, es wieder und wieder zu schauen, begegnet uns das immer auch beunruhigende Versprechen eines Lebens, das auch ganz anders sein könnte. Vorschein und Ahnung, daß das, was ist, nicht alles ist und vielleicht auch nicht zum Gutsein-lassen genug. Jedes Gesicht, das uns etwas bedeutet, *bedeutet* uns etwas, d. h. es weist uns auf etwas hin, fordert uns zu etwas auf, erinnert uns an etwas. So gewiß wir solchen Anruf immer wieder ignorieren können (und müssen), so gewiß wird er uns immer wieder erreichen, jedenfalls solange wir nicht erblindet sind und die Welt um uns verstummt.

Schönheit ist, vor allem anderen, Artgenossenschönheit: Wenn wir den Artgenossen beurteilen, bewegen wir uns gleichsam »in unserem Medium«. Hier leitet uns die – gewiß immer auch bestechliche – Gewißheit langer Erfahrung: Wir begegnen uns und unseresgleichen. Wir beurteilen etwas, das wir teilen. Grundlage unserer Unterscheidung und unseres Urteils ist eher die Anteilhabe als die Anteilnahme. Gewiß gilt auch hier, daß »die Geschmäcker verschieden« sind; doch ebenso gewiß geht diese Verschiedenheit nicht so weit – wie uns mancher weismachen will –, daß alles relativ wäre und es sich nicht verlohnte zu streiten.

Das Schönheitsurteil ist nichts Beliebiges und Willkürliches; schon deshalb nicht, weil es so gut wie nie ein bewußtes Urteilen ist, das sich unter der Anleitung von Geltungskriterien formte, die im Einzelfall benennbar wären. Das Schönheitsurteil stellt sich in der Regel als unwillkürlicher Reflex ein: Wir brauchen ein Gesicht oder einen Körper nicht erst zu vermessen, wir brauchen auch nicht lange zu überlegen – Schönheit ist ebenso evident wie Tag und Nacht, Regen und Sonnenschein. Sie ist das Attribut derer, die wir betrachten.

Wir sind, wie nie zuvor, von den Bildern schöner Menschen »umzingelt«; von Bildern, auf denen in fast bedrängender Einseitigkeit extreme Formen von Artgenossenschönheit inszeniert werden; von Bildern, die nichts anderes wollen (und können) als dies: sich über raffiniert arrangierte Begegnungen der allerersten Art, nämlich der kreatürlichen Dimension, ihren Anteil an der knappen Ressource Aufmerksamkeit zu sichern.

Die Macht der Erscheinung ist die Macht, etwas erscheinen zu lassen, das im Sichtbaren nicht aufgeht; uns mit Ahnungen, Gefühlen und geflüsterten Versprechen zu erfüllen; uns in das Ganze einer Welt zu versetzen, die so ganz anders ist als die, in der wir uns bewegen. Wer nicht imstande ist, sich von der Macht der Schönheit ähnlich ergreifen zu lassen wie von der ebenso unverfügbaren Macht der Sonne oder des Windes – vor denen wir allenfalls Schutz suchen, wenn wir ihnen nicht mehr standhalten mögen –, der wird ein armes Leben führen, da auch nichts sonst ihn wirklich ergreift. Gewiß: Gegen die Macht der Schönheit kann man sich erfolgreich wehren. Man kann sich mit Ressentiments wappnen, mit Vorurteilen und Verdächtigungen. Man kann ihr zuleibe rücken, ihr »auf den Grund« zu gehen versuchen, um sie z. B. als »historische Norm, mit der Politik gemacht wird«, bloßstellen.[1] Aber man sollte auch bedenken, daß man dann die Läden schließt und die Sonne aussperrt.

Zum Mysterium Schönheit gehört wohl auch, daß sie uns nie mit gänzlich Ungesehenem traktiert: Was wir in ihrer Gestalt erblicken, ist uns keineswegs unbekannt. Jeder hat es schon mehrfach irgendwo gesehen – *bloß so noch nie;* was er sieht, ist zum erstenmal *einfach schön.*

Eine der schönsten neueren Definitionen des Schönen lautet:»Das Schöne fasziniert, verzaubert, weckt das Begehren; in der Lust des Schauens und Hörens verspricht es Momente gesteigerten Lebens. Es verweist auf *Höheres,* drückt *Unendliches in Endlichem* aus und widersetzt sich den verzweifelten Versuchen, seinen Sinn zu bestimmen. Das Schöne ist nicht real, läßt sich nicht eindeutig machen; es hat keinen festgelegten Sinn, ist scheinhaft, flüchtig, unwiderstehlich und unvergleichlich. Der Versuch, sich seiner zu bemächtigen, vernichtet es. Das Schöne ist Schein und als Schein Spiegelung in sich selbst. Es bildet eine nicht auf anderes reduzierbare Welt, ist ohne Nutzen und spielt mit den erotischen Wünschen am Rande des Chaos in der Hoffnung auf Unvergänglichkeit.«[2]

Wer nicht ohne Vorbehalt *für* die Schönheit ist, ist *wider* sie. Wer sich nicht entschließen kann, auf der Seite der Verzauberten und Verwirrten zu leben, hat sich entschlossen, ohne die Schönheit zu leben. Möglicherweise wird er ein geruhsameres Leben führen, gewiß aber ein ärmeres.

Macht der Schönheit
und Schönheitstabu

*»Ich fürchte keine als der
Schönheit Macht«*
Friedrich Schiller, *Turandot*

Empfehlungsschreiben der Natur

Aristoteles erschien die Schönheit »wirkungsvoller als alle Empfehlungsschreiben«. Man könnte auch sagen: Sie ist selbst das machtvollste Empfehlungsschreiben, machtvoller vielfach als Geld, Abkunft und Geist. Ein Empfehlungsschreiben, das die Unterschrift der Natur trägt, und eben deshalb von uns, die wir mit nichts und niemand so hingebungsvoll Krieg führen wie mit der Natur, als zutiefst ambivalent erfahren wird. Bewunderung und Empörung, Hingabe und Rebellion umschreiben das Spektrum unserer widersprüchlichen Reaktionen.

Es scheint uns zu erschrecken, wenn wir unvermutet der sozialen Macht der Schönheit inne werden. Deshalb wohl befestigen wir stets aufs neue die Schranken des Tabus[1]; deshalb lügen und heucheln wir nirgends so konsequent wie dort, wo es um die Schönheit geht, genauer: um ihren Machtanspruch und ihren sozialen Prestigerang.

Die Schönheit ist eines der letzten verbliebenen »großen« Tabus. Wir lügen nirgends so wirkungsvoll wie dort, wo es sich um die soziale Macht der Schönheit dreht, um ihre reale Präsenz in den Entscheidungen des Tages, um ihren Anteil an unseren Handlungsmotiven und Begleitgefühlen. Es beleidigt den Intellekt, gleichsam im eigenen Hause, beim »homo sapiens« immer wieder auf Spuren des Animalischen zu stoßen: wenn die Biologie Amors Pfeilen die Flugbahn verkürzt und sich »wie bei den Fröschen« der schöne Körper nach dem schönen Körper drängt ...[2]

Von der Kontaktchoreographie der Tanzstunde bis zur Gesprächschoreographie des Zugabteils setzt die Schönheit die Signale. Dort, wo zwischen 15 und 25 Jahren das Leben sich abspielt: in der Disco, im Urlaub, an den Funsport-Locations der Surfer und Snowboarder, der Tennis- und Skifreaks, und natürlich auch an den Schulen und Universitäten – dort ist Schönheit alles, und nichts sonst zählt. Die Musterungssituation ist gnadenlos, und den Ausgemusterten bleibt nur, gute Miene zum (bösen) Schönheitsspiel zu machen – und auf ihre Chance anderswo und ein andermal zu hoffen, wenn das Wettbewerbsarrangement nicht so erdrückend einseitig ist und die Wahrscheinlichkeit, mit den eigenen Qualitäten wahrgenommen zu werden, nicht so verschwindend gering, weil vielleicht die Musik weniger laut dröhnt und sich außer für Pulverschnee und Wellen auch mal jemand für Darwins große Forschungsreise auf der »Beagle« oder die Entstehung des Universums interessiert ...

Soziale Macht von Anfang an

Schönheit ist soziale Macht von Anfang an. Das hübsche Baby erfährt mehr Anteilnahme und Zuwendung als das weniger niedliche. Dem schönen Kind wird leichter verziehen, es kann mit mehr Aufmerksamkeit rechnen, es wird sich mit den Noten in der Schule leichter tun, ebenso mit den Freundschaften und anderen Sozialofferten, die ihm auf allen Stationen seines Lebensweges überreichlich angetragen werden. Und weil es mehr Ermutigung erfährt, wird es auch selbstbewußter, schlagfertiger und sozial »offensiver« – und damit in den Augen vieler noch attraktiver.[3]

Die alltäglichen Lebenserfahrungen des Schönen sind jenen des Nicht-Schönen in vielerlei
Hinsicht gänzlich unvergleichbar. Ein schöner Art-
genosse erfährt vom Kindergarten an in den ver-
schiedensten Lebenssituationen, daß er sich mehr
erlauben kann, daß er anderen vorgezogen wird,
daß man ihm leichter verzeiht, daß man ihm ge-
neigter zuhört, ihm mehr Aufmerksamkeit und
Beachtung schenkt, daß alle Welt um seine Zuneigung wirbt, daß es ihm ein leichtes ist, seinerseits
durch einen Satz, ein Winken, ein Lächeln den anderen zu erreichen, ihn vor anderen auszuzeichnen, ihn in eine freudige, erwartungsfrohe Stimmung zu versetzen.

Es ist dies, mit einem Wort, die ganz früh schon
einsetzende Erfahrung der sozialen Macht, der
fundamentalen Fähigkeit, Gefolgschaft zu finden,
Zustimmung, ja Sympathie und aktive Unterstüt-
zung zu mobilisieren. Schönheit verkörpert soziale
Macht in ähnlich reiner Unmittelbarkeit wie sonst
nur noch die rohe Körperkraft (oder die sehr seltene, quasi »hypnotisch« wirkende Geistesauto-
rität). Sie kann, ohne Umwege zu gehen, Widerstand brechen, unterwerfen, willfährig, sprich:
»hörig« und »äugig« machen.

Der Schöne lebt in einer anderen Welt; ihn umgibt ein Faradayscher Käfig sozialer Hegung und
fürsorglicher Begehr. Die Bevorzugung der Schönen in unterschiedlichsten Lebenssituationen ist
inzwischen durch eine Reihe von Studien zweifels-
frei belegt.[4] Von der Partnersuche bis zum Ge-
richtsprozeß, von den Freizeitangeboten bis zum
Arbeitsplatz, von den Kontaktchancen im Urlaub
und an der Schule bis zu den Einladungen und Par-
ties schneiden die Schönen einzig aufgrund ihrer

Schönheit und der damit verbundenen sozialen Macht, für sich einzunehmen und sich ihre Mitmenschen gewogen zu machen, deutlich besser ab als die minder »Begabten«.[5]

Konfession, Nationalität, regionale Zugehörigkeit, Spracherwerb, Beruf der Eltern, Geld, Macht und Stand machen wir dafür verantwortlich, daß einer derjenige wurde, der er ist. Nur mit der Schönheit als Weichensteller fürs Leben tun wir uns schwer. Wer wäre bereit zuzugeben, daß er die neue Kollegin allein deshalb so sympathisch findet, weil sie gut aussieht? Aus allen möglichen Gründen darf jemand eine herausgehobene Position bekommen, nur nicht aufgrund seines Aussehens. Aus allen möglichen Gründen dürfen wir jemanden verehren, ihm nachfolgen – nur nicht seiner Schönheit wegen. Und daher wird nirgends so viel gelogen, geheuchelt und vertuscht wie beim Umgang mit der Schönheit. Treffend sagt Auguste Renoir: »Traue niemand, den der Anblick einer schönen weiblichen Brust nicht außer Fassung bringt! Wer über so viel Verstellungskunst gebietet, könnte dich allzu leicht auch sonst täuschen.« Die Aufrichtigkeitsnöte, mit denen alle wirkliche Schönheit den sozialen Umgang beschwert – von Aggressionen, Eifersucht und »niederen« Triebregungen bis hin zum Tötungswunsch –, sind ein erklärungsbedürftiges, selten auch nur andeutungsweise gedeutetes Phänomen.

Erklärungsbedürftig ist auch, weshalb für alle die soziale Macht der Schönheit betreffenden Fragen bis heute keine gründlichen Erklärungsversuche und Deutungsansätze existieren. Weshalb gibt es keine ausgearbeitete »Soziologie« des Körpers und der Schönheit? Das Thema »Schönheit« bräuchte sich

hinter anderen sozialphilosophischen und soziolo-
gischen Großthemen wie Staat und Herrschaft, Fa-
milie und Kindheit, die allesamt leicht ganze Regal-
wände mit aktueller Literatur zu füllen vermögen,
gewiß nicht zu verstecken. Wie konnte ein Thema
von solch unüberbietbarer Grundsätzlichkeit so
lange fast gänzlich ohne Beachtung bleiben?[6]

Die »schöne Ungerechtigkeit«– Ärgernis in der Epoche der Egalität

Der latente Gleichheitswunsch, der an vielen Stellen die moderne Gesellschaft prägt und sich immer
wieder auch in ihren uneingestandenen, unter-
gründigen Sehnsüchten ausspricht, könnte eines
jener Felder bezeichnen, auf denen wir nach einer
Antwort auf diese Frage zu suchen haben.[7] Das
weltweit vielleicht verbreitetste aller gesellschaftlichen Paradigmen ist das demokratische. Wir alle
sind in unseren Empfindungen wie in unserem
Verhalten demokratisch »affiziert«. Auch wo wir
fortlaufend gegen Grundregeln demokratischen
Zusammenlebens verstoßen mögen, schmücken
wir Rede und Tat unverdrossen mit den Duftmarken des Egalitären. Die Schönheit und alles, was
mit ihr zusammenhängt, was sie uns gewährt und
was wir durch sie erdulden, liegt quer zu den
allgegenwärtigen Erfahrungen der Demokratie,
widerstrebt unserer »Sozialisierung« durch das demokratische Paradigma, welches uns von Kindes-
beinen auf begleitet.

Schönheit ist nicht demokratisierbar. Sieht man
von gentechnischen und mikrochirurgischen Mög-

lichkeiten einmal ab, die sich eines Tages gewiß auch dieses Terrain erschließen werden, so kann Politik gewiß nicht den Zugang zur gleichen »Teilhabe an der Schönheit« eröffnen, etwa so, wie sie den gleichen Zugang zur politischen Macht, zur Bildung oder – in gewissem Umfang – auch zur betrieblichen Mitbestimmung und zum allgemeinen Wohlstand ermöglicht hat.

Die Schönheit ist ein unaufhörliches Ärgernis in der Epoche der Egalität. Alles läßt sich, zumindest »im Prinzip«, egalitär domestizieren: Einfluß, Reichtum, politische Macht, Bildungschancen, Geburtsvorrechte, Rassen- und Klassenprivilegien, ethnische und konfessionelle Ungleichheiten. Schönheit läßt sich nicht umverteilen.

Dies ist der Grund, weshalb es so viele Schönheitshasser gibt und einen lang anhaltenden, gnadenlosen Krieg wider die Schönheit. Schönheit macht autark. Schon das macht sie einer pluralen Gesellschaft, deren Gravitation die gleiche Abhängigkeit aller von allen ist, suspekt. Wir sind gewohnt, daß die Gesellschaft von der Wiege bis zur Bahre nahezu jedes unserer Bedürfnisse in Regie nimmt, es organisiert und sozialtechnisch bearbeitet.

Und die Schönheit? Gibt es einen Wunsch in uns, der tiefer sitzt, ein Bedürfnis, welches uns dringlicher plagt, eine Hoffnung, die wir behutsamer und mit ausdauernderer Bereitschaft zur Selbsttäuschung pflegen?

Und doch versagen gerade hier, im Angesicht der Schönheit, alle »sozialprotektionistischen« Kompensationsbemühungen. Wider die Schönheit ist eben kein egalitäres Kraut gewachsen. Wem die Schönheit in die Wiege gelegt wurde, der verfügt über einen anderweitig letztlich nicht kompensierbaren elementaren Wettbewerbsvorteil, der sich in nahezu jeder Situation Geltung verschafft. »Schönheit ist ein offener Empfehlungsbrief, der die Herzen zum voraus für uns gewinnt« (Schopenhauer). Die Schönheit ebnet viele Wege, öffnet einigen wenigen Türen und Tore, die den allermeisten verschlossen bleiben. Wenn ungerechtfertigte Bevorzugung ein Unrecht ist, dann war keine Gesellschaft je so ungerecht, wie es die Natur täglich ist, indem sie dem einen überreich zuteilt, was sie dem anderen beharrlich vorenthält.

Schönheit ist nicht teilbar; sie bleibt ein durch nichts verdientes und verdienbares Geschenk für jene wenigen, die sie besitzen; und ihr Mangel ist den vielen, die sie entbehren müssen, ein unverdientes Unrecht.

Der Zusammenhang zwischen beiden Gruppen: zwischen den vielen Minderbemittelten und den wenigen Schönen, ist indes noch diffiziler. Die Kostbarkeit der Schönheit ist ja gerade ihre Seltenheit. Die vielen verehren und suchen sie ja nur, weil sie so rar ist. Wäre sie der Normalfall, der uns in nahezu jedem Artgenossen entgegenträte, würden wir sie längst nicht mehr als bemerkenswert registrieren. Soll sie uns kostbar sein, muß sie knapp bleiben, ein scheues Reh, auf welches wir in seltenen glücklichen Augenblicken immer wieder einmal treffen mögen.

Selbst also, wenn wir die gleiche Schönheit aller verwirklichen könnten, bedeutete dies, daß wir es nur könnten um den Preis der Ruinierung ihres Wertes. Wo alle schön sind, ist es keine(r) mehr. Schön sein bedeutet unvermeidlich exklusiv sein und damit umworben, begehrt, stets der »ansehnliche« Mittelpunkt des Interesses. Auch wenn es den vielen Durchschnittlichen, welche die Schönheit meidet, nicht besonders schmeicheln mag: Auch sie leisten, einfach durch ihre Existenz, einen unverzichtbaren Beitrag zur Schönheit, genauer vielleicht – zu ihrer Wahrnehmung. Ohne sie, die selbst an der Schönheit nicht teilhaben, bliebe diese unerkannt. So wie der Star kein Star ist ohne die Zehntausende von Beinah-Stars, die fast, aber eben nur fast, genauso gut sind, doch den letzten Schritt ins Rampenlicht nie schaffen werden, so ist der Schöne nicht schön ohne Millionen von Möchtegern- und Beinah-Schönen. Sie, die vielen, vielen knapp und allzu knapp Gescheiterten verbürgen seinen exklusiven Status. Gäbe es nicht das Millionenheer von mehr oder weniger ambitionierten Freizeittennisspielern – was wäre Boris Becker anderes als ein bedauernswert einseitiger junger Mann, der, mit allen Anzeichen milder Besessenheit und stets hart an der Grenze zum Lächerlichen, auf eine gelbe Filzkugel eindrischt? Die Millionen verhinderter Wimbledonsieger – sie adeln Boris Becker zum Star. Erst im Licht ihres minderen Talents erstrahlt sein Stern.

Das Schöne wird als Großes und Einzigartiges gerade dadurch erkennbar, daß wir es so oft verfehlen, auch dadurch, daß wir es oft ganz knapp verfehlen. Das Verfehlen und das knappe Scheitern, das eigene wie das fremde – all dies schult ja unseren Sinn für die spezifische Differenz des Schönen, macht uns fähig und bereit, den Unterschied, der stets ein Unterschied ums Ganze ist, wahrzunehmen und entsprechend zu honorieren.

Die Weisheit der Knappheit erschafft ein Gut, welches, im Überfluß verfügbar, nie Stachel unserer Phantasie, nie Gegenstand unserer Sehnsucht würde. Der Leser möge sich prüfen: Erregt nicht vieles, das ihm hier begegnet, ja zugemutet wird, seinen Unwillen, vielleicht seine Empörung? Und doch – hat er selbst nicht manchmal, klammheimlich, geradeso bilanziert? Warum verdrängen und verleugnen wir so gern, was so offensichtlich ist?

Schönheit als Preis der Tüchtigkeit

Schönheit ergreift und verändert, wer immer sie erschaut; sie verwandelt ihre Umgebung und verwandelt sie sich an. Diese Macht der Schönheit, ihr Umfeld zu besiedeln, ja, sich zu vermehren und fortzuzeugen, mag auch für jene in der Antike weit verbreitete Sitte verantwortlich zeichnen, daß Frauen »gesegneten Leibes« sich die Figur eines Bacchus oder eines Apoll, eines Narcissus oder eines Castor und Pollux ins Schlafzimmer stellten, weil sie auf die Übertragungswirkung von deren Schönheit auf ihr noch ungeborenes Kind hofften.[8] Noch heute ist es aus demselben Grunde gelegentlich der David Michelangelos, der als Miniaturkopie die Frisierkommode der Schwangeren ziert.

Sich ganz und gar wider die Schönheit zu wappnen, sich wider sie zu verschließen und sich ihr zu verweigern, das hieße auch, ein in stetem Gleichmaß dahingebrachtes Leben einer aufregenden, nie gegen Erschütterungen gefeiten Existenz vorzuziehen. Schönheit steht in Diensten des Vitalen, des Vorwärtsdrängenden, des Lebendigen des Lebens. Ohne die Schönheit wäre Stillstand. Sie ist das Aufgegebene, das zum unablässigen Überschreiten des Gegebenen nötigt, eine unfehlbare Bedingung der nicht-stationären Gesellschaft, unverzichtbar für allen Fortschritt und jedwede Entwicklung. Allein ihre Anwesenheit enthält das Versprechen einer machtvollen Prämie des Erfolgs. Die Begehrlichkeit des Täters zielt fast immer über die erfolgreiche Tat hinaus. Wieviel vollbracht wurde, um Schönheit zu erobern, ihre Aufmerksamkeit zu erringen, einen verbürgten Anspruch zu erwerben, dies läßt sich im einzelnen natürlich kaum bestimmen. Keine unserer Handlungen gehorcht nur einem Motiv. Die »Zerrissenheit« und die Vielzahl der leitenden Beweggründe unterscheiden die »Bewegung« des Menschen von der »Bewegung« der Maschine: Die Maschine führt eine Bewegung aus, der Mensch handelt. Die relative Unbestimmtheit des Bewegungsmotivs gehört zum Wesen des Handelns.

Der Anteil, den die Schönheit an den uns bewegenden Handlungsmotiven hat, ist sicher nie mit Punkt und Komma zu beziffern; er ist gewiß auch von Person zu Person und von Situation zu Situation ganz unterschiedlich zu veranschlagen. Niemand aber wird ernsthaft bezweifeln können, daß Schönheit eines der machtvollsten menschlichen Handlungsmotive darstellt. Die Welt der Märchen und Sagen, die über die Gründe und Abgründe unserer Handlungen, über unsere geheimsten und gehütetsten Impulse noch ohne die Scheu und Tabuängste des aufgeklärt-emanzipatorischen Diskurses Auskunft gibt, ist übervoll von Hinweisen auf die bestimmende Macht der Schönheit. Mit einer Selbstverständlichkeit, die keiner Erläuterung bedarf, wird hier in ungezählten Variationen Schönheit als Preis der großen Tat bedeutet. Das trojanische Heldensterben, hundertfach, ist ein einziger paradigmatischer (männlicher) Todesreigen um die aller sterbensnahen Mühsal sinnverleihende (weibliche) Schönheit. Homer besingt in klassisch-gültiger Form die Schönheit als letzten benennbaren Grund im Kampf um Macht und Ehre, im Aufstieg und Fall von Reichen, im Leben und Leiden ihrer Helden. Schönheit ist der irdische Preis der unsterblichen Tat. Womit sonst sollte sie entgolten werden? Die Schönheit war es, mit der die Götter den Tapfersten und Tüchtigsten belohnten. Sie wartete in Gestalt der »schönen Jungfrau« auf den Drachentöter, als prächtige Königstochter auf den glücklichen Helden, der die drei »unlösbaren« Aufgaben vollbrachte. Und auch die um die Rücksichten des »seriösen Diskurses« völlig unbekümmerte Boulevardpresse spricht Schönheit (in Gestalt »schöner Frauen«!) mit aller platten Selbstverständlichkeit dem Starken und Erfolgreichen zu – dem Boxchampion und dem Rocksänger, aber auch dem durchsetzungsstarken Baulöwen und Geschäftstycoon vom Schlage eines Donald («The Donald«) Trump.

Schönheit als Preis der Tüchtigkeit – dieses Muster ist uralt und sitzt offensichtlich so tief, daß es nicht so leicht kulturell oder moralisch zu überlisten ist. Von den Cheer-leaders der amerikanischen Colleges bis hin zu den Bis-Bis-Schönheiten zur Rechten und Linken des verschwitzten Pedalhelden der Tour de France ist uns die Symbolkraft dieses Schemas geläufig.

Die Liaison von Schönheit und Erfolg ist jedoch eine prekäre: Der Erfolg darf sich an der Schönheit nicht infizieren. Schönheit, der das Skandalon des Unverdienten anhaftet, könte die Ideologie des

Erfolgs mitten ins Herz treffen. Die Erfolgsprädikate, welche die Gesellschaft vergibt, müssen verdient sein. Verliehen werden sie nicht. Wenn die Natur so blind wie unwiderruflich ihr Füllhorn ausgießt, so ist das eine Sache, wenngleich eine, die hinzunehmen schwerfällt; eine ganz andere aber sind die Gaben der Gesellschaft, sind Geld, Macht und Applaus. Hier bestehen wir darauf, daß nur »nach Verdienst« verdient wird. Würde der Schönheit mehr als bloß verschämt applaudiert, würde sie allzu offensichtlich in Reputation, Macht oder Geld aufgewogen, so wäre der Erfolg, der sich in diesen Insignien ausdrückt, ja gar nicht »verdient«, mithin sozial auch nicht rechtfertigungsfähig.

Bedrohliche und zerbrechliche Schönheit

Es ist kein Wunder, daß Schönheit sich psychologisch gern mit Stärke paart; so, daß schön und stark fast Synonyme werden. Tut sie das aber einmal nicht, ist die Schönheit sich ihrer Macht nicht bewußt, dann sprechen wir sehr treffend von »zerbrechlicher Schönheit«. Wird Schönheit im allgemeinen zum unverletzlichen Panzer, so steigert sie dort, wo sie um ihre Macht nicht weiß, die eigene Verletzlichkeit, weil sie den vielen von der Gewalt der Schönheit immer wieder Geduckten und Gedemütigten die wohlfeile Rachechance eröffnet. Nichts ist verletzlicher und fordert mehr zum Verletzen heraus als die schwache Schönheit. Ihr entgelten wir, was wir durch die Gewalt der Schönheit erdulden. Sie ist die Blume, die wir ungestraft zertreten können.[9] Es ist vor allem diese Zerbrechlichkeit (und unsere eigene »Gnadenlosigkeit«), die uns über das wahre Wesen der Schönheit belehrt: Wir glauben, die Schönheit zu lieben; doch mehr, als wir sie lieben, fürchten wir sie.

Vollendete Schönheit betrachtet man ja nicht einfach nur mit vergnüglichem Wohlgefallen; sie zwingt uns, den Blick zu senken und die Augen zu schließen. Doch auch dort, wo sie nicht handstreichartig selbst überwältigt, bleiben als Motive der Beunruhigung die schiere Unerreichbarkeit oder der stets drohende Verlust. Ambrose Bierce hat in einem seiner geschliffenen Aphorismen Schönheit einmal als »die Macht« definiert, »womit eine Frau einen Liebhaber bezaubert und einen Ehegatten in Schrecken hält«.[10]

Es scheint uns zu erschrecken, wenn wir unvermutet »nackt« der Allmacht der Schönheit innewerden. Es gibt einen bezeichnenden Reflex hierauf in einem der für das Thema Schönheit einschlägigen Filme Truffauts: *Der Mann, der die Frauen liebte* (1977). Der Held rennt wieder einmal atemlos hinter einem Paar herrlicher Frauenbeine her, die ihm die Welt der Schönheit verheißen, und er weiß, wenn sie ihr Versprechen halten, dann *muß* er die Frau auch besitzen. Er ist auf gleicher Höhe mit ihr, blinzelt erwartungsängstlich zur Seite – und atmet befreit auf, da er sieht, wie häßlich ihr Gesicht ist. Gott sei's gedankt: Er braucht sich nicht weiter zu bemühen!

Für Johann Joachim Winckelmann, der als Kunsthistoriker zeitlebens dem Geheimnis der Schönheit nachspürte, war in Sachen Schönheitsgewalt Kleopatra das Maß aller Dinge. Von ihr sagte er: »Sie siegte ohne Widerstand, wo sie wollte.«[11] War ihm auch – für die antike Kunst – der

Männerkörper das Projektionsfeld eines abgeklärten Schönheitsideals, die Allgewalt der Schönheit,
das Betörende und Überwältigende an ihr, das erschrecken kann und den Atem rauben, schrieb er
als Spezifikum allein der weiblichen Schönheit gut.

Schönheit geht »in Waffen« (Peter Glaser). Schönheit macht unnahbar, ja, sie bedroht; selbst unver-
wundbar, kann sie tödlich verwunden, weil Unver-
wundbarkeit die tödlichste der Waffen schmiedet.
Wo ist die Bedrohung größer, als wenn sich der Un-
sterbliche unter die Sterblichen mischt? Hagen von
Tronje, unter dessen Speer der unbesiegbare Siegfried fällt, ist kein heimtückischer Verräter. Er handelt in der Solidarität der Verwundbaren, für welche die schiere Gegenwart des unverletzlichen
Einen eine existentielle Bedrohung darstellt. Sieg-
frieds Fall ist die Vernichtung jener Unverwund-
barkeit, die uneinholbar überlegen macht.

Ästhetisierung als Zeitgeistspur

Bis an die Schwelle der achtziger Jahre vermieden
Kunst und Künstler sorgsam die Aura des Außerall-
täglichen. Eine der kaum ernsthaft bezweifelten
programmatischen Forderungen hieß, Kunst und
Gestaltung hätten sich umstandslos dem profanen
Lebensprozeß zu öffnen. Wo Kunst war, sollte Leben und gesellschaftsformende Absicht werden.
Aller Aufwand kannte ein Ziel: der Kunst die Künst-
lichkeit auszutreiben, die Kunst an Politik und Leben heranzuführen, Kunst an Leben und Leben an
Kunst zu adaptieren.[12]

Dies hat sich gründlich gewandelt. Wer heute

Kunst als einen Modus des Politischen zu bestimmen suchte oder Kunst als Vehikel einer »Revolutionierung des Alltags« bemühte, würde nicht gehört. Kunst zieht sich indigniert aus den Niederungen des Banalen und Gewöhnlichen zurück und wird künstlich. Sie setzt sich nicht mehr auf Fettstühle, kauert nicht mehr auf Filzmatten und vergilbten Zeitungen. Sie schönt wieder, schönt auf und schönt um; sie bemüht Aura und Überhöhung, schmeichelt den Sinnen, umspielt den Körper. Schon lange durften wir uns nicht mehr so offen und rückhaltlos zur Schönheit bekennen, schon gar nicht zu den »trivialen Gelüsten«, welche sich mit dem Schönheitswunsch verbinden: dem Wunsch, schön zu sein und Schönheit zu besitzen.

Die Ästhetisierung zieht sich als markante Zeitgeistspur durch alle sozialen Daseinsfelder,[13] ihr Motor ist die fortschreitende Entgrenzung zwischen Kultur und Warenwelt. Die Frage, was schon Kultur ist, was noch Ware, oder umgekehrt, was noch Kultur ist und was schon Ware, ist im Einzelfall überhaupt nicht mehr entscheidbar. Das weiß jeder, der in den Bereichen Kultur- und Medienmanagement tätig ist. Wenige Hinweise auf die progressive Ästhetisierung der Lebenswelt mögen genügen: Der Speisewagen mutiert zum Bistro; das uniformierende Gesinnungstextil der siebziger und der achtziger Jahre, der Parka, wird bis auf wenige rare, inzwischen hoch gehandelte Restexemplare seit langem schon vom allgegenwärtigen Dress-for-Success-Look verdrängt. Wohin wir unsere Schritte lenken und wohin wir auch den Blick schweifen lassen, wir baden in Kultur.[14] Und längst wird sie nicht nur »draußen« veranstaltet, sondern auch »drinnen«. Die materiell Bessergestellten bescheinigen sich auch in den eigenen vier Wänden ihren Sinn für die kulturellen Sinnstiftungen jenseits des bloß Materiellen. So ißt dann, wer »in« ist, vom Deruta-Tellerchen mit Dekor von Paolo Portoghesi; sitzt, wer nicht einfach sitzenbleiben mag, auf dem Pappsessel von Frank Gehry; nippt, wer nicht bloß trinken will, seinen Tee aus der Tee-Piazza von Aldo Rossi.

Das Haussieren des Ästhetischen kann durchaus verwundern: Das Ästhetische, das Schöne, der schöne Körper, die Inszenierungen des Selbst und die Stilisierung der Situation gehören entweder in einen prä- oder in einen postmodernen Lebens- und Sinnzusammenhang. Für das von den Leitbildern der Emanzipation wie denen der Egalität getragene Lebensgefühl der modernen Welt ist Schönheit eher Ärgernis; und den Sachwaltern und Pflichtverteidigern der politischen Moderne ist sie zutiefst suspekt.

Folgen wir Talcott Parsons, so ist ein Kennzeichen der modernen Gesellschaft im Unterschied zur traditionalen, daß sie sich weitgehend vom Joch der *übertragenen* Statuszuweisung befreit hat und sich bei der Organisation ihres Selbstverständnisses ganz auf die *erwerbbaren* Attribute konzentriert – also auf Leistung, Erfolg, Einkommen, Disziplin, Fleiß. Moderne Gesellschaften sind, im präzisen Sinne, »Meritokratien«: Was wir verdienen, soll gefälligst verdient sein![15] Schönheit als vormoderner Reflex wird im Selbstverständnis der Leistungsgesellschaft zum ärgerlichen Atavismus, ein Relikt aus einer anderen Welt. »Von daher ist klar, daß mit der Modernisierung des gesellschaftlichen Lebens Schönheit als gesellschaftlich relevanter Faktor ausgeschaltet werden mußte.«[16]

Gerade ihre Käuflichkeit transformiert sie – als Kosmetik oder als Schlankheitskur – in einen Wert, der sich durch Leistung und durch Anstrengung erreichen läßt: Mach mehr aus deinem Typ! Aus einem *übertragenen* ist scheinbar ein *erworbener* Status geworden. Dank Bodybuilding und Brigitte-Diät haben wir das Körperlos der Körperlosen besiegt und die Souveränität über Bauchumfang und Schulterpartie zurückerobert. Jeder sein eigener Michelangelo!

Und längst gilt auch: Jeder sein eigener Freud! Persönlichkeitsstyling und Patchworkidentitäten allüberall. Wer immer mag, fügt sich seine Weltanschauung synthetisch nach eigenem Gusto: Man lebt konfektionsmäßig streng in Waydelichs »Lydia-Jakob-Welt«, besucht die katholische Messe, glaubt an Seelenwanderung, wappnet sich lithotherapeutisch wider zudringliche Erdstrahlen und schwärmt von indianischer Spiritualität; ein bunter Cocktail all dessen, was in diesem Sektor verfügbar ist, eine synthetische Identität, zu sehen vor allem als Absage an die Zumutungen der geschlossenen Konfession (eine solche »geschlossene Konfession« ist auch die Aufklärung mit all ihren Konsequenzen!) und als offensives Bekenntnis zum Eigenen – und sei es eben bloß das Angeeignete.

Simulation und kein Ende: Saalkandidaten allesamt

Unsere soziale Welt ist längst voller zum Teil geradezu rührender Gesten pseudodemokratischer sozialer Teilhabeversicherungen: Der Saalkandidat[17] in der ZDF-Sendung »Wetten daß?« wirkt in ganz ähnlicher Weise am Zustandekommen einer sozialen Fiktion mit wie jeder, der mit seiner Stimmabgabe zur Legitimierung einer Politik beiträgt, mit der ihn, weiß Gott, oft wenig verbindet. Wie die Bürgermitwirkung in der repräsentativen Parteiendemokratie immer mehr zur unwirklichen, bloß symbolischen Teilhabe sich zurückbildet, so ist eben auch der Saalkandidat Symbol und Symptom reduzierter Teilhabe und Gestaltungskompetenz der vielen beim Zustandekommen der eigenen sozialen Wirklichkeit. Zugleich ist er aber die repräsentative Legitimationsfigur des Verfahrens: Er wirkt mit bei der Herstellung dieser Illusion und trägt zugleich mit seiner Mitwirkung dazu bei, daß uns die Illusion *als Illusion* immer weniger durchschaubar ist.

Wir leben im Sternzeichen des Saalkandidaten, jener zwergwüchsigen Schrumpelversion des demokratischen Souveräns. Ein Indiz für die Herrschaft der Geschwindigkeit, für das allgegenwärtige So-tun-als-ob, auch dies: »Jeder ein Star für ein paar Minuten!« Wir kennen diese Regieanweisung Andy Warhols für die »Demokratisierung« des Starkults, die ungefähr so zynisch war wie jene von Joseph Beuys (»Jeder ist ein Künstler«) wohlmeinend naiv. Trotz Zynismus und Naivität – oder vielleicht gerade deshalb: Beide Sprecher, beide großen Künstler sind der Wahrheit auf den Fersen. Dies ist die Epoche der demonstrativen Egalität, auch wenn uns ein paar zukunftsbange Warner vor Warner Brothers warnen oder vor Mediokratie und Mediokrität.

In der Institution des Saalkandidaten gehen die Gesetze der Beschleunigung mit jenen der sozialen

Simulation, mit dem »So-tun-als-ob«, die innigste Verbindung ein, die wir kennen: eben noch nichts und niemand, und einen Wimpernschlag später schon dein und mein Stellvertreter vor den Augen einer simulationssüchtigen Welt; im Kommen und Verglühen gleichermaßen repräsentativ. Die Teilhabeillusion ist unsere zentrale Lebenslüge, sie befestigt sich wie kaum sonst in diesem bänglichen Minutenglück des fiktiven Frontwechsels *vor* die Kamera.

Der Saalkandidat, diese pflichtdemokratische Unsäglichkeit – er führt uns in gnadenloser Konsequenz vor Augen, was passiert, wenn man vorwitzig die Front wechselt zwischen Prominenz und Publikum: Man ist doppelt heimatlos, nicht mehr Publikum, aber deshalb auch noch lange nicht prominent. Der Souverän im Singular ist ein Nullum, dem man vor laufender Kamera auf die Schulter klopft: »Aufgeregt, Frau Meier?«; sein Part: die personifizierte Peinlichkeit. Verglichen mit ihm könnten uns beim Anblick des Schweinehirten, der sich ins Hofzeremoniell des Sonnenkönigs verirrte, geradezu basisdemokratische Gefühlswallungen überkommen.

In dem Film *Blade Runner* von Ridley Scott (1982) wird als Höhepunkt der Simulation die Konvergenz von Genetik und Semiotik beschrieben. »Replikanten« spielen eine wesentliche Rolle, Mensch-Maschine-Zwitter: Wir können nicht mehr entscheiden, was »humane Realität«, was Mensch und was Maschine ist – bis auf einen kleinen Unterschied: Die Maschine ist erinnerungslos; dieses Detail setzt die Handlung in Gang.

Nach Baudrillard ist die Irrealität nicht mehr die eines Traums oder eines Phantasmas, eines Diesseits oder Jenseits, sondern die Irrealität einer halluzinierenden Ähnlichkeit des Realen mit sich selbst.[18] Im Los Angeles des Jahres 2019, in dem der Film spielt, ist die Realität eben, so könnte man sagen, in ihr kybernetisches oder »cooles« Stadium eingetreten. Die – beinahe – perfekte Simulation der Replikanten, dieser Mensch-Maschine-Zwischenwesen, demonstriert, daß der Gegensatz: hier Fiktion, da Leben, längst dem unentwirrbaren Verwechselspiel mit der Realität gewichen ist.

Mythos Schönheit –
Von der Demokratisierung zur Demontage

Was wir nicht begreifen, formulieren oder reformulieren wir nur zu oft in der mythischen Dimension. Und dem Mythos, dem Unbegriffenen, das zuviel Gewalt über uns zu gewinnen droht, bauen wir Dämme im Medium der Egalität und der Moral oder versuchen es jedenfalls. Die »Demokratisierung« des Mythos ist aber seine Zerstörung durch Verallgemeinerung. Demokratisierung ist eine sehr beliebte Form der Mythen-Demontage. Man muß sich hinterher nicht einmal die Hände waschen; Blut ist ja gar keines geflossen. Die unterschiedslose Teilhabe aller an dem, was wir mythisch verklären, meuchelt sozusagen mit sanfter Hand; der konfektionierte Mythos ist der endgültig gefesselte Prometheus, den kein Unsterblicher mehr zu beneiden und an den Felsen zu nageln braucht, weil er sowieso nie wieder »abheben« wird, um nach den Sternen zu greifen.

Warum ist gerade die Schönheit das contraegalitäre Ärgernis par excellence? Wir sahen: Schönheit ist eines der letzten verbliebenen großen Tabus. Peter Sloterdijk spricht von der Schönheit als einem der letzten »natürlichen Skandale« in der modernen Welt: »Grundlos gegeben oder grundlos verweigert, erinnert sie die Zeitgenossen daran, daß in der Menschenwelt auch nach 1789 ein Abgrund aufklafft, den keine Revolution verdeckt und keine Reform überbrückt. Schönheit ist, wie der Augenschein lehrt, einer der Stoffe, aus denen die Ungleichheit unter Menschen gemacht ist [...] Gegen Gott und die Gene ist kein Einspruch möglich.«[19]

Sollte man meinen; doch er (der Einspruch) läßt nicht lange auf sich warten; und sei es eben, wie so oft, weil nicht sein kann, was nicht sein darf: Nichts darf sein, was »von Natur« ist und damit entweder gar nicht oder nur gewaltförmig zu verändern; und es darf nichts sein, was uns dauerhaft zu Ungleichen macht. Seit den späten sechziger Jahren ist eine kulturkritische Grundtendenz mit weitreichenden Folgen ins breite Alltagsbewußtsein diffundiert: die Tendenz zur Soziologisierung aller Übel dieser Welt. Damit ist gemeint: die schlichte Leugnung, daß es auch so etwas geben könne wie unbehebbares Leid und unverschuldetes Unglück, Schranken für Egalitätsbestrebungen und Grenzen des kompensatorischen Umständemanagements; damit ist gemeint: der Glaube, daß grundsätzlich alles, wodurch jemand sich benachteiligt fühlen könnte, auf benennbare gesellschaftliche Ursachen zurückzuführen sei; und daß, was *gesellschaftlich* bedingt ist, auch jederzeit politisch *änderbar* sein müsse. Deshalb ist die größte Sünde wider diesen Glauben, bestehende Normen und Unterschiede oder gar »Benachteiligungen« zu »anthropologisieren«.

Frauen dürfen keinesfalls »von Natur« anders sein als Männer, Kinder nicht »von der Natur« in einem anderen Status gehalten als Erwachsene, und Schöne nicht »von der Natur« anders ausgestattet als »Häßliche«. Kampagnenlogisch macht es jeweils guten Sinn, zunächst alle biologischen Vorgaben und Bedingtheiten zu bestreiten und denjenigen, der biologische, anthropologische und andere Bedingungen der »Natur« geltend macht, als antiaufklärerischen Reaktionär dem generellen Ideologieverdacht anheimzugeben.

Einen nicht mehr zu überbietenden Fluchtpunkt hat diese Leugnungs- und Verdächtigungsstrategie in der aktuellen Sex-and-Gender-Debatte mit dem Versuch erreicht, in den Fußspuren von Judith Butlers Thesen zum »Gender Trouble« nun auch das biologische Geschlecht als »gesellschaftliches Konstrukt« zu entlarven und es vollends in den Nebeln kultureller Zuschreibungen aufzulösen.[20]

Schönheit ist egalitätspolitisch ein Ärgernisgeber vom nämlichen Kaliber wie das Geschlecht. Wird sie doch als jene gesellschaftliche Erfindung gebrandmarkt, mit deren Hilfe sich trefflich »die Hierarchien« zwischen den Geschlechtern, Klassen und ethnischen Gruppen begründen ließen.[21] Wer Schönheit anthropologisiere, diskreditiere die Vernunft. Sprich: Wer die Schuld an der schiefen Nase, dem stechenden Blick, den abstehenden Ohren, dem Wabbelbauch oder den voluminösen Oberschenkeln »der Natur« gebe, die uns all dies als »häßlich« zu interpretieren heiße, statt der Gesellschaft und der Kultur, in denen wir uns bewegen, die in Wahrheit all diese Bewertungen willkürlich erfunden hätten und die all dies, wenn sie nur wollten, auch mit weniger Häme betrachten könnten – kurzum, wer so verbohrt sei, mache gerade von den humanisierenden Möglichkeiten aufklärerischer Vernunft keinen Gebrauch.

Hier wird, wieder einmal, Vernunft mit der unbegrenzten Sabotagelizenz am Schicksal ausgestattet; gerade so, als hätten Wort und Sache einer »Dialektik der Aufklärung« noch keinen Schimmer Lichts in jene Bezirke unserer Wahrnehmung geworfen, die sich mit dem Sichtbarsten beschäftigen: dem Mysterium Schönheit. Es kann einem leid tun um jene, denen beim Wort »Mysterium« immer nur »entmystifizieren« einfällt. Doch der Wind scheint sich zu drehen. Die Anzeichen mehren sich, daß für alle, die heute unter zwanzig sind, keine der vorgestrigen Differenzen mehr den Schlachtenlärm rechtfertigen wird.

Die neue Frauengeneration, die mit Lucilectric weiß, daß sie »sowieso gewinnt«, verweigert demonstrativ der eingeschliffenen Emanzipationsrhetorik den fälligen Sprachtribut: Ihre Trendsetter nennen sich, ausgerechnet, »Girlies«! Sie strotzen so sehr vor jungmädchenhaft-laszivem Selbstbewußtsein, daß sie, wie Courtney Love und Madonna, wieder lolitablond, mit signalrotem Schmollmund und pupillenerweitertem Basedowauge, treuherzig zum Manne aufschauen, dabei aber lässig und wie beiläufig den trainierten Arm mit der Peitsche spielen lassen. Sie wissen: Ich habe alle Trümpfe in der Hand, mir kann keiner – »weil ich ein Mädchen bin«! Wo ihre feministischen Großmütter noch immer geduldig ihre Demoschilder mit dem Spruch »Keine Geduld mit dem Phalluskult« beschriften, will ihnen zum Thema »Phalluskult« nur einfallen: »Wir haben nichts dagegen, solange wir etwas davon haben!«[22]

Im Umgang mit der Schönheit leisten wir uns eine strapaziöse Doppelmoral. Ähnlich wie die Sexualität führt auch die Schönheit in unserer Gesellschaft ein Doppelleben. Sie existiert in zwei voneinander hermetisch abgeschlossenen Separatwelten: In der Welt des »seriösen Diskurses« kommt die Schönheit so gut wie gar nicht vor. Zwänge und Ungereimtheiten, mit welchen uns ihre soziale Realpräsenz immer wieder bedrängt, werden in immer neuen Variationen kommunikativ beschwiegen.

In der Welt des pseudoöffentlichen Intimdiskurses, in der Regenbogenpresse, ist Schönheit dagegen der erörterungsstrategische Normalfall. Fast immer dient das eingestreute »schmückende Beiwort« *schön* dazu, unsere Phantasie anzustacheln. »Brandt's *schöne* Griechin« oder der »*schöne* Konsul« – das insinuiert auf eine höchst bezeichnende Weise noch mehr und anderes, als die jeweilige Meldung selbst besagt.

Es gibt kaum etwas, das von der Schönheit nicht in Dienst genommen wird, und wenig, dem sie sich nicht fördernd und werbend zugesellt: »Mütter sind schönere Frauen«; »Fit und schön durch Liebesglück«; »Sex macht erst richtig schön«; »Jung und schön durch Gartenarbeit«; »Schönheit: die Ernährung macht's«; »Schönheit, die aus dem Wasser kommt« – das sind, fast willkürlich gegriffen, einige der zu Verheißungszeilen geronnenen, verbalen Lebensköder für unser aller Schönheitsglück. Das Schönheitsstreben nimmt sie alle in Regie, ordnet sie sich alle ein: das Eßbedürfnis und den Mutterwunsch, das Schnippeln an der Rosenhecke und die Partnersympathie.

Wer, wie die Mehrheit, von Natur selbst nicht schön ist, der sollte sich wenigstens erkennbar schinden, mehr aus seinem Typ zu machen. Auch in hoffnungslosen Fällen lautet die Regie-Anweisung nicht einfach: »Laßt alle Hoffnung fahren!« Denn am hoffnungslosen Fall, der nicht einmal mehr selbst hofft, läßt sich auch nicht mehr verdienen.

Beim Wettlauf um die Schönheit gibt es keine Teilnahmebeschränkung. Jeder ist willkommen, der seine Startgebühr pünktlich hinterlegt. Und noch nie war es so einfach, schick und schön zu scheinen. Wahre Füllhörner schütteln textile und kosmetische Schönheitsindustrien über uns aus. »Gutes Aussehen bringt gutes Ansehen« lassen sie reimen. Überall ist Seldwyla, jeder ein potentieller Wenzel Stapinski. Längst sind es nicht mehr nur die Kleider, von denen uns Gottfried Kellers Novelle kündet, daß sie Leute machen. Der »dernier cri« schönender Selbststilisierung ist eine auf den farbtypologischen Erkenntnissen des Bauhaus-Professors Johannes Itten beruhende »neue Farbenlehre« aus den USA.[23] Ein eigenes Literaturgenre leitet an, den schönen Schein, wo er nicht ganz zwanglos aus schönem Sein sich einstellen will, durch gezielte Anwendung farbenpsychologischer Einsichten zu simulieren. Die typgerechte Schönheitspflege (»Farbtypologie ganz privat«) verspricht Sukkurs im lebenslangen kosmetischen Stellungskrieg wider das »flächige Gesicht« und das »fliehende Kinn«, wider »hängende Mundwinkel« und »hervorstehende Augen«, wider »Knitterfalten« und »Krähenfüße«.

Mit Lippenstift und Highlighter, mit Kajalumrandung, Eye-Shadow und rauchschwarzem Kohlstrich entsteht der neue Mensch – und sei es nur als runderneuerte Version des alten: Lange Nasen werden optisch gekürzt, Fältchen geglättet, vorstehende Backenknochen zum Verschwinden gebracht, und hartnäckigste Triefaugen verwandeln sich in sternenklare »Fenster der Seele«. Schweigen wir von den Offerten der Diät- und Fitneß-Stylisten. Körperbau ist, dank Bodystyling, kein Schicksal mehr. Die *California Culture* hat uns, zusammen mit den Silhouetten, die uns die Couturiers auf und um den Leib schneidern, die Souveränität über Bauch- und Wadenmuskeln, Schulter- und Hüftpartien erobert.

Umgekehrt fällt vom Licht der Schönheit genügend Strahlkraft auf alles, was der Förderung bedürftig erscheint, soll es in möglichst reicher Stückzahl an den Mann oder die Frau gebracht werden. Mit der Schönheit, zumeist der weiblichen, wird für rund achtzig Prozent aller überhaupt werblich betreuten Produkte und Dienstleistungen geworben. Die geliehene Schönheit langer Beine, eines lachenden Mundes und eines sonnenverwöhnten, sportlich trainierten Körpers hilft nicht nur dem unübersehbaren Heerwurm der eigentlichen Schönheitsmittel selbst über Absatzhürden hinweg, sondern – vom Mandellikör bis zur Mortadella, vom Regenreifen bis zum Rodelschlitten, vom Brathendl bis zum Bettvorleger – einfach allem, was produziert wird, um konsumiert zu werden.

Die Schönheit, der wir im Kaufakt »erliegen«, trägt fast immer Menschenantlitz. Dies ist ein höchst bemerkenswerter und seinerseits erklärungsbedürftiger Sachverhalt: Wieso eigentlich ist es möglich, daß in einer so sehr auf Neuerung und Abwechslung versessenen Welt das Alltägliche,

das, was wir tausendfach jeden Tag überall »haut-
nah« sehen und erleben, nämlich Gesichter und
Gestalten von Artgenossen, eine so nachhaltige Sti-
mulation ausübt, daß immer noch jede zweite illustrierte Zeitschrift ihre Titelseite mit dem Kopf
oder dem Körper eines besonders gelungenen Ex-
emplars der eigenen Gattung schmückt? Ist diese
Art von beharrlicher Reizkontinuierung ohne eine
starke erotisch-sexuelle, im letzten also *biologische*
Fixierung des »Schönheitssinns« denkbar?

Es gehört zu jenem entwicklungspsychologisch
wohl unverzichtbaren »Chauvinismus der Art«, daß
der Mensch Schönheit zunächst vor allem als Ge-
sichts- und Körperschönheit begriff und entwarf:
Menschliche Schönheit war Schönheit schlechthin.[24] Erst von hier übertrug er auch ganz allmäh-
lich Elemente dieser Deutung auf seine Umgebung, zuletzt wohl auf das, was über lange Zeit
ganz ohne menschliches Zutun immer schon »für
sich« war – die Natur als Landschaft. Er sprach den
Dingen und Ereignissen, der Natur und dem Kosmos Bedeutungen zu, die wesentlich aus der ästhetischen Selbsterfahrung erwuchsen.

Schönheit steht in genetischer Sicht im Dienste
des Lebens. Sie ist keine »Luxusveranstaltung« der
menschlichen Evolution, kein zweckbefreites Feu-
erwerk des Menschen als eines »Parvenu der Bio-
sphäre« (Bertrand de Jouvenel), eines »Spätlings«
der Schöpfung, der sich, obgleich zuletzt gekommen, alles andere unterwirft.

Wahrnehmung des Schönen

*»Die wahre Schönheit ist nicht die,
die man mit Vergnügen betrachtet,
sondern diejenige, vor der man die
Augen schließen muß.«*
Etienne Rey

Was ist schön,
und woran erkennen wir das Schöne?

Für die »objektive Ästhetik« ist Schönheit eine dem schönen Gegenstand selbst eingeschriebene Eigenschaft.[1] Aufgabe der Ästhetik ist es, die konstitutiven Merkmale der Schönheit zu erkennen und zu benennen, das jeweilige Schöne nach seinen Merkmalen zu identifizieren, ungefähr so, wie ein Biologe seine Pflanzen unter dem Mikroskop bestimmt oder die Familienzugehörigkeit eines Käfers aufgrund spezifischer Körpermerkmale feststellt.

Ganz anders die »subjektive Ästhetik«: Für sie gilt der Satz, daß die Schönheit sich im Auge des Betrachters bildet.[2] Die »subjektive Ästhetik« oder die »Rezipientenästhetik« richtet den Hauptscheinwerfer auf den Betrachter, nicht mehr auf den schönen Gegenstand: auf die Wahrnehmungs- und Erkenntnisbedingungen, den Anteil der Emotionen bzw. der rationalen Einsicht, auf alles, was der Rezipient an eigener Geschichte, Erfahrung, Wissen, Interesse, Motiven und Vorurteilen mit sich führt und was in seine Schönheitsbeurteilung einfließt.[3] Kurzum: Was »schön« ist, kann man nicht am schönen Gegenstand ablesen, sondern nur am Betrachter selbst. Schön ist, was – mit Kant gesprochen – unsere Erkenntniskräfte (Einsicht, Wissen, Gefühl) in einen »harmonischen Zustand« versetzt.[4]

Vieles spricht für eine Verbindung dieser beiden Erkenntnispfade: jenes Weges zur Schönheit, der über die Erkenntnis der schönen »Eigenschaften« des Gegenstandes führt, mit jenem anderen, welcher Einsicht in die »eigenen« Erkenntnisbedingungen eröffnet. Der Wahrheit kommt wohl erst die Verbindung der »objektiven« und der »subjektiven« Erkenntnisabsicht näher. Wäre Schönheit etwas ganz und gar Inkommunikables, eine von anderen nicht nachvollziehbare Hervorbringung der reinen Einbildungskraft, dann könnten wir uns den Disput sparen. Wurzelte sie dagegen nur in objektiv meßbaren Eigenschaften des Gegenstandes selbst und fügte der Betrachter ihr nichts hinzu, so hätte es nie nennenswerte Verständigungsschwierigkeiten gegeben.[5] Über die Auflösung einer Mathematikaufgabe oder die Analyse einer chemischen Verbindung streitet sich niemand. Am Streit über eigene oder fremde Schönheit, über die Beurteilung eines Bildes oder eines Romans jedoch ist schon manche Freundschaft zerbrochen.

Anders ausgedrückt: Nur weil Schönheit mehr ist als subjektive Willkür, weil sie stets etwas enthält, das sich allen mitteilen läßt, lohnt es sich, über sie zu streiten; und umgekehrt: weil sie nichts rein Objektives ist, wird auch der Streit über sie nicht abreißen.

Die »phänomenologische Ästhetik« versucht beide Erkenntnisabsichten, jene vom Gegenstand und jene vom Betrachter her, miteinander zu kombinieren.[6] Der ästhetische Gegenstand in seiner positiven Wertqualität entsteht in der Wechselwirkung zwischen dem Subjekt und dem Objekt der Wahrnehmung. Einer ganz bestimmten Beschaffenheit des Gegenstandes (»schön«) entspricht eine darauf abgestimmte Betrachterperzeption. Ohne die »objektiven« Schönheitsmerkmale des Gegenstandes gäbe es keine Schönheitswirkung beim Betrachter; und ohne die *Passung* der Perzeption, d. h. ohne Sensibilität und Sensorium des Betrachters verpufften alle Schönheitssignale.[7] Erst der Betrachter befreit die »schöne Möglichkeit« aus ihrem gläsernen Sarg. Wahrnehmung erschafft die Welt, aber sie erschafft sie nicht willkürlich, sondern folgt einer im ganzen strengen, in den Details jedoch faszinierend plastischen Logik.

Jeder, der die Schönheit erkennt, baut zugleich an ihr mit. Keiner aber entwirft sie »ex nihilo«. Alle Schönheitswahrnehmung vermittelt zwischen dem mit der »schönen Möglichkeit« vorgegebenen Objektiven und der jeweiligen zeit- und umständebedingten »Zutat« des identifizierenden Bewußtseins. Man kann das eine nicht vom anderen trennen: Wahrnehmung nimmt nichts Schönes wahr, wo es nichts Schönes gibt; und das Schöne ist nicht gegenwärtig, solange es nicht wahrgenommen wird. Phantasie ist nichts ohne ihre Rückbindung an den schönen Gegenstand, und jener nichts ohne die Schwingen der erkennenden Phantasie. Die phänomenologische Ästhetik kommt der empirischen Schönheitserfahrung am nächsten: jener Erfahrung, die sich stets auf beides bezieht – auf das Schöne und auf uns selber als denjenigen, die es betrachten.

Je länger und intensiver sich jemand mit der Schönheit befaßt, um so mehr wird er für sich entdecken, wie wenig in diesem Felde Willkür ist, wieviele Elemente – Proportionen, Zuordnungsverhältnisse, Farb- und Wirkungskombinationen – es gibt, die, in geringfügigen Variationen, immer wiederkehren.[8]

Jeder, der seine kunstpädagogischen Fähigkeiten schon einmal in dem Bemühen erproben konnte, einem kunstferneren Publikum zu erklären, was ein bestimmtes Bild zur »Kunst« macht, weiß, daß man sich mit den Feuern der eigenen Be-

geisterung Brandlöcher in die Zähne reden kann –
und daß alles vergeblich ist, solange es nicht gelingt, etwas »Greifbares« und »Gesetzmäßiges« zu
benennen, das jeder – unabhängig von Vorliebe
und Sensibilität – selbst auch sehen kann; etwas,
das sich, so oder so ähnlich, wiedererkennbar auch
bei anderen Kunstwerken findet und demonstrieren läßt, z. B. Symmetrie, Flächenverhältnisse von
Farbzusammenstellungen, Farbkomplementarität,
Bildachsen, unterscheidbare Bildfunktionen von
Vorder- und Hintergrund, Gewichtsverteilung,
Proportionen, Perspektivenwechsel etc. Für viele
macht erst die Entdeckung dieser »objektiven« Dimension der Schönheit deren Glaubwürdigkeit
und Wert aus.

Und in der Tat ist diese Seite der Erfahrung ganz
unverzichtbar für die Entdeckung des Schönen:
daß im schönen Mädchen oder im schönen Bild,
im schönen Berggipfel oder in der schönen, ma-
thematisch berechenbaren Fraktale-Struktur etwas existiert, das seine Existenz nicht allein unserer Verliebtheit dankt, unserem romantischen
Schwärmertum oder unseren vom Alkohol umne-
belten Sinnen; etwas aller Beobachtung und Erkenntnis Vorausliegendes, das seine schöne
Schlummerexistenz fristet, lange schon ehe wir,
wie des schönen Dornröschens schönheitstrunke-
ner Märchenprinz, hinzutreten und es mit unserer
Bewunderung ins hellwache Leben küssen.

Das Dornröschenbild an dieser Stelle ist keine ganz zufällige Metapher. Wer hat denn Dornröschen wachgeküßt? Natürlich der Künstler oder, ihm nächstverschwistert, der erkennende Beobachter, ohne dessen Intervention schöne Mädchen und schöne Sonnenuntergänge, schöne Schneekristalle und schöne Schmetterlinge in ihrem vieltausendjährigen »Schönheitsschlaf« hinter dornenbewehrten Sicht- und Lauschbarrieren eingeschlossen blieben.

»Dornröschen« ist nicht nur eine sexuelle, sondern auch eine ästhetische Inkubationsmetapher. Dieses Märchen liefert eine der schönsten Bildertheorien ästhetischer Erkenntnis, die beide konstitutiven Elemente gleichrangig beleuchtet: Subjekt und Objekt, das Schöne und seinen Betrachter; und es belehrt uns darüber hinaus, was geschieht, wenn beide aufeinandertreffen: Es kommt, geradezu unvermeidlich, zum ästhetischen Urknall als einer Art von »Lebenszwischenfall« (was unter Artgenossen fast immer heißt, daß die Listen der Evolution – über die Erotik – die zeugende Sexualität in ihr Recht setzen!).

Die Bilderstationen des Dornröschenmärchens markieren exakt die ästhetische Denkbewegung: Es muß etwas objektiv »Faßbares« da sein, von dem ein starker Reiz ausgeht, der das leidenschaftliche und phantasiebegabte Subjekt (den Prinzen) anlockt. Der schlafenden Schönheit muß sich erst eine vitalisierende Kraft zugesellen, um sie aus ihrer Todesstarre zu befreien. Wird das Garn der Schönheit nicht immer weitergesponnen, wird sie nicht unter die Gesetze des Werdens und Vergehens gebracht, bleibt sie bleich und stumm; kein Rot färbt ihre Wangen und kein Lachen öffnet je ihren Mund. Daß der »Kuß« die ganze Vorstellungsmaschinerie in Gang setzt, die unseren Blick nun über die zum Leben (und Ableben) erwachte Prinzessin und ihren Gattenprinzen hinaus auf die lange Linie von kleinen Prinzessinnen und Prinzen lenkt, in welchen Dornröschens Schönheit weiterleben wird, ist metaphernpsychologisch in beiderlei Richtung sinnvoll: Es verweist uns darauf, daß nicht nur das Leben, sondern auch die Schönheit ein »genealogisches Projekt« ist.

Denn auch dies lehrt uns »Dornröschen«: Der »Preis« dieser neuen Lebendigkeit des Schönen ist ihre Vergänglichkeit. Solange die Prinzessin schlief, konnte ihre Schönheit nicht altern. Erst der Kuß der Erkenntnis holt sie in die Welt, die Anfang kennt und Ende.

Alles, was die Schönheit in eine Abhängigkeit vom erkennenden Subjekt bringt, unterwirft sie auch den erodierenden Kräften von Moden und Meinungen, von Zeitgeist und Zeit. Um es paradox zu formulieren: Das Leben selbst ist schuld am Tod der Schönheit, jedenfalls zunächst an ihrer Sterblichkeit, ihrem allmählichen Verfall, den Runzeln und Falten, den Übersättigungspfunden, dem Zersetzungswerk der Gewohnheit, den unablässigen Umwertungen und dem steten Neubeginn.

Was sich unter empirischen Wahrnehmungsbedingungen dem lebendigen Auge zu Bildern der Schönheit formt, sind immer nur Momentaufnahmen des Schönen. So, wie die Schönheit in Menschengestalt altert und schließlich stirbt, um mit immer neuen schönen Menschenprinzessinnen und -prinzen immer wieder neu und etwas anders zu entstehen, so »sterben« auch schöne Gegenstände, Bilder und Landschaften mit jedem Betrachter, der sich von ihnen abwendet; und ebenso beginnen sie ein betörend junges Leben, eine aufregend vorbildlose Existenz mit jedem Auge, das sie sich neu (er)findet.

... und den Löwenmenschen vom Lonetal?

Als das derzeit älteste uns bekannte Kunstwerk gilt der »Löwenmensch« vom Lonetal aus den Ulmer Prähistorischen Sammlungen. Es kann wohl kaum ein Zweifel sein, daß diese Figur zur Zeit ihrer Entstehung vor mehr als dreißigtausend Jahren von ihren damaligen Betrachtern »mit ganz anderen Augen« gesehen wurde, so daß sie etwas anderes *war;* gewiß auch »schön« bis hin zum Auratischen und Mirakulösen, gewiß auch anmutig, auffordernd und irritierend vieldeutig – aber doch auch noch mit ganz anderen Bildern behaftet, vielleicht auch mit Gerüchen der Angst vermischt und Melodien der Sehnsucht verwoben, vielleicht aber auch von höchst praktischen kultischen und zeremoniellen Alltagszwecken umstellt, von denen uns Heutigen kein Nachhall mehr überliefert ist, kein Hauch, kein Wissen, keine Empfindung über den Abgrund der Zeiten hinweg.

Und doch: Beginnt nicht eben ein neues, betörend junges, vielleicht besonders stürmisches Kapitel in der Wirkungsgeschichte dieser Figur, jetzt, da sie, computerunterstützt aus rund zweihundert elfenbeinernen Trümmerstückchen wieder zusammengefügt und mit behutsamen Ergänzungen versehen, erstmals dem vielfachen Millionenpublikum spätaufklärerischer Zivilisationsmenschen vors Auge und Kameraobjektiv geriet? Wie die Körperschönheit aus Haaren und Haut, so ist auch die Kunstschönheit aus Holz, Stein und Metall ein »genealogisches Projekt«, »work in progress«, unvollendet für immer.

Nichts belegt dies deutlicher als das Schicksal des spätpleistozänen Löwenmenschen von der Schwäbischen Alb. Soeben ist mit großem Aufgebot an Kompetenz und Prominenz, nebst der unvermeidlichen Medienbegleitmusik, ein Streit um ihn entbrannt, den die Zeitgenossen von einst, dreißigtausend Jahre zurück, wohl schwerlich verstanden hätten, der uns Heutige aber anscheinend, ganz unvermeidlich, mehr als alles sonst echauffiert: Männlein oder Weiblein? Was zeigt uns die merkwürdige länglich-dicke Wölbung zwischen den Beinen des Löwenmenschen: Penis oder Schambein? Wen kann es da eigentlich noch verwundern, wenn der Tübinger Archäologe Joachim Hahn, der Entdecker der Figur, einen Penis erkannt haben will, seine (inzwischen verstorbene) Basler Kollegin Elisabeth Schmid hingegen ebenso entschieden auf »weibliches Schambein« tippt? »So ist offenbar auch die Eiszeit ein weites Projektionsfeld für die Wissenschaft: Man sieht nur das, was man sehen will.«[9]

Was bleibt, wenn das Heutige morgen schon von gestern ist?

Daß das Kunstschöne zu unterschiedlichen Zeiten immer wieder anders bestimmt worden ist, bedeutet indes gerade nicht, daß ästhetische Kriterien etwas Relatives sind, nach Lust und Laune als »bloß kulturelle Übereinkunft« umzudeuten und auszuwechseln. Dieser oft vernommene Einwand zeigt eigentlich nur, daß derjenige, der so argumentiert, das komplexe, spannungsreiche, aber eben alles andere als willkürliche Wechselgeflecht aus Subjektivem und Objektivem, aus Gültigem und Zeitbedingtem, aus Gesetzmäßigem und Spontanem, welches das Erkenntnisziel der phänomenologischen Ästhetik ausmacht, nicht wirklich gelten lassen will, daß er, bewußt oder nicht, auf die jeweiligen Einseitigkeiten der reinen Objekt- oder Rezipientenästhetik fixiert bleibt. Denn wenn man auch, was »schön« ist, nicht ein für allemal gültig vermessen und feststellen kann, wie vielleicht bei der »toten« Schönheit der Steine und Kristalle, bedeutet das noch lange nicht, daß im Reiche der »lebendigen« Schönheit der Menschenkunst Regellosigkeit und Willkür herrschen; es bedeutet nur, daß *mehr* als ein Weg nach dem Rom der Schönheit führt – aber eben gerade nicht *jeder!*

Vergegenwärtigt man sich die Abfolge von Stilepochen mit einem jeweils sehr markanten Eigenprofil: Klassizismus, Gotik, Barock beispielsweise, dann darf die Argumentation zweierlei nicht verwischen: zum einen die ja sehr erheblichen Unterschiede in der Bestimmung des Schönen, etwa zwischen dem harmonisch-ausgewogenen Klassizismus mit seiner Vorliebe für Symmetrie und natürliche Proportionen und den leidenschaftlichen Barocken mit ihrer Neigung zum expressiven Gestus, zum Prunkhaft-Überladenen; zum anderen die besonders strenge Unterscheidung, die ja gerade solche »geschlossenen« Stillandschaften zwischen Kunst und Nicht-Kunst, zwischen dem Schönen und dem Nicht-Schönen gestatten. Gerade in der jeweiligen *Binnenästhetik* ist keineswegs alles »relativ« und hat die »gleiche Gültigkeit«. Ganz im Gegenteil: Eindeutige Stilepochen haben stets ästhetische Grenzen rigider gezogen und damit das Distinktionsniveau gesteigert. Epochen eines munteren Stilpluralismus, die nicht über eine ähnlich verläßliche Stilsicherheit verfügen, sind im Hinblick auf das ästhetische Niveau viel verletzlicher. Urteilsfähigkeit und Schönheitswille werden gerade durch sehr strenge Schönheitsideale gefördert. In der Abfolge sogenannter »Schönheitsideale« über die Generationen hinweg hat sich das Potential des Ästhetischen kontinuierlich erweitert. Der »Sinn« von Entwicklung in der Geschichte der Ästhetik liegt viel häufiger in der Erkundung des *Neuen* als im Krieg wider das *Alte*.

Auch zeitgenössische Schönheits- und Kunstideale sind (inzwischen) eher selten explizit gegen *vergangene* Ideale gerichtet; sie dienen vor allem dazu, innerhalb des eigenen sozialen Geltungsraumes Maßstäbe zu setzen und ästhetische Fragen verbindlich zu entscheiden. Die immer kürzeren Halbwertzeiten in der Abfolge von Kunststilen und Schönheitsmoden haben keineswegs den Respekt und die Sensibilität für die ästhetischen Leistungen vergangener Epochen untergraben. Das Wissen, daß das Heutige morgen schon von gestern sein wird, hat eher die Offenheit gefördert und den Blick für das Bleibende jenseits allen modischen Wechselspiels geschärft.

Die Schönheit im Spiegel ihrer Wirkungen

Johann Joachim Winckelmann hatte recht: »Es kann [...] leichter [...] von der Schönheit gesagt werden, was sie nicht ist, als was sie ist.«[10] Was »schön« heißt, läßt sich nicht präzise benennen. Gleichwohl können wir, wenn wir jemandem gegenüberstehen, in Bruchteilen von Sekunden beurteilen, ob er oder sie schön ist oder nicht. Daß wir nicht wissen, was schön ist, aber Schönheit sofort erkennen, wenn wir ihr begegnen, das bedeutet vor allem, daß Schönheit ein Ganzes ist und aus seinen Einzelbestandteilen nur ganz unzulänglich zu rekonstruieren. Unser Schönheitsurteil wurzelt in einem Gesamteindruck. Dies kann im Extremfall heißen, daß das große Ja der Schönheit aus vielen kleinen Neins gewoben ist – aus lauter sogenannten »Schönheitsfehlern«, die aber im Gesamt ihrer Zuordnung eine zwar spannungsreiche, aber auf höchst eigenwillige Weise harmoniefähige Einheit ergeben. William Somerset Maugham, der genialste Porträtist unter den Schriftstellern, hat manche solch »eigenwilliger Schönheiten« vor unser Auge treten lassen.

Den schönheitssensiblen Huldigern und Beschreibern der Schönheit eigentlich aller literarischen Zeiten war sehr bewußt, ein wie fragwürdiges Unterfangen es ist, Schönheit aus der Darstellung der »schönen Einzelheiten« entstehen zu lassen. In der literarischen Schönheitsbeschreibung ist es fast immer der Kitsch, der den Weg über eine exzessive Beschreibung der Einzelheiten geht, während es der Kunstgriff der großen lyrischen Dichter ist, Schönheit nicht direkt, sondern im Spiegel ihrer *Wirkung* auf die Umgebung darzustellen.

Lessing weist uns in seinem *Laokoon* darauf hin, wer der Archeget dieser Beschreibungstechnik ist: Homer. Obwohl dieser uns Helena, das Urbild der Schönheit, erschaffen hat, erfahren wir kaum je mehr als vielleicht beiläufig, sie habe »weiße Arme« und »schönes Haar« gehabt.[11] Um so bereder aber spricht diese Schönheit durch das, was sie »anrichtet«: Ihre Macht pflügt die historische Landkarte, vernichtet große Reiche und pulverisiert männliche Lebensentwürfe zuhauf, indem sie die glänzendsten Helden ihrer Zeit nötigt, ihr Leben in einem nicht enden wollenden Belagerungskrieg zu vertun. Homer läßt im zehnten Kriegsjahr, dem Krisenjahr des Trojanischen Krieges, die Ältesten Trojas beim unverhofften Anblick Helenas in der Ratsversammlung sagen: »Tadelt nicht die Troer und hellumschienten Achäer, die um ein solches Weib so lang ausharren im Elend! Einer unsterblichen Göttin fürwahr gleicht jene von Ansehen!«[12]

Lessing kommentiert diese Verse Homers so: »Was kann eine lebhaftere Idee von Schönheit gewähren, als daß kalte Alter sie des Krieges wohl wert erkennen lassen, der so viel Blut und so viele Tränen kostet? Was Homer nicht nach seinen Bestandteilen beschreiben konnte, läßt er uns in seiner Wirkung erkennen. Malet uns, Dichter, das Wohlgefallen, die Zuneigung, die Liebe, das Entzücken, welches die Schönheit verursacht, und ihr habt die Schönheit selbst gemalt.«[13]

Über Archilochos, Sappho, Platon mit seinen lyrischen Epigrammen und den späteren Meleagros bildet sich eine relativ festgefügte griechische Tradition der »indirekten« Schönheitsbeschreibung, die vorbildhaft und stilbildend für eine Vielzahl literarischer Kulturen gewirkt hat. Eines der schönsten Beispiele solch »blinder« Schönheitsbeschreibung, allein über die Wirkung, welche die Schönheit auf den Betrachter ausübt, finden wir in einem berühmten Liebesgedicht der Sappho, mit dem sich die Dichterin in all ihren leidenschaftlichen Emotionen für das geliebte Mädchen offenbart:[14]

Den Göttern gleich
scheint mir der Mann,
der neben dir, nahe,
deiner süßen Stimme,
deinem lockenden Lachen lauscht.

Mir erschrak es das Herz in der Brust,
so oft ich dich angeschaut
auch nur einen Augenblick;
und die Stimme verschlugs,
lähmte die Zunge.

Feines Feuer rann mir unter die Haut,
dunkel wards von den Blicken
die Ohren sausten
Schweiß rieselte
Zittern packte mich,
Grüner ward ich als Gras
und meinte in meiner Ohnmacht,
nun käme der Tod.

Sappho verliert kein Wort über Gesicht und Gestalt des Mädchens. Wir erfahren lediglich, daß ihre Stimme »süß« klingt und ihr Lachen »lockend«. Alles aber erfahren wir über die Macht dieser Schönheit, Erschrecken, Panik, ja Todesangst hervorzurufen. Sappho zwingt den Leser schon in der Eingangssequenz, gleichsam die Augen zu schließen und sich allein von Stimme und Lachen in jenen Strudel der leidenschaftlichen Gefühle hineinziehen zu lassen, deren Zentrum und bewegender Kraftquell unbenannt bleiben. Welch ein Vertrauen in die Vorstellungskraft ihrer Hörer und Leser! Keiner, den diese Verse nicht zwängen, aus dem Mahlstrom der Gefühle sich *sein* Bild des Mädchens zu formen.

Vielleicht ist dies überhaupt ein gültiges Kriterium für große Kunst: daß sie die von ihr Ergriffenen zur Deutung nötigt, zur Interpretation und Stellungnahme, oder eben dazu, sich ein *Bild* zu machen. Die literarische Tradition der indirekten Schönheitsbeschreibung über die metaphernreiche Vergegenwärtigung der Schönheits*wirkung* auf den Betrachter kommt gelegentlich einem regelrechten Bilder- und Beschreibungs*verbot* nahe; von Horaz über Heinrich Heine bis Erich Fried ziehen sich, quer durch die Geschichte der Liebeslyrik, die Spuren eines solchen »Beschreibungsverbots«. Die Dichter als die großen Bannerträger und Bewahrer der Schönheit wissen, wie sehr alle Worte hinter dem von ihnen Geschauten zurückbleiben müßten; wie sehr sie das von uns, den Lesern, zu Schauende banalisieren und beschädigen könnten. Deshalb bleiben sie auf so beredte Weise stumm, wenn sie uns die Macht der Schönheit sehen lassen.

Ganz anders ist es mit dem Häßlichen. Die bildende wie die beschreibende Kunst scheint das Abstoßende, Ekelerregende, Häßliche für detaillierungsbedürftig zu halten. Während für eine lange Tradition der Schönheitsdarstellung gilt, daß Schönheit am vollkommensten indirekt, durch ihre Wirkung sich ausspreche, gilt für das Häßliche eher die Regel plakativer Deutlichkeit all ihrer Details. Eine Erklärung bietet sicherlich die von vielen Künstlern – von Johann Wolfgang von Goethe bis George Grosz – immer wieder bezeugte »größere Herausforderung« des Häßlichen; eine andere könnte aber auch in der »Parteilichkeit« des Publikums liegen: in der Voreingenommenheit des Lesers oder Betrachters für das Schöne und der hierauf begründeten »Einseitigkeit« seiner Vorstellungskraft. Weil wir sie schätzen, ist uns die Welt der anmutigen Bilder näher als jene der abstoßenden, obgleich letztere in der Alltagserfahrung wohl überwiegt.

Begreifen wir als vornehmste Aufgabe des Künstlers, daß er uns zur Deutlichkeit dessen verhilft, was wir zu schauen imstande sind, dann könnte dies die Erklärung sein, weshalb Homers Epos beispielsweise der Darstellung der Häßlichkeit des Thersites geradezu schwelgerische und detailbesessene Sorgfalt angedeihen läßt, während er der Schönheit der sprichwörtlich schönen Helena nur den feierlichen Rahmen zimmert, die wirklichen Züge ihres Bildes aber fast gänzlich ausspart. So verfährt Homer mit allen seinen schönen Frauen- und Männergestalten: mit Penelope und Nausikaa, mit Kalypso und Kirke, aber auch mit Leto und ihrem Nymphengefolge, mit Aphrodite und Artemis, den schönen Göttinnen, mit Aias, Achill und Hektor, den schönsten und strahlendsten Helden der Antike. Er teilt – im Spiegel ihrer Wirkung auf die Männer und Frauen ihrer Umgebung – lediglich mit, daß sie schön sind, überläßt es aber seinen Hörern und Lesern, dieser Schönheit das Bild ihrer Phantasie zu erschaffen.

Der Regenbogen der Vergleiche und Bilder, der sich
von der altägyptischen Schönheitsikonographie
über die hebräische Liebeslyrik und die literarischen Schönheitsbeschreibungen der Antike und
des Mittelalters bis zu den Texten neuzeitlicher
Dichter und Schönheitsexegeten erstreckt, ist reich
an Facetten und unterschiedlichsten Farbnuancen.
Dennoch gibt es, über die Zeiten und Kulturräume
hinweg, auch höchst plausible Gemeinsamkeiten.
Die Metaphern, welche die weibliche Schönheit bebildern, fließen ganz überwiegend aus dem reichen
Bildervorrat der Natur: Sternenaugen, Silberwan-
gen, Rosenlippen, Perlenzähne, Marmorhals und
anderes mehr; Himmel und Wald, Fluß und Berg,
Tal und Garten, Acker und Park sind ihr uner-
schöpflicher Fundus: »Die Erde ist eine Frau und
die Frau ist die Erde.«[15]

Die Metaphorik der männlichen Schönheit bewegt sich überwiegend in einem auf die Aspekte
von Kraft und Dynamik, Sicherheit und Standfestig-
keit verengten Spektrum. Und bezeichnender-
weise findet sie ihre Vorbilder nicht nur in der Natur der vermenschlichten Tierwelten (Löwe, Adler,
Stier, Bär), sondern z. B. auch in der Welt der
menschlichen Artefakte, vorwiegend jenen der Architektur (Turm, Säule, Gewölbe, Dach, Pfeiler),
aber auch solchen der Technik (Kran, Lokomotive,
Automobil, Bombe, Rakete). Ebenso gängig sind
Metaphern aus der Waffentechnik (Pfeil und Bo-
gen, Keule, Kanone, aber auch die Insignien des
»Waffenkatalogs« in der klassischen Reihenfolge
Panzer, Helm, Schwert, Schild, Lanze).[16]

Pointiert könnte man argumentieren: Die literarische Metaphorik fast aller Zeiten und Zonen rückt die weibliche Schönheit in eine ursprüngliche Nähe zu den vertrauten Natur- und Landschaftsbedingungen – vom Wolkenflug über die Morgenröte bis zu den Schaumkronen des Wassers. Aller Raffinesse des entfalteten weiblichen Kosmetik-Repertoires zum Trotz steht die Schilderung der Frauenschönheit in einem direkten Bezug zur Natur und zu den archaischen, naturnahen Tätigkeiten des ländlichen Lebensraumes. Oft auch wird der Frauenkörper metaphorisch als das gedeutet, was er seiner realen Reproduktionsfunktion zufolge auch ist: Gefäß, Behältnis, Behausung.

Der letztgenannte Aspekt markiert wohl auch die deutlichste Differenz zur metaphorischen Ausdeutung des männlichen Körpers: Das Weiche, Runde, Bauchige, Höhlenartige, überhaupt das »Innere« ist Frauensache; das Harte, Kantige, Gegliederte, Abständige, also das vorwiegend »Äußere« dagegen Männersache. Die Metaphorik der weiblichen Schönheit ist auf »die Natur«, die der männlichen auf »die Technik« und das technische Artefakt abonniert.

Der Schöne als der Erwählte

Auch das Buch der Bücher, die Bibel, ist eine ergiebige Fundgrube für die Evidenz und Virulenz menschheitsgeschichtlicher Schönheitserfahrung. Wer ist in der Bibel schön?[17] Zweierlei fällt auf: zum einen die deutliche Überrepräsentanz der weiblichen Schönheit – gut zwei Drittel der biblischen Schönen sind Frauen. Schönheit wird in besonderer Weise zu einem »epitheton ornans« des jugendlichen weiblichen Körpers. Das »Hohelied« zeichnet die »junge Frau« neunmal damit aus,[18] den Mann hingegen nur ein einziges Mal (1,16). Auffällig ist zum anderen das enge Wechselverhältnis von Schönheit und Erwählung: Wer zur außergewöhnlichen Tat berufen ist, bekommt als äußeres Zeichen seiner Berufung und als erfolgsverbürgende Grundausstattung die Gabe der Schönheit mit auf den Weg. Bei Saul (1 Sam 9,2) und David (1 Sam 16,12), den gesalbten Königen, ist dieser Zusammenhang ebenso offensichtlich wie bei Moses (Ex 2,2) oder Eleazar (2 Makk 6,18).

Die »Erwählung« ist eines der wichtigsten Motive, welches sich mit der Schönheit verbündet. Im historischen Einzelfall ergibt es wenig Sinn, im analytischen Nachvollzug nach Ursache und Wirkung zu differenzieren: Wird jemand erwählt, weil er schön ist, oder wird ihm das Attribut »schön« beigelegt, um ihn als »Erwählten« auszuzeichnen? »Er war von schöner Gestalt, und der Herr war mit ihm«, heißt es von David im Alten Testament (1 Sam 16,18). Es bleibt gewissermaßen unentscheidbar, vielleicht auch unerheblich, ob er schön war, weil der Herr ihn erwählt hatte, oder ob der Herr ihn erwählte, weil er schön war. Die Vorstellung der Erwählung ist mit jener der Schönheit aufs innigste verbunden. Schönheit war wohl immer schon *mehr* als nur ein Attribut der Erwählung; Schönheit ist mit Erwählung weitgehend identisch. Wer schön ist, ist von der Natur oder von Gott, vom Schicksal oder von der Vorsehung »erwählt«. Moses als der von Gott auserwählte Retter seines Volkes läßt schon als außergewöhnlich schönes Baby seine künftige Bestimmung erahnen (Ex 2,2). Schönheit

ist die Gabe, mit der Jahwe seine Favoriten auszeichnet. Auch dort, wo ihre Erwählung zunächst
wohl nur als beglaubigender Hinweis auf die eigentliche Sendung zu lesen ist, spiegelt die enge
Zuordnung eine dreifache Erfahrung: erstens, daß
Schönheit eine unverdiente Mitgift darstellt; daß sie
daher – zweitens – in gewisser Weise immer recht-
fertigungsbedürftig ist; und drittens, daß sie als un-
spezifische Grundausstattung allen sonstigen Auf-
trägen und Missionen förderlich ist, die sich im
Medium des Sozialen bewegen und auf Zustim-
mungsgewinnung und Gefolgschaft abzielen.

Diese Erfahrungstrias ist auch für die zeitgenössische Soziologie der Schönheit grundlegend. Gewiß haben die einzelnen Elemente der Schönheitserfahrung, haben Gewicht und Zuordnung
deutliche und jeweils sehr bezeichnende Wandlungen erfahren. Die psychologische und soziologische Argumentationsstruktur aber gilt im Kern
unverändert: das Moment des *Unverdienten*, die
anhaltende *Legitimationsbedürftigkeit* und das
Faktum der Schönheit als *sozialer Macht.*

Eine der exponiertesten Schönheitsschilderun-
gen des Alten Testaments, die Schilderung der da-
vidischen Schönheit, die über Jahrhunderte und
Jahrtausende die Kunstgeschichte inspiriert hat,
zeichnet interessanterweise ein Bild des knaben-
haften Helden, das ihn, fast ausnahmslos, mit
typisch weiblichen Schönheitsattributen auszeichnet: dichtes, langwallendes Blondhaar, ausdrucks-
starke Augen und – was die Statur anlangt – von
gutem Wuchs, doch eher zierlicher Gestalt, welche
die typisch männlichen Merkmale der Körper-
größe, der mächtigen Schultern, der kantig-grob-
schlächtigen Muskulatur und der Körperbehaa-

rung noch nicht aufweist, sie nicht einmal erahnen läßt. Der Eindruck einer fast bewußten »Feminisierung« des Davidbildes wird noch verstärkt durch die archetypische Gegnerfigur des »unbezwingbaren« Goliath.

Daß das Schönheitsideal der Alten erotisch besetzt war (was läßt sich für den Orient bis auf den heutigen Tag Erotischeres denken als langes, blondes Haar?) und daß auch für sie die Schönheit ganz eindeutig ein Geschlecht aufweist, nämlich das weibliche, offenbart sich an den Davidschilderungen und am Davidmythos mehr noch als an den nicht eben seltenen Darstellungen und Preisungen der weiblichen Schönheit im Alten Testament selbst.

Wir und die Schönen

*»Wer von Schönheit hingerissen ist,
übersieht Schwächen und verzeiht alles.«*
Nikolai Gogol

Der »Nimbus-Effekt«:
Schönheit als soziale Leitwährung

Schönheit wird in einer hochmobilen und ewig zeitknappen Gesellschaft vor allem deshalb zu einer fragwürdigen Regelungsgröße des sozialen Umgangs, weil ihre Bedeutung und Macht in den sich vervielfachenden Situationen struktureller Flüchtigkeit, die kein näheres Kennenlernen zulassen, fast konkurrenzlos ist und anderweitig nahezu nicht kompensierbar. Gerade diese Situationen, in denen nur flüchtige Signale getauscht und fluide Facetten der Persönlichkeit mitgeteilt und wahrgenommen werden können, weil man sich nur für kurze Augenblicke im direkten Visavis begegnet, nehmen drastisch zu – und damit auch die Macht der Schönen und der Wille zur Schönheit.

Schönheit befestigt ihre soziale Macht besonders über die von ihr angestoßenen vielfältigen kollektiven Verstärkungswirkungen. Die zahlreichen Untersuchungen, die in den USA seit den siebziger Jahren von Elaine Hatfield, Ellen Berscheid, Karen Dion, Alan Feingold und vielen anderen durchgeführt wurden, haben vor allem die Erkenntnisse über den sogenannten »Nimbus-Effekt« erweitert und erhärtet.[1] Der Nimbus-Effekt besagt, was auch der Evangelist Matthäus schon wußte: »Denen, die haben, wird gegeben werden.« Wer schön ist, dem fallen, wie reife Früchte, auch noch eine Vielzahl anderer positiver Zuschreibungen in den Schoß: charaktervoll, persönlichkeitsstark, charmant, aufgeschlossen, sympathisch, umgänglich, witzig, gefühls- und überzeugungsmächtig, interessant, potent, erotisch, kultiviert, beruflich erfolgreich, gut situiert – und manche mehr. Eine gewisse

Zurückhaltung läßt sich einzig bei der Zuschreibung überragender intellektueller Fähigkeiten feststellen.

Es gibt eben nicht nur die normative Kraft des Faktischen, es gibt auch die faktische Kraft des Normativen: Die Schönheit, die unseren Ideenhimmel in Schwingung versetzt, unsere Vorstellungskraft mobilisiert und das Motiv für große Taten wachsen läßt, bleibt eben nicht nur auf das wirklichkeitsferne Bild der Einbildung, der normativen Ideen begrenzt. Die Wahrnehmung der Welt erschafft sich immer zugleich auch die Welt. Diesen erkenntnis- wie handlungslogisch bedeutsamen Zusammenhang verkennen all jene, die nicht müde werden, das Imaginäre, Illusorische oder »bloß« Ideologische der Schönheit wider die eigentlichen »harten Realien« der »interessanten Persönlichkeit« auszuspielen. Als hätte das eine mit dem anderen nichts zu tun!

Die Verkennung dieses Zusammenhangs markiert den Kern des Mißverständnisses, das Naomi Wolfs Thesen zum »Mythos der Schönheit« durchzieht: Warum, so fragt sie etwa in ihrem Kapitel über literarische Heldinnen, konzentriert sich in Thomas Hardys *Tess von D'Urbervilles* die Aufmerksamkeit ausgerechnet auf diese Figur und nicht auf irgendeins der gesunden, ungebildeten Bauernmädchen? Bolß weil sie schön ist? Gewiß ist dies der Grund, nicht der einzige, aber ein unübersehbar gewichtiger! Und hierin folgt die Literatur dem Leben mehr als umgekehrt. Genau das aber darf ja nicht sein: daß jemand aufgrund seiner Schönheit Chance und Anrecht auf ein farbigeres Leben erhält, so daß er am Ende nicht nur interessanter *scheint*, sondern vielleicht auch *ist*. Schön-

Sein und Interessant-Sein schließen sich schon deswegen nicht aus, wie die Schönheitsverächter dies immer wieder suggerieren, weil Schönheit *per se* interessant ist und man sich an wirklicher Schönheit kaum »sattsehen« kann, wie unverdient sie auch immer sein mag und wie wenig sie sich im Einzelfall auch mit Tugend paart oder mit Klugheit, mit Persönlichkeit und einem gewinnenden Wesen?

In den Personalbüros ganz unterschiedlicher Firmen wurden in Versuchsreihen aus identischen, aber mit unterschiedlichen Fotos unterlegten Bewerbungen ganz überwiegend die attraktiveren Personen gewählt. Eine bereits 1975 durchgeführte Untersuchung über das Verhalten von Lehrern und Erziehern belegte die deutlich besseren Noten- und Bildungschancen von hübscheren Kindern: Wurde den Zeugnissen und IQ-Werten eines Schülers das Foto eines schönen Kindes beigefügt, so war z. B. die Bereitschaft der Erzieher, in sogenannten »hoffnungslosen Fällen« die Sonderschule für Zurückgebliebene zu befürworten, deutlich geringer. Daß Fernsehmoderatorinnen, Verkäuferinnen in Modeboutiquen oder Stewardessen bevorzugt nach ihrer Attraktivität ausgewählt werden, kann kaum überraschen; daß aber auch unter Westpoint-Kadetten eindeutig die hübscheren schneller reüssieren, ist schon bemerkenswert. Ebenso, wie sehr die Schönheit des weiblichen (Ehe-)Partners auf die Einschätzung der Attraktivität des Mannes abfärbt: Versuchspersonen wurden aufgefordert, auf Fotos mit Paaren nur jeweils den Mann zu beurteilen. War ihm eine schöne Partnerin zu seiten, so schlug sich dies fast immer auch in Gestalt einer Steigerung seiner Persönlichkeitswerte nieder: Er wurde für interessanter, erfolgreicher oder intelligenter erachtet, als wenn die Frau an seiner Seite einen unscheinbaren Eindruck machte.[2]

Wer hat, dem wird gegeben. Der Nimbus-Effekt zeigt aber vor allem: Schönheit ist die *soziale Leitwährung*[3], die Ressource für den Erwerb sozialer Ressourcen, die Bonität für die Erweiterung der allgemeinen »sozialen Bonität« eines Individuums.

Wider das »Vorurteil gegen das Vorurteil«

Es sind gerade diese gleichsam »eingebauten« psychologischen Verstärkungswirkungen, die sozialen Mechanismen der »antizipierten Reaktion« und der »self-fulfilling prophecy«, die den Nimbus-Effekt sozial so folgenreich und wirkmächtig erscheinen lassen. Was die Einsicht in den Wirkungsmechanismus des Nimbus-Effekt soziologisch so interessant macht, ist vor allem dies: daß er funktioniert, auch wenn »nichts dran« ist. Es genügt, daß wir alle – wie die empirischen Untersuchungen inzwischen dutzendfach eindrucksvoll belegen – in den unterschiedlichsten Lebenssituationen, bewußt oder unbewußt, mal mehr und mal weniger, die Schönheit und die Schönen privilegieren: ihnen mehr »sozialen Kredit« einräumen, ihnen mehr Aufmerksamkeit widmen und mehr Gehör schenken, sie mit größeren Erwartungen willkommen heißen u.a.m.

Es genügt, weil diese Erwartung einen sozialen Prozeß in Gang setzt, der sie selbst gegen alle Widerlegung immunisiert; einen Prozeß, der fortwährend Erwartung in Erfahrung transformiert, so daß es am Ende keinen Sinn mehr ergibt, die anscheinend unvermeidliche reduktionistische Frage aufzuwerfen, was denn zuerst war – Ei oder Henne, Schönheit, die signifikant häufig sich auch »interessant« und »sympathisch« präsentiert, oder das schönheitsparteiische Vorurteil, daß es so sei. Die Gesellschaft ist eben keine neutrale Versuchsanordnung. Mit ihren vorgefärbten Erwartungen greift sie fortwährend beeinflussend ein und verändert die Rahmenbedingungen. Das bedeutet aber nun gerade nicht, daß, was geworden ist und sich verfestigt hat, Willkür sei und willkürlich von heute auf morgen wieder änderbar.

Dies müssen wir uns für eine Debatte der sozialen Schönheitseffekte vor Augen halten, soll sie die Soziologie des Sozialen nicht verfehlen: Der Nimbus-Effekt hat »recht«, selbst wenn er »unrecht« hätte! Wenn wir also den gutaussehenden Zeitgenossen in umfassender Weise auch andere positive Attribute zuschreiben, dann ist – *in summa* – unerheblich, ob sie diese »verdienen« oder nicht. Weil sich gerade an diesem Punkte die Mißverständnisse türmen, kann man es gar nicht deutlich genug formulieren: Der Nimbus-Effekt, d. h. unsere Erwartungshaltung gegenüber schönen Menschen, ist in höchstem Maße »realistisch«. Die Annahmen, die unbefragt im Nimbus-Effekt zur Wirkung gelangen, sind jederzeit »empirisch zu validieren«. Was wir erwarten, können wir mit vielen unserer sozialen Erfahrungen beglaubigen. Es gibt also – soziologisch gesehen – kaum ein dümmeres Vorurteil als das *Vorurteil gegen das Vorurteil.* »Vorurteile«, die wir über viele Generationen hinweg als sozial wirksam in Rechnung zu stellen haben, tragen stets die Tendenz in sich, sich selbst aktiv zu bewahrheiten. Aus Vorurteilen werden erfahrungspraktisch schwer widerlegbare Urteile, die sich nicht daran stoßen, daß immer wieder von wohlmeinenden Interpreten des Sozialverhaltens »messerscharf« geschlossen wird, »daß nicht sein kann, was nicht sein darf«.

Warum der Schöne wird, *wofür wir ihn halten*

Wenn wir nicht alles über Bord werfen wollen, was wir über die sozialisierenden Wirkungen des sozialen Umfeldes wissen, dann kann es niemanden verwundern, daß die Schönen oft auch die Gewinnenderen und Sympathischeren sind; waren sie doch in vielen tausend kleiner, episodenhafter Alltagssituationen – vom Kindergarten bis in die Vorstandsetage, von der Klassenfahrt bis zum festlichen Stehempfang – weniger allein und seltener ausgeschlossen und gemieden, weniger oft verletzt und gedemütigt, häufiger beachtet und willkommen geheißen, viel öfter mit einem Lächeln bedacht und mit großzügiger Nachsicht behandelt als ihre weniger ansehnlichen Altersgefährten.

Der Schöne kann leichter der werden, für den man ihn hält. Ein höchst aufschlußreiches Detail einer Interviewbefragung unter Berliner Studenten zeigt, wie das »Förderband« zwischen Zuschreibung und empirischem Verhalten »transportpsychologisch« arbeitet: Bei den Studierenden, die einen Teil ihres Studiums im Ausland verbrachten oder vorhatten, sich für ein oder mehrere

Semester an einer ausländischen Universität einzuschreiben, war der Anteil der besonders Attraktiven signifikant hoch. Sind Schöne also *per se* beweglicher und unternehmungslustiger? Wohl nicht; aber sie kennen viel mehr Leute, die ihnen Angebote machen, sie zu besuchen oder bei ihnen zu wohnen, ihnen Kontakte zu vermitteln und ihnen mit Empfehlungen den Weg zu ebnen.

Warum ist das so? Weil jeder die Gegenwart der Schönen sucht, weil wir uns geschmeichelt fühlen, wenn sie sich uns zuwenden; weil sein eigenes Ansehen mehrt, wer sich mit schönen und interessanten Menschen schmücken kann. Maecenas läßt grüßen!

Doch auch hier gilt es sofort wieder, sich klarzumachen: Es ist nicht bloß unfrommer Selbstbetrug, der uns dazu bringt, den schönen Artgenossen zu hofieren. Wenn die Gutaussehenden mehr Ansehen genießen, ihnen mehr Erfahrung und größere Kompetenzen zugebilligt werden, wenn man sie gesellschaftlich und beruflich als vielversprechend einstuft, sie für die besseren Ehepartner, die unterhaltsameren Freunde und farbigeren Persönlichkeiten hält, dann ist dies im Endeffekt eben durchaus auch »realistisch«: Dem Schönen eröffnet sich, fast ohne eigenes Zutun, auf allen Lebensabschnitten eine bunte Vielfalt von Offerten und Optionen, von denen der Durchschnittliche nicht einmal zu träumen wagt. Der Schöne, mit der Zuwendung und dem Begehren seiner Umwelt von der Krabbelstube an vertraut, hat einfach häufiger die Wahl und Auswahl; er kann einfach viel öfter sagen: »Ich nehme dein Angebot an«, als derjenige, dem selten etwas angeboten wird.

Als bei der bereits genannten Interviewreihe mit

Berliner Studierenden gefragt wurde: »Wieviel Menschen kennst du, von denen du glaubst, sie würden dich heiraten?«, nannte die Gruppe der »sehr Attraktiven« eine um rund das Zehnfache höhere Zahl potentieller Heiratskandidaten als die Gruppe der Unattraktiven (von denen sechzig Prozent überhaupt keinen potentiellen Partner benennen konnten).

Schönheit färbt ab

Schönheit vervielfacht das soziale Chancenangebot.[4] Das gilt nicht nur für den Heirats- und Beziehungsmarkt, sondern auch für eine Fülle sekundärer Schönheitsgratifikationen und Attraktivitätsboni in anderen Bereichen. Schönheit »färbt ab«: Vor allem Männer neigen dazu, in einen Essay oder ein Gedicht mehr hineinzulesen, wenn man ihnen, so die Versuchsanordnung, als fingiertes Autorenfoto das Konterfei einer schönen Frau beifügt und sie sehen ein Bild anders, wenn man ihnen eine attraktive Malerin suggeriert.

Frauen zeigen sich übrigens in all diesen gestellten Versuchsszenarien eine Spur schönheitsresistenter. Ist die Lösung des Rätsels dieser immerhin signifikanten Differenz in der männlichen und weiblichen Beurteilung wirklich in der höheren Moral, in der größeren Manipulationsresistenz oder in der wacheren Urteilskraft von Frauen zu suchen? Vom Einzelfall abgesehen, bei welchem der »weibliche Blick« aufgrund besonderer Umstände erklärbar unbestechlicher sein mag, gibt es für eine solche Deutung weniger Anhaltspunkte als für die hier vorgetragene Erklärung: daß Schönheit vor allem *Frauen*schönheit ist und daß es deshalb gar nicht verwundern kann, wenn die Kompaßnadel weiblicher Urteilskraft etwas weniger durch die entsprechend schwächere Gravitation der (Männer-)Schönheit abgelenkt wird als umgekehrt.

Männer sind verführbar durch die Schönheit der Frauen; Frauen sind verführbar aufgrund ihrer eigenen Schönheit: durch die Bewunderer und Schmeichler, die sich an ihre Fersen heften. Tests in den Personalabteilungen großer Firmen, bei denen die identischen Bewerbungsunterlagen mal mit einem attraktiven, mal mit einem unscheinbaren Frauenfoto eingereicht wurden, erbrachten im Ergebnis um bis zu 20 Prozent höhere Angebote für das Anfangsgehalt für die Attraktiven.

Auch hier tun wir gut daran, erst einmal tief durchzuatmen und unsere Empörung herunterzuschlucken, wenn wir nicht selbst zu Aphrodites Auserwählten gehören. Denn ist das, was sich dem ersten Blick so irrational als ein einziges Unrecht und Ärgernis präsentiert, aus der auf ökonomische Rentabilität und nichts sonst verpflichteten Augenperspektive der Firma nicht in höchstem Maße »rational«? Wenn schöne Menschen »besser ankommen« – als Verkäuferin in der Boutique oder als Bedienung in einem Cafe, als Schalterbeamter oder als Versicherungsvertreter – dann nützen sie, in der geldwerten Konsequenz, dem Unternehmen zweifellos auch mehr , u. U. sogar erheblich mehr. Wenn Schöne gewinnender sind, dann helfen sie, mehr Gewinn zu machen. Und wer für mehr Gewinn sorgt, ist der nicht auch, im Sinne schlichter ökonomischer Rationalität, für den Arbeitgeber

»mehr wert«? Worin also besteht eigentlich der »Skandal«, wenn eine Untersuchung mit einem Sample von über sechshundert Absolventen einer amerikanischen Business School das Ergebnis zeitigt, daß ganz eindeutig gutes Aussehen mit höherem Gehalt und besseren beruflichen Aussichten korreliert?

Würde eine Gruppe mehr verdienen und schneller reüssieren, weil die einzelnen kompetenter sind oder einen besseren Schulabschluß haben, fänden wir das in Ordnung. Daß »Schönheit« in Geld und Karrierechancen aufgewogen wird, so plausibel das an vielen Arbeitsplätzen für den Arbeitgeber auch sein kann, empfinden wir als »skandalös«. Bei ruhiger Überlegung und im Lichte ökonomischen Kalküls betrachtet, ist es mindestens ebensowenig anrüchig wie die Ungleichheiten, die wir allenthalben ohne Widerspruch hinnehmen: daß z. B. jemand mit einem höheren Intelligenzquotienten als Forscher, mit großem Durchsetzungsvermögen und scharfem analytischen Verstand als Manager und Planer oder auch einfach jemand mit einer guten Vorhand als Tennisspieler oder einem »goldenen Arm« als Quarterback ein Vielfaches des Durchschnittseinkommens verdienen kann.

Hier also ist es wieder – unser gebrochenes, von uneingestandenen Schuldkomplexen geprägtes Verhältnis zur Schönheit: Sie darf keine »ungerechtfertigten Vorteile« erbringen; was wir verdienen, soll gefälligst verdient sein!

Schönheitsheuchelei

Warum nur sind die Mauern der Ressentiments, der Heuchelei, der durchschauten und der unbegriffenen Vorurteile um die Schönheit so hoch?

Werden Personen, gleich welchen Alters, nach ihren Kriterien für den idealen Partner gefragt, dann spielt in ihren Antworten das »gute Aussehen« gewiß eine Rolle, es wird jedoch durchweg vom Hinweis auf die erstrangig bedeutsamen Persönlichkeitsmerkmale und die »inneren Werte« (Charakter, Verläßlichkeit, Aufrichtigkeit, Humor etc.) in die zweite Reihe verbannt.[5]

Das wirkliche Verhalten jedoch – sofern es überhaupt möglich ist, zu Untersuchungszwecken »Realität« zu simulieren[6] – spricht eine andere Sprache: Jeder orientiert sich zuerst an Merkmalen der sichtbaren Attraktivität. Dabei setzt Schönheit keineswegs das rationale Erfolgskalkül außer Kraft, d. h. nicht alle stürzen sich auf die schönste Frau (et vice versa). Man bleibt in etwa in seiner »Preisklasse«, wobei die Ergebnisse allerdings auch zeigen, daß Fremd- und Selbsteinschätzung – bei Männern mehr noch als bei Frauen – auseinanderdriften können.

Dennoch bestätigen die empirischen Befunde recht eindeutig, daß auch dort, wo man sich an »realistischen«, soll heißen: einlösbaren Schönheitsoptionen orientiert, das Äußere die erste Rolle spielt. Der Fall, daß jemand in seiner Option das eigene Attraktivitätsniveau deutlich unterschreitet, weil der Wunschpartner oder die Wunschpartnerin »Persönlichkeit« oder »Seele« erkennen läßt (z. B. schlagfertige Antworten gibt, außergewöhnliche Hobbies hat, sich mutig zeigt oder klug), ist äußerst selten. Mag er auch im wirklichen Leben häufiger sein als in der wissenschaftlichen Versuchsanordnung, so wird letztere in ihren Trendaussagen deutlich durch die neueren TV-Partnerspielchen (teilweise mit Publikumsbeteiligung) wie »Herzblatt«, »Mann-O-Mann« und »Lustfaktor« bestätigt, die der Anmach- und Wahrnehmungschoreographie der Disco-, Karaoke- oder College-Scenes nachempfunden sind.

Wer wüßte nicht, daß zwischen dem, was einer sagt, und dem, was einer tut, ein Unterschied besteht? Welche Welten jedoch zwischen dem einen und dem anderen klaffen können, wird kaum irgendwo deutlicher als bei der Schönheitsheuchelei. Mehrere, z. T. schon in den siebziger Jahren von Elaine Hatfield u. a. an der University of Minnesota durchgeführte Untersuchungen förderten unzweideutig diese Kluft zutage:[7] Wenn man die Versuchspersonen (meist Studierende) befragt, was ihnen an ihren Mitmenschen beim Kennenlernen besonders wichtig ist, fehlt keine der alten Platten aus der Sammlung »Edel sei der Mensch, hilfreich und gut«; alles wird genannt: Zuverlässigkeit, Charme, Freundlichkeit, Ironie, Ehrlichkeit, Unabhängigkeit – kurzum, die ganze Registerarie der »inneren Werte« wird heruntergesungen.

Ganz anders die Situation, wenn die Forscher das wirkliche Verhalten beobachten: In der Situation des Kennenlernens jedenfalls zählt ganz allein die äußere Attraktivität. In einer Versuchsanordnung, bei der nach dem Zufallsprinzip Partner für einen Tanzabend zugeteilt wurden, die man zuvor nach ihrer unterschiedlichen Attraktivität ausgewählt hatte, ergab sich, was wir alle in seltenen Momenten der Ehrlichkeit wissen: daß so gut wie niemand etwas von Persönlichkeit, Intelligenz, Aufrichtigkeit und sozialem Verhalten wissen wollte, sondern alle ihr Urteil über den Zufallspartner von dessen äußeren Reizen oder deren Fehlen abhängig machten.

So weit, so schlecht, oder auch so gut, ganz nach Gusto und individueller Erfahrung; denn daß wir tagaktive Primaten mit großer Sehrinde sind, Augentiere, und daß dem Äußeren daher auch mit einer gewissen Selbstverständlichkeit das Hauptaugenmerk gebührt, sitzt gattungsgeschichtlich offenbar tiefer, als daß es zur Willkürdisposition des Tages stünde. Nicht daß Schönheit – zumal für den Mann – ein machtvoller Signalgeber ist, kann ernsthaft das Problem sein, sondern unsere deutlichen Hemmungen, dies einzugestehen. Warum bloß dementieren wir so nachdrücklich mit Worten, was wir im selben Atemzug selbst durch unser Verhalten bestätigen: die soziale Macht der Schönheit?

»Persönlichkeit« schönt um

Die Liebe mag, wie es in Shakespeares *Sommernachtstraum* heißt, »nicht mit den Augen, sondern mit dem Herzen (sehen)« – doch auch das Herz sieht allemal zuerst mit dem Auge. Wie sehr auch in der Liebe die Liebenden auf die Schönheit verpflichtet sind, zeigt sich vor allem an dem Ausmaß, in dem sie sich wechselseitig auf- und umschönen. Gewiß sollte man in Sachen Liebe und Schönheit auf das mit den Mitteln der empirischen Sozialforschung aus den Zeitgenossen Herausgefragte nicht allzuviel geben. Aber interessant ist eben doch, wie viele Verheiratete oder in einer festen Verbindung lebende Personen ihren Partner als »schön« bezeichnen, obgleich die mit Fotobeispielen unterlegte Frage nach ihrem Schönheitsideal häufig ganz andere – und plausiblere – Ergebnisse zeitigt. Hier scheint öfter der Wunsch Vater des Gedankens zu sein, wobei offen bleiben muß, ob die schonungsvolle Rücksicht auf den Partner oder aber die Angst vor der narzißtischen Selbstkränkung Regie führt.

Die vorliegenden empirischen Untersuchungen belegen recht eindeutig das Phänomen des Auf- und Umschönens überall dort, wo Gefühle und eine persönliche Beziehung zur zu beurteilenden Person im Spiele sind.[8] Von Bekannten, Freunden und Verwandten werden Personen, deren Attraktivitätsprofil ermittelt werden soll, durchweg günstiger eingestuft als von Fremden. Dies läßt sich nicht nur dem Sympathiebonus oder dem Gefühl persönlicher Verpflichtung, also einer Art *positiver Voreingenommenheit* für die entsprechende Person zuschreiben. Es verweist uns auch darauf, daß bei der Schönheitsbeurteilung das, was wir sehen, noch lange nicht alles ist. Das Bild formt sich im Auge des Betrachters. Seit in den Medien von Michael Jacksons Eskapaden mit kleinen Jungs die Rede war, fanden ihn plötzlich viele körperlich längst nicht mehr so attraktiv wie zuvor, als der moralische Nimbus noch nicht angekratzt war.

Solange wir einen völlig Fremden nach einem Foto oder nach dem allererersten Eindruck beurteilen, spielen ganz gewiß die äußeren Attribute die alles entscheidende Rolle. Das bedeutet aber noch lange nicht, daß die Beurteilung von Fremden durch Fremde eine wirklich »objektive« ist. Vor allem aus zwei Gründen gilt dies nicht: erstens, weil der Fremde, wenn er einen Fremden betrachtet, natürlich auch Vorbilder im Kopf hat, weil ihn z. B. eine zufällige Ähnlichkeit in der Frisur oder im Lächeln der zu Beurteilenden an seine ältere Schwester erinnert und unweigerlich auf sein Urteil abfärbt; zweitens aber – und dieser Gesichtspunkt ist der wichtigere – gehört natürlich zur tatsächlichen Attraktivität einer Person, die die Chance hat, sich mitzuteilen, stets mehr, als ein Foto oder der erste Eindruck vermitteln können. Der Betroffene kann im Falle des Falles »nachbessern«. Fast immer lassen sich Schönheitsmängel durch eine »bezwingende Art«, durch Charme, Witz, Mut, Originalität und Charakter »ex post« ein Stück weit ausgleichen und vergessen machen. Deshalb ist es ganz natürlich, daß die »Stimulusperson« bei jenen Pluspunkte macht, denen sie sich in irgendeiner Weise mitteilen konnte. Diese – weithin unbewußte – Übertragung von Sympathiewerten, die nicht in sichtbaren Körperattributen wurzeln, auf die nackte Schönheits- und Attraktivitätsbilanz geht sogar soweit, daß die Befragten auch bei ihnen fremden »Stimuluspersonen« dann die höheren Schönheitsnoten ziehen, wenn ihnen aufgrund simulierter Zusatzinformationen glauben gemacht wurde, diese Personen seien ihnen selbst in einem markanten Punkte ähnlich oder in besonderem Maße wohlgesonnen.

Ein deutungsbedürftiges Ergebnis der empirischen Befunde ist auch, daß unser Schönheitsurteil ganz unterschiedlich ausfällt, je nachdem, ob wir allein für uns entscheiden oder ob wir das in der Gruppe tun. Die Gruppe fällt die deutlich »strengeren« Urteile, in den Einzelbeurteilungen kommen die Probanden deutlich besser weg. Eine Erklärung dieses eigenartigen Verhaltens ist vielleicht die, daß der einzelne weniger dazu tendiert, ein allgemein zustimmungsfähiges Schönheitsideal zum imaginären Fluchtpunkt seiner Beurteilung zu nehmen, als die Gruppe dies offensichtlich tut, sondern daß er ein »realistischeres«, nämlich das ihm selbst gerade noch »erreichbare« Schönheitsniveau zum Kriterium seines Urteilsspruches wählt. Wie das Kollektiv gern moralverschärfend wirkt, so könnte auch die Gruppenkommunikation über das kollektive Schönheitsurteil den einzelnen davon abhalten, sich ungeschönt zu den eigenen trivialeren Gelüsten zu bekennen. Die individuelle Bekenntnisscheu bewirkt, daß in der Gruppe die Schönheitslatte höher gelegt wird; jeder ist ein wenig darauf aus, mit seinem eigenen differenzierten Geschmacksurteil zu renommieren. Dies wiederum gibt uns den Hinweis, wir könnten zumindest ahnen, wie sehr sich in dem Anspruch, an dem wir das Ansehen anderer bemessen, immer auch die eigene Selbsteinschätzung verrät. Und wer möchte diese schon zu niedrig ansetzen?

Für den »privaten Gebrauch« aber, so scheint es, mustern wir, der eigenen Erfahrung folgend, alle »unerreichbare« Schönheit gewissermaßen von vornherein aus. Diese Art vorauseilender Schicksalsergebenheit war ganz offensichtlich am Werk, als man zum Zwecke der Validierung ihrer Schönheitsurteile jungen Männern höchst unterschiedlich attraktive Partnerinnen für ein in Aussicht gestelltes »Date« präsentierte: Durften sie gleichsam zum Risiko-Nulltarif wählen, weil der Versuchsleiter das Einverständnis der gewählten Dame verbürgte, stürzten sie sich mit größter Einmütigkeit auf das attraktivste Angebot; ganz anders dagegen, wenn sie die Dame ihres Wohlgefallens unter dem Ungewißheitsrisiko, sich unter Umständen auch einen Korb zu holen, aussuchen mußten: In diesem Fall waren sie deutlich zurückhaltender; sie entschieden sich, beziehungsstrategisch wohl durchaus konsequent, ganz überwiegend für die in etwa dem eigenen Attraktivitätsniveau entsprechende Partnerin.

Schuster bleib bei deinem Leisten! Je schöner die Frau, je krasser also die Schönheitsdiskrepanz zwischen dem werbenden Mann und der Umworbenen, um so größer für jenen das Risiko einer Abfuhr. Diese Art von resignativem Realismus scheint der Hauptgrund dafür zu sein, daß Amors Pfeile so kurz zielen und die »amour fou« eine Rarität bleibt, Stoff eben für jene uns immer wieder aufs neue bezaubernden Liebesgeschichten vom Genremuster »Er Schweinehirt, sie Prinzessin«, deren kontrafaktische Psychologie eine ganze Reihe von Filmhits der letzten Jahre inspirierte: *Green Card* ebenso wie *Crocodile Dundee, Pretty Woman* und *Bodyguard.*

Hätten Filmstoffe Relevanz fürs Leben, so taugten sie nicht fürs Drehbuch. Fürs Drehbuch des Alltags indes scheinen die erfahrungsbeglaubigten Risikominimierungsstrategien jener, die der Schönheit nur mit angezogener Handbremse nachjagen, ganz gut geeignet. Die noch immer sehr wenigen Längsschnittuntersuchungen, die Vermutungen über die Gründe für die relative Dauerhaftigkeit von Paarbeziehungen zulassen, geben Hinweise darauf, daß »Gleich und gleich gesellt sich gern« als Ratschlag fürs Bestehen eines gemeinsamen Lebensprogramms so schlecht nicht ist.

Warum sind wir im Umgang mit der Schönheit nicht zur Aufrichtigkeit fähig? Was lehrt uns ein sozialer Diskurs, dessen Teilhaber am nachdrücklichsten leugnen, was sie am meisten verehren und begehren?

Vor allem sollten wir wohl mißtrauisch sein gegenüber allen ideologischen Instrumentalisierungsversuchen, in wessen Diensten sie auch immer stehen mögen. Daß man vielerorts auf das selten gewordene Bekenntnis zur Schönheit so rabiat reagiert, ist sicher ein Ausfluß der Verdrängungsnöte, ein Hinweis vielleicht gar auf das uneingestandene Strafbedürfnis, das man, des schnöden Doppelspiels wegen, an sich selbst vollstrecken möchte. Vieles spricht für eine solche Deutung in den Kategorien der klassischen »Double-bind«-Situation;[9] nicht zuletzt eben auch der Blick in die Geschichte von fast dreitausend Jahren Schönheitsphilosophie und -ideologie.

Die Schönheitsreflexion fristete in vielen, sehr unterschiedlichen kulturellen Kontexten ihre Existenz in zwei gegeneinander fast hermetisch abgeschotteten Separatdiskursen: Idealisierung der Schönheit hier, genereller moralischer Einwand wider das Ästhetische da. Daß die Geschütze, die wider die Schönheit und ihre Apologeten in Stellung gebracht werden, so unverhältnismäßig großkalibrig sind, könnte eine Erklärung gerade darin finden, daß deren Gründe und Beweggründe so schlicht sind und so ideologiefern, daß sie eigentlich gar nicht »falsch« sein können: Schönheit ebenso wie die fast noch erstaunlichere Fähigkeit, sie wahrzunehmen, sind evolutiv gewachsene Vor-

und Zugaben der Natur, die jemand ebensowenig einfach ablehnen und von sich weisen kann wie den Schlaf und den Appetit oder wie Gerüche und Geräusche, die in Ohr und Nase dringen.

Wenn wir es genau betrachten, sind ja die Tränen der Wut und der Empörung, die von manchen ob der nicht zu rechtfertigenden Bevorzugung des schönen Artgenossen vergossen werden, Krokodilstränen. Denn für die Bedingungen dieses »Unrechts« sorgen wir in den allermeisten Lebenssituationen selber: Gäbe es nicht ein Konsumenten- und Publikumsverhalten, das eindeutig mit der Schönheit paktierte – und zwar schon auf der Ebene der Friseuse und der Kellnerin und nicht erst bei der Filmdiva und beim Popstar –, dann gäbe es auch wohl für keinen Personalchef der Welt ein deutliches Motiv, den schöneren Bewerber zu bevorzugen.

Wer also über den »Schönheitsmythos« lamentiert und die von ihm losgetretene Lawine ungerechter Bevorzugung der Schönen – und das sind ja nicht wenige –, der sollte wissen, mit wem er eigentlich ins Gericht geht: nämlich immer auch mit sich selber. Wären wir angesichts der Schönheit nicht (fast) alle gefallene oder zum Abfall bereite Engel, wären Wunsch und Begier nach Schönheit nicht so allgemein und so unterschiedslos verbreitet, gäbe es also nicht die *große Verschwörung* zugunsten der Schönheit, in die, meist ohne es selbst recht zu merken, (fast) jede(r) verstrickt ist, dann wäre auch die *kleine Verschwörung* zugunsten der Schönen in der Werbung und am Arbeitsplatz, in der Disco und auf dem Schulhof, nicht denkbar.

Wenn hier nur Steine würfe, wer frei ist von »Schuld«, bräuchte niemand den Kopf einzuziehen.

Der eigentliche Skandal aber ist, daß so viele Steine fliegen, obgleich so wenige ein Recht hätten, den Arm zu heben; auch, daß wir so wenig um die widersprüchlichen Motive unseres eigenen Handelns wissen, um unsere tiefe Zerrissenheit, wenn es um die Schönheit geht und die Empörung wider sie, um unsere öffentliche Heuchelei, unsere Doppelzüngigkeit, das so beredte »kommunikative Beschweigen« der vielen Tabus, mit denen wir die Schönheit umgeben.

Manchmal laufen die Rituale pro und contra Schönheit so dicht neben- und ineinander ab, daß man glauben sollte, die Selbstbeobachtungsgabe auf Hilfsschülerniveau reiche aus, die Widersprüche beim Namen zu nennen. Und doch merkt niemand auf, wenn in einer beliebten ARD-Sendung das auf jung und schön gestylte Moderatorengespann der »attraktivsten molligen Frau des Jahres 1994« (solche Titel werden, ich schwör's, verliehen!) durch süffisantes und verständnisinniges Nachfragen den beifallsträchtigen O-Ton entlockt: »Auf's Aussehen kommt es doch gar nicht an. Man sollte einfach dazu stehen, wie der liebe Gott einen gemacht hat.« Die Folge: beinahe »standing ovations« im Studiosaal, der Beifall des mehrheitlich durchschnittlichen Publikums für die tröstlich gemeinte, so wohlfeile wie falsche Schönheitsinvektive einer nicht mehr Schönen, vom berufsmäßig schönen Moderator beifällig quittiert – und kaum einer merkt, daß hier einiges nicht stimmt, und wohl keiner könnte richtig benennen, was.

Die Konstellation, die uns diese Szene zeigt, enthält, wie in einer Nußschale, alle Elemente der Schönheitsheuchelei: der Saal, der sich aus lauter kleinen informellen Mit- und Zuarbeitern der geheimen Kommandosache Schönheit zusammensetzt, klatscht Beifall, wenn jemand mitten im Schönheitstreibhausklima der Fernsehkameras den aufgeklärten Konsens aller Guten und Gutmeinenden wider die Zumutungen des »Schönheitsmythos« abmahnt. Hier wird das (Fernseh-)Tribunal zur Szene: Es zeigt jedem, der noch über einen Funken seines Augenlichts verfügt, wie recht der Psychoanalytiker Paul Parin hat, wenn er vom »heimlichen Bestrafungswunsch« spricht, der bei so manch ungereimtem Verhalten (nicht nur in Sachen der eigenen Vergangenheitsbewältigung!) Regie führt.

Fernsehen, Film und Artgenossenschönheit

*»Den Willen zur Schönheit hat in aller Welt
der Film ganz entschieden gehoben,
durch die uns auf der Leinwand makellos
erscheinenden Menschen.«*
Neue Illustrierte, 1927

Die »Medien« der Körperschönheit

Unter der Ägide der hypereffizienten Nanosekundenkultur haben sich die aufmerksamkeitsheischenden Ereignisse pro Zeiteinheit um ein Vielfaches vervielfacht – und zugleich um ein noch vielfacheres Vielfaches an Verbindlichkeit eingebüßt.

Die gängigste der Ängste einer hochmobilen Gesellschaft ist wohl die Ballastangst, Frucht der zentralen Erfahrung aller Flüchtlinge, sich bloß nicht mit zuviel Ballast zu beschweren. Zwingende Konsequenz des Dauerzwangs zum leichten Marschgepäck ist am Ende dann auch die »Ersetzung« des Liebhabers durch den Bildschirmliebhaber, wie ihn die französische Bildschirmtextvariante des »Minitel« mit ihren »messageries roses«, ihren Erotikbotschaften, als erste möglich gemacht hat.

Die erotische Bildschirmaffäre hinterläßt keine Spuren, ganz zu schweigen von unwillkommener Nachkommenschaft. Leichtigkeit ist Trumpf; sie beschwert das Leben nicht nur nicht mit unerwünschten Schwangerschaften, sie hinterläßt überhaupt keine untilgbaren Rückstände und Hinweise auf den via Augen-Blick eingefangenen erotischen *Augenblick.* Die Bildschirmaffären sind, wie so vieles, mit dem wir uns »beschäftigen«, wie vieles, das unsere Phantasie erhitzt, Wegwerfreize des »augenblicklichen« Gebrauchs ohne Vorher und Nachher, ohne Geschichte und Verantwortung, ohne Anwesenheit und Körperschwere, im Aufblitzen wie im Verglühen gleichermaßen repräsentativ für eine in Lieblosigkeit leerlaufende Gesellschaft des »Immateriellen«.

Die Computererotik, die in Frankreich schon seit

1984 (!) eine ganze Nation in Atem hält, liefert das beängstigend paßgenaue Gefühlssurrogat einer tachomanen Gesellschaft, der alles, was bleibt und Gewicht hat, zur unerträglichen Last wird. Die allgemeine Lust aufs Leichte begründet den grandiosen Erfolg der Zwischenwelten. Die Spurlosigkeit, die Rückstandlosigkeit der Zeichen, die wir tauschen, die technisch verbürgte Folgenlosigkeit des Sehens und Zeigens bescheren dem Exhibitionisten und dem Voyeur goldene Zeiten des Dabeiseins auf dem Hochgeschwindigkeitskurs verantwortungsentlasteter und schicksalsneutraler Affekte – Hochzeiten des Mitwirbelns auf dem Karussell ebenso bizarr-exotischer wie schnell sich verbrauchender Gefühlssensationen.

Zerstreuung und Unterhaltung, Senation und Nervenkitzel sind allem beigemischt. Seit mehr als zehn Jahren schon errichtet Ted Turner, der Big Boss des US-Nachrichtenkanals CNN, sein »Theater der Realzeit«, »das uns dazu bringt, für wahr zu halten, was man live sieht« (Paul Virilio). Jeder ist dabei, und doch ist keiner wirklich beteiligt. Je mehr uns begegnet, um so weniger berührt uns. Analog zu ihrer *Extensität* verliert die Wirklichkeit gleichsam an »spezifischem Gewicht« – und wir versuchen es ihr gleichzutun in Sachen eigener spezifischer Gewichtsverminderung. Nur in dieser schnellebigen Signalkultur konnte die Schönheit so konkurrenzlos zum Signal der Signale werden: Schönheit ist alles, nichts sonst zählt.

Film und Fernsehen haben den folgenreichsten Beitrag zum Entstehen jener »gnadenlosen« Augenkultur geleistet, »in der man sich die Beteiligten zuerst einmal anschaut, ehe man ihnen zuhört«.[1] Die mythischen Stars, die die Phantasie der Massen bewegten, wie Mary Pickford, Greta Garbo, Mae West, Marlene Dietrich, Jane Russel, Maureen O'Hara, Rita Hayworth, Lauren Bacall, Grace Kelly und Marilyn Monroe oder, männlicherseits, Rodolfo Valentino, Clark Gable, Humphrey Bogart, James Dean, Marlon Brando und Robert Redford – sie alle rissen »Wunden wahnhafter Gier« auf. »Das Erschauen der mythisch verklärten Götter der Leinwand (erzeugt) zugleich eine fortdauernde Qual und eine immerwährende Lust. Die verführerischen Vamps und die mondänen Frauen, die mythischen Männer der Tat und die braven Jungs von nebenan: Sie erregten, elektrisierten, wühlten auf, verzückten. Sie erweckten ein Sehnen, ein Begehren, das stets unerfüllt blieb, unerfüllt bleiben *mußte.* Denn allein dadurch, daß es unerfüllt bleibt, kommt es immer von neuem in Gang, unaufhörlich, so daß man immer weiter begehren kann.«[2]

Das Starsystem des Kinos gestattete erstmals die massenhafte »Zudringlichkeit« gegen die Schönheit, die diese, außerhalb des Kinos, unweigerlich zerstören müßte. Diese »Zudringlichkeit« indes beruht auf einer Täuschung: Der Star *scheint* viel wirklicher als z. B. der Darsteller auf der Bühne, obgleich er, im Gegensatz zu jenem, gar nicht präsent ist. Auch wenn der Star mit seiner Rolle so sehr eins wird, daß die Personen der Filmerzählungen »keine Existenz außerhalb der Darsteller« haben, wie Erwin Panofsky in seinem Filmessay schreibt,[3] bleibt die Intimität zwischen Darsteller und Zuschauer doch eine Illusion, wie suggestiv auch immer die Bilder sie zu beglaubigen vermögen. Anders als bei der wirklichen gibt bei der inszenierten Intimität nach den Regeln des Drehbuchs der scheinbar jeder schützenden Distanz entblößte

Star nur exakt das preis, was er preisgeben soll und will. Die »Interaktivität« im Geben und Nehmen findet nur statt, wenn – wie in Woody Allens *»Purple Rose of Cairo«* (1985) – die Darsteller von der Leinwand herunter ins Publikum steigen; und da freilich zeigt sich ganz schnell, wie dürftig und blutarm sich die Persönlichkeitspolster eines scheinbar so glanzvollen Leinwandcharakters in der freien Wildbahn des Lebens ausnehmen.

Eine ganze Garde männlicher Filmstars ließe sich nennen, die Millionen ins Kino lockten, ohne eigentlich schön zu sein: Spencer Tracy, Edward G. Robinson, James Cagney, Bing Crosby, Jack Nicholson. Für Männer muß die Frau, an der sie sich berauschen, zumindest *auch* schön sein; Frauen begnügen sich schon mit *interessanten* Männern. Aktuelle Stars wie Harvey Keitel, John Malkovich, Denzel Washington, Jeremy Irons, Antonio Banderas, Gerard Depardieu u. a. bestätigen dies. Wenn sie dann als Zugabe auch noch schön sind, wie der erste wirkliche Star der Kinogeschichte überhaupt, Rodolfo Valentino, dann werden sie zu Magneten von »Kollektiv-Sehnsüchten« (Siegfried Kracauer) und gewinnen ein Eigenleben, das alle Enge und Vergänglichkeit des realen Lebens sprengt, das sogar die Angst vor dem Tod überwinden kann: Nicht wenige Fans nahmen sich 1929, nach Valentinos Tod, selbst das Leben. Valentinos Zauber war »aus Träumen gesponnen, und Träume haben (eben) eine größere Beständigkeit als jede Realität«.[4]

Schönheitsranking

Auch wenn unser Selbstbild auf einer Reihe von Vorbildern und Wunschkonstrukten fußt, die nur wir selber »sehen« können, wenn wir uns für Augenblicke unser Bild vergegenwärtigen, so ist, alles in allem, das Selbstbild doch ein relativ verläßlicher Auskunftgeber über unser Äußeres und seine Wirkung auf andere. Das hat seinen Grund u. a. darin, daß es sich ständig im Visavis von Publikum »bewähren« muß. Wer bei den entsprechenden »Passungskontrollen« auffällt, weil er z. B. trotz starker Oberschenkel und kräftigem Gesäß überenge Hosen trägt oder weil er sich trotz fortgeschrittenen Alters in schräge Rave-Klamotten verirrt, dem werden, bei intakter Wahrnehmung, eine Vielzahl von Signalen aus der Umgebung zugespielt, auf die er in der Regel »entgegenkommend« reagiert. Wer nicht reagiert, bei dem driften mit der Zeit Selbstbild und Fremdwahrnehmung deutlich und dauerhaft auseinander; er wird zum lächerlichen Fall, ein Kauz, ein Sonderling mit deutlichen Anzeichen persönlichkeitstypischer »Geschmacksverirrung«.

Das sozial beglaubigte und realitätserprobte »Selbstbild« leitet uns auch, wenn wir uns auf Partnersuche begeben. Es wirkt als eine Art sozialen Regulativs für den Beziehungsmarkt. Nur weil jeder sich selbst einigermaßen »realistisch« beurteilt und einordnet, kommt es zu den weitverbreiteten *Passungserfahrungen*: Jeder Topf findet seinen Deckel. Was sich paarweise zusammentut, »paßt«, alles in allem, nach Aussehen, Größe, Schichtzugehörigkeit, Bildungsgrad, Geschmack etc. letztlich erstaunlich gut zueinander. Wie funktiert dieses »Gleich und Gleich gesellt sich gern«? Wie kommt es, daß nicht alle sich auf die Schönste oder den Schönsten stürzen? Die Erklärung ist, daß wir biographisch schon sehr früh, im Alter zwischen 9 und 14 Jahren, damit beginnen, unser körperbezogenes Selbstbild auf eine imaginäre soziale Attraktivitätsskala zu projizieren, auf der wir uns selbst unsere Position zuweisen; meist übrigens durchaus »treffend«, was bedeutet, für andere nachvollziehbar, meist am oberen Rand unseres Möglichkeitsspektrums.[5] In den USA ist es nicht unüblich, sich, durchaus nicht nur spielerisch, auf einer solchen Rangskala mit Werten von 1–10 zu verorten.[6] Die Verfilmung von Michael Crichtons Roman *Die Enthüllung*[7] zeigt in einigen sehr bezeichnenden Szenen diese quasi-formalisierte Schönheitshackordnung samt ihren drastischen und subtilen Mechanismen gänzlich unverhüllt, bis hin zum erwähnten numerischen Schönheitsranking.

Natürlich läuft in der wirklichen Situation sozialer Begegnung der Mechanismus nicht so ab, daß jeder in Form einer exakten Zahl, vielleicht der Examensnote oder dem Intelligenzquotienten vergleichbar, über seinen Attraktivitätswert verfügte und ihn, sei es im Blick auf den begehrten Partner oder auch auf einen eventuellen Mitkonkurrenten, gleichsam als Argument pro oder contra vorbringen könnte. Die Schönheitshackordnung funktioniert viel subtiler und viel weniger explizit als ein argumentativer Aushandlungsprozeß – aber deshalb keineswegs weniger offensichtlich und vorhersehbar. Die Gesetzmäßigkeiten, die in ihr wirksam sind, setzen sich vor allem über den verläßlich vorauseilenden Gehorsam der Beteiligten durch: Erstaunlich selten will einer partout »zu hoch hinaus«; und vorhersehbar selten ereignen sich Mirakel wie jenes, daß die allseits umschwärmte Klassenschöne ausgerechnet zum unscheinbaren und verachteten Außenseiter in zärtlicher Zuneigung entflammt, wiewohl die neuerdings wieder so beliebten High-School-Filme mit exakt dieser populären Trivialversion der *amour fou* quasi gewerbsmäßig hausieren gehen.

Dies mag einer jener Hinweise darauf sein, aus welchem Stoff unsere Träume sind – und warum: Sie sind aus den Seidenstoffen reiner Schönheit, und der Schönheit sind die Filmträume reserviert, weil das Leben so sehr mit Wundern geizt. Natürlich begehrt auch im wirklichen Leben jeder die Klassenschöne, und natürlich schwärmen alle Mädchen für den gutgebauten Quarterback. Doch tun sie's – anders als ihre Filmheldinnen und -helden – nur mit angezogener Handbremse und zum Risikonulltarif; und damit fällt man bekanntlich nicht die Treppe hinauf. Wer auf keinen Fall die Abfuhr riskieren möchte, wer resigniert und sich ins Joch des vermeintlich Unvermeidlichen fügt, bevor er noch die Grenzen seiner Möglichkeiten wirklich ausgelotet hat, der wird auf der imaginären Attraktivitätsskala kaum Plätze wettmachen.

Genau das aber geschieht in den genannten Filmen: Die Helden und manchmal auch die Heldinnen machen »Plätze gut«. Sie stehen am Ende selbst deutlich attraktiver da als zu Beginn: Sie rücken auf der Attraktivitätsskala nach oben, vielleicht von Platzziffer 6 auf Platzziffer 8 bis 9. Dieser Attraktivitätsschub wird in den Filmen dieses Genres fast immer auch durch die Handlung – mehr oder weniger glaubhaft – in die körperliche Dimension übersetzt und dort, buchstäblich, bildlich greifbar:

Jemand nimmt dramatisch ab, überwindet seine Schüchternheit, legt sich eine mutige Frisur zu oder eine sportlich trainierte Figur, entdeckt vielleicht erstmals seinen Körper und beginnt, ihn zu inszenieren. Ein Hinterwäldler lernt sich auszudrücken und reift zur respektierten »Persönlichkeit«, die Landpomeranze schnuppert erfolgreich große weite Welt ...

Wenn wir die zugrundeliegende Erzählstruktur analysieren, dann haben all diese Szenarien des »Vorher–Nachher« nur den einen Sinn, die Glaubwürdigkeit zunächst scheinbar *irregulärer* Beziehungsverhältnisse und ihrer Motive zu bekräftigen: Wenn jemand eine Freundin erobert, die auf der vom Zuschauer spontan zugrunde gelegten Attraktivitätsskala drei Stufen höher rangiert, dann muß er, damit das Happy End in Gestalt einer Beziehung mit Bestandsaussichten glaubhaft wird, selbst sichtbar an Attraktivität zulegen.

Überrepräsentanz an Artgenossenschönheit

Werbung, Film und Fernsehen öffnen heute sämtlichen Mitgliedern der Gesellschaft die Tore zur Welt der Artgenossenschönheit. Hier findet vor unseren Augen, genauer: *durch* unsere Augen, ein Sozialexperiment von gigantischen Ausmaßen statt, das in der Geschichte der Menschheit völlig ohne Vorbild ist. Was bedeutet es für die soziale Realität, daß wir in Kino und Fernsehen weit überdurchschnittlich viele schöne Menschen sehen, mit denen wir scheinvertrauten Umgang pflegen, wie

etwa mit Desiree Nosbusch und Thomas Gott-
schalk, Uschi Glas und Nina Ruge?

Wie lange müssen wir in der Realität nach jenen
Bildern suchen, welche die Filmkamera uns tagtäglich tausendfach frei Haus liefert? Wie lange
müssen wir im wirklichen Leben suchen und wie
wach beobachten, bis wir einmal erleben, wie die
Sonne durchs Blondhaar schimmert und eine ver-
borgene Linie des Halses sichtbar macht, wie das
Gegenlicht ein sonst kaum bemerkenswertes Profil
weichzeichnet oder winzige Schweißperlen auf der
Oberlippe einem Durchschnittsgesicht einen dra-
matischen Zug verleihen?

Was bedeutet diese televisionäre Überflutung
mit schönen und effektvoll inszenierten Reizen?
Muß uns die wirkliche Welt des Sozialen, jene Welt,
in der wir immer noch zu Hause sind, in der immer
noch die Entscheidungen über Glück und Unglück
fallen, nicht um so ärmer vorkommen, je reicher
die Bilderwelt uns mit Schönheiten bedacht hat?
Sehen wir zuviel schöne Menschen und wähnen
uns mit ihnen, die allabendlich unser Wohnzim-
mer bevölkern, auf illusionärem Duzfuß, so daß am
Ende die so prekäre, immer wieder neu zu beglau-
bigende Balance zwischen unserem Selbstbild und
der Fremdeinschätzung verlorengeht und wir
maßlos, weil maßstablos werden?

Das Passungsverhalten in ungefährer Übereinstimmung mit der imaginären Attraktivitätsord-
nung hatte ja stets auch eine entlastende Funktion:
Der erotische Eroberungsdrang konzentriert sich
auf das »erreichbare Ideal«. Niemand braucht un-
lauteren Wettbewerb aus einer anderen Gewichtsklasse ernsthaft zu befürchten. Stört hier nun der
Film und stört vor allem das noch ungleich zu-

dringlichere Fernsehen eine lang eingespielte und unverzichtbare Fähigkeit sozialer Balance?

»Spastiklatschen« oder Die neue Unduldsamkeit

Studenten gelangten im Rahmen eines Forschungsseminars zu Zahlen, die auf die zehnfache Überrepräsentanz von Artgenossenschönheit am Bildschirm gegenüber der vergleichbaren täglichen Realsituation schließen lassen.

Die Konsequenzen werden besonders deutlich im Falle der inzwischen weit verbreiteten Scheußlichkeit des »Spastiklatschens«, einer besonders perversen Form der Aggressivität gegen Rollstuhlfahrer und Behinderte. Wäre es psychologisch wirklich so unplausibel, wenn die Bildschirmkonditionierung auf Schönheit uns gegen wirkliche und vermeintliche Häßlichkeit oder körperliche Unzulänglichkeit der sozialen Nächstwelt unduldsamer machte?

In jedem Fall könnte es lohnen, über die soziologische Bedeutsamkeit unvereinbarer Erfahrungen an einem so neuralgischen Punkt wie der Artgenossenschönheit neu nachzudenken: Was bedeutet es für die Möglichkeiten toleranten und nichtdiskriminierenden Zusammenlebens unterschiedlichster Gruppen und Individuen, wenn auf den Brettern, die (heutzutage) die Welt bedeuten, all jene erotischen Fabelwesen in Divisionsstärke aufmarschieren, die sich im wirklichen Leben partout nie in meine Nähe verirren? Was bedeutet es für eine »gemischte« Alltagserfahrung, wenn im suggestiven Augenmedium sich alles bis aufs peinlichste dem Code der Körperschönheit fügt? Was bewirkt jene kontrafaktische Dauerprägung durch die tagtägliche Film- und Fernsehinszenierung, die uns die soziale Welt als Laufsteg präsentiert?

Wir sind in einem Maße auf übergroße Strahleaugen, makelloses Gebiß, Wespentaille, lange Beine und das üppig aufgeföhnte Haupthaar geeicht, daß wir – auch ohne bösen Willen und wohl schon weitgehend automatisch – das Fehlen dieser »Selbstverständlichkeiten« im realen sozialen Musterungsdiskurs abstrafen. »Sie ist ganz nett, obwohl sie dicke Beine hat« – diese Charakterisierung der neuen Klassenkameradin läßt keinerlei Zweifel an der sozialen Wirksamkeit solcher Deutungsmuster.

Hier tut sich eine bedenkliche Kluft auf: Längst sind die geschönten Abziehbilder der Welt, die uns Fernsehen und Werbung liefern, mit jenen Bildern, die sich unter Bedingungen der Nachdenklichkeit, der Anteilnahme und der kundigen Besorgnis formen, gänzlich unvereinbar.

Manches spricht dafür, daß die Abwertung der Realität im Namen einer systematisch aufgeschönten Imagination auch bei den neuesten Phänomenen sozialer Unduldsamkeit Pate gestanden haben könnte; einer Unduldsamkeit, die, zumindest in der Tendenz, das fremde Unschöne in das (Lebens-) Unwerte umdeutet.

Schönheit erscheint nämlich nicht nur um das Zehnfache vermehrt und gesteigert auf dem Bildschirm, sie ist auch fast immer einem affirmativen Kontext zugeordnet: Die Guten sind zuverlässig schön, die Bösen, d. h. die Fremden und Bedrohlichen, die wir als unsympathisch oder unheimlich wahrnehmen sollen, sind ebenso berechenbar »häßlich«. Wo immer wir uns auf die Mitmenschen in unserem sozialen Umfeld einlassen, sind unvermeidlich auch diese moralisch eingefärbten Musterrollen mit im Spiel, die Vorurteile pro und contra nicht auflockern, sondern bestärken.

Virtuelle Mitkonkurrenten

»Schönheit ist immer eine Ausnahme«, schreibt John Berger, »deshalb berührt sie uns«.[8] Exklusivität umschreibt im selben Maße die psychologische Bedingung ihrer Wirkung wie bei einer Muschel, die nur in meeresfernen Gegenden zur Ikone exotischer Verheißung avancieren kann. Was aber, wenn aus der raren Ausnahme der scheuen Schönheit die Standardregel alltäglicher Wohnzimmerpräsenz wird? Was wird im Zeichen einer »television totale« aus der Schönheit, was aus ihrer Fähigkeit, uns zu berühren? Und was bewirkt die notorische Bildschirmübervölkerung mit besonders gelungenen Exemplaren unserer Gattung für Lebensgefühl und Lebenschancen der weniger üppig Ausgestatteten?

Wenn ein pickliger junger Mann, dessen Selbstbewußtsein, aller angestrengten Zuversichtlichkeit zum Trotz, noch nicht völlig gegen Rückschäge gefeit ist, sich mit seiner elfengleichen Traumeroberung beim ersten Date im Kino *Atemlos* mit Richard Gere ansieht[9] – einen Film, der ganz und gar von der wahrhaft atemberaubenden körperlichen Präsenz seines männlichen Protagonisten lebt –, wird er nicht fast zwangsläufig während der zwei Kinostunden auf den naheliegenden Gedanken verfallen: Was, wenn sie mich nun mit *ihm* vergleicht? Und wer – Mann oder Frau – hat diesen Gedanken nicht schon einmal gehabt? Und wer hat seine Partnerin oder seinen Partner nicht tatsächlich schon einmal mit einem dieser ultimativen Gesichter und Figuren, samt der von ihnen »verkörperten« erotischen Laszivität oder ihrer flapsigen Liebenswürdigkeit, ihrer abgeklärten Coolness, ihrem ausgeflippten Charme usf., verglichen?

Was bedeutet es, auf Dauer gesehen, daß Paare sich nicht mehr, wie in der Vergangenheit, in der Nische ihres beiderseitigen Attraktivitätsniveaus relativ unbehelligt einrichten können; daß sie der permanenten Verunsicherung durch *virtuelle Mitkonkurrenten* ausgesetzt sind, die sich in einer ganz anderen Gewichtsklasse bewegen?

Die Versuchung und Verunsicherung, die für die wirkliche Beziehungssituation durch das Auftauchen eines im Attraktivitätsniveau ein oder zwei Klassen höher einzustufenden Mitbewerbers eintreten kann, ist, via Film und Fernsehen, samt der vom Starkult dieser Medien bewußt geförderten Vertrautheitsillusionen beim Publikum, fast zum Normalfall geworden. Auch wo der psychologische Mechanismus gar nicht wirklich bewußt wird, geht ein erheblicher Teil der hier wie da grassierenden latenten Partnerunzufriedenheit auf das Konto dieses, den wirklichen Partner aus Fleisch und Blut unvermeidlich abwertenden und beschädigenden Vergleichs. Normalerweise wird im Attraktivitäts- und Sympathiewettbewerb nicht über die eigene oder die gerade noch erreichbare Niveaugruppe hinaus verglichen. Die mediale Allgegenwart der Jungen, Interessanten und strahlend Schönen, das tägliche Stelldichein der Stars und Sternchen in unseren Wohnstuben verändert, zunächst ebenso unmerklich wie unvermeidlich, die Musterungssituation samt den ihr zugrundeliegenden Maßstäben.

Jemand, der eigentlich ganz passabel Tennis spielt, kann nie wirklich Freude an seinem Spiel haben, wenn er sich stets mit Spielern der »Top Ten« vergleicht. Kann jemand sich noch ganz unbefangen an sich und seinesgleichen erfreuen, wenn er in einer Art *virtuellen Dauertechtelmechtels* mit den allzu nah gerückten »unnahbar Schönen« lebt? Degradiert uns die alle Erfahrung verzerrende mediale Überrepräsentanz der realiter so raren Schönheit allesamt zu *Ersatzdarstellern* der zweiten und dritten Wahl? Und bedroht die unlebbare Schönheitsutopie damit nicht gerade auch die *Lebbarkeit* weniger vollkommener Attraktivitätskonstellationen, indem sie diese abwertet und jener Illusionen beraubt, die nötig sind, um ein gemeinsames Alltagsprogramm zu bestehen?

In ihrer von dem Spiegel-Journalisten Claudius Seidel aufgezeichneten Autobiographie beschreibt die legendäre APO-Schönheit Uschi Obermaier ihre erotische Erstbegegnung mit Mick Jagger von den *Rolling Stones* auf sehr aufschlußreiche Weise als die Unmöglichkeit privater Zweisamkeit und als eine Art unaufkündbarer Verpflichtung zum Stellvertreterhandeln: »Wir konnten uns gar nicht näher kommen – und trotzdem waren wir nicht allein. Er blieb, auch als er die Augen schloß und sein Atem immer schneller ging, der Popstar, den Millionen Mädchen haben wollten. Und ich spürte dieses Begehren im ganzen Körper, es floß durch mich

hindurch, und es war, als hätte sich diese unge-
heure Lust meine Haut und mein Fleisch bloß ge-
liehen. Er trieb es nicht nur mit mir, er trieb es zugleich mit uns allen.«[10]

Die allmächtigen schönen Vorbilder, die uns auf
Schritt und Tritt begleiten, sind die selten explizit
gemachten Stachel im Fleisch vieler Beziehungen.
Befragungen und Interviews führen erst über ver-
zwickte Prüfmethoden und aufwendige Fra-
geschleifen dazu, wenigstens andeutungsweise
bloßzulegen, was der Mehrzahl der Betroffenen
gar nicht wirklich bewußt ist: Die mit Abstand häu-
figste Form des »Ehebruchs« ist längst das virtuelle
Erotikstelldichein mit dem Star, übrigens eine
Form der »Untreue«, die nur funktioniert, weil und
solange die Wirklichkeit sich nicht der heimlichen
Träume bemächtigt. Es gibt mittlerweile schon
eine ganze Anzahl bezaubernder Filme, die es unternehmen, uns diesen Zusammenhang nahezu-
bringen.[11]

Generalangriff auf Authentizität –
Gier auf Echtheit?

Man mag spekulieren, was die sich abzeichnenden
neumedialen »Zukünfte« für die angeschlagene
Rollenpsychologie und die »ausgeloteten« sozialen
Balancen der Schönheitshackordnung bringen
werden. Wird die Kluft zur Wirklichkeit noch
größer? Wird in den erstmals möglichen, vollsyn-
thetisierten, rechnergenerierten Megaschönheiten
von morgen, denen kein Schauspielerpendant aus
Fleisch und Blut mehr entspricht, ein Kontrapunkt

absichtsvoller Alltagsuntauglichkeit gesetzt, der, weil durchschaubar, nicht nur seine Bedrohlichkeit für das Leben verliert, sondern darüber hinaus wieder Lust auf »Echtzeit« und ungeschönte Roherfahrung macht?

Längst müssen wir, wenn wir Filmschönheiten wie Julia Roberts in *Pretty Woman* bewundern, über die *große Illusion* des inszenatorischen Mediums hinaus die *kleinen*, tricktechnisch erzeugten *Illusionen* mit in Rechnung stellen.[12] Wenn wir etwa glauben, uns wäre der Körper der »hübschen Frau« wohlvertraut, dann erliegen wir einer schlichten Täuschung. In erheblichen Teilen dieses Films wurden die in Großaufnahme gezeigten Körperpartien des Stars, speziell die Beine, aber auch Arme, Brust und Po gedoubelt. In Brian de Palmas *Der Tod kommt zweimal* (1986) ist das Body-double gar ein zentrales Motiv der Handlung.[13]

Das Body-double ist weit verbreitet; man setzt es routinemäßig ein, wenn es um Großaufnahmen bestimmter Körperpartien geht, bei Sexszenen z. B., aber auch, wenn bei einer Filmhochzeit die glückliche Braut ihrem Angetrauten in Großaufnahme den Ring an den Finger steckt und eine makellose Männerhand gefragt ist. Innerhalb der großen Irreführung des Films mit seinem geborgten Heldentum und seinen Drehbuchpersönlichkeiten also auch noch die kleine Irreführung des geborgten Körpers! Was *wissen* wir, wenn wir glauben, *alles* zu wissen? Was kennen wir vom Bilde der imaginierten Schönheit, wenn wir glauben, alles zu kennen, nur weil die geschauten »nackten Tatsachen« der Phantasie nichts mehr frei zu bebildern ließen?

Und doch ist dies alles wohl erst der Anfang. Der Generalangriff auf Authentizität und Glaubwürdigkeit der in bewegten Bildern eingefangenen Schönheit wird erst mit der durch die Digitalisierung ermöglichten unbegrenzten Manipulierbarkeit der Bilder erfolgen. Dann wird – für den, der das mag – Marilyn Monroe erstehen und ein James Dean beliebigen Lebensalters; dann wird es, dank interaktiver Programme, möglich sein, Claudia Schiffer eine Glatze zu schneiden und Brooke Shields den BH zu öffnen. Wenn alles *verfügbar* wird und das bewegte und unbewegte Bild jegliche Authentizität verliert,[14] weil es sich der willkürlichen Interaktivität öffnet, dann könnte gerade diese alleräußerste Anstrengung der Abstraktion das *Gegenläufige* wieder ins Recht setzen: die Abwendung von den Verheißungen des synthetischen Paradieses, die Rückwendung zur unvollkommenen Wirklichkeit, in der das Blut zirkuliert und die Zellen »altern«.

Schönheit
ist weiblich

»Die Schönheit brauchen wir Frauen,
daß uns die Männer lieben –
die Dummheit, damit wir sie lieben.
Coco Chanel

Frauen sind schöner –
und jeder kann es sehen!

»Sind Frauen schöner?« habe ich vor einiger Zeit rhetorisch in der ZEIT gefragt[1] und diese Frage mit einem vernehmlichen »Na klar!« und »Was denn sonst?« beantwortet. Unter der wahren Flut von Zuschriften war nur eine einzige nicht-weibliche Stimme – der Brief eines Gynäkologen (!), der mich auf einige (von mir möglicherweise übersehene) geschlechtsspezifische biologische Konditionierungen hinwies. Und unter den mehreren hundert Frauenbriefen (ein ganz ungewöhnliches Echo!) war allenfalls ein knappes Dutzend, das man als Zustimmung mit Vorbehalt verstehen konnte. Der Rest waren böse Verrisse.

Ein mißglückter Artikel allein kann gar nicht soviel Empörung und Zorn, ja sogar Haß mobilisieren; sollte da noch ein ganz anderer Nerv getroffen sein? Welche Nerven liegen denn bloß beim Thema (Frauen-)Schönheit bei den Frauen bloß?

Um mit dem gravierendsten der vielen Mißverständnisse zu beginnen: Ist es, wie man vielfach (von Frauen) lesen kann, einfach nur die »urteilende« männliche Hybris, welche das Fehlen weiblicher Schönheit sozial über die Maßen streng sanktioniert? Es liegt in der Natur der Sache (nämlich der sozial befestigten Zweigeschlechtlichkeit), daß es vorrangig Männer sind, welche die gnadenlose Selektion in schön und häßlich (mit vielen, situativ gefärbten Zwischentönen) »exekutieren«. Doch »erklärt« diese Tatsache nichts, jedenfalls nicht für diejenigen, für die Männer nicht *per se* eine Neigung zum überschießenden Sadismus, zu mehr Härte und Häme und zu unerbittlicherer Erbarmungslosigkeit aufweisen als Frauen.

Nein, eine mögliche Erklärung könnte in etwas ganz anderem zu suchen sein: in der geschlechtsspezifischen Verteilung der Schönheit. Wenn es richtig wäre, daß Frauen ganz generell »schöner« sind als Männer, dann wäre es ganz normal, daß das Fehlen der Schönheit bei ihnen auch deutlicher zutage träte und entsprechend hörbarer vermerkt würde. »Schöner« soll in diesem Zusammenhang zunächst gar nichts anderes heißen, als daß Frauen, gemessen an den üblichen äußeren Körpermerkmalen (am leichteren Gang, dem zierlicheren Körperbau, runden statt »eckigen« Körperformen, aber auch den schmalgliedrigeren Händen, der zarteren Haut, dem feineren Teint, dem volleren, volumenreicheren Haar), eine größere Anzahl jener Attribute auf sich vereinigen, die viele von uns, in einem gewiß recht oberflächlichen Sinne, mit dem Urteil »schön« in Zusammenhang bringen.

Wahrscheinlich neigen wir dazu, die typischen männlichen Körpermerkmale *prima vista* eher in anderen Kategorien zu beschreiben als in jenen der Schönheit: etwa denen der Größe, der Kraft, der Schnelligkeit und der Gewandtheit – Attributionen, die sich ihrerseits wiederum durchaus als sekundäre Eigenschaften in den Dienst der Schönheit stellen können.

Wenn Christiane Peitz schreibt: »Schöne Männer im Kino dürfen dick oder dünn sein, jung oder alt, schwarz oder weiß, smart oder derb, elegant oder Prolo, faltig oder von zartem Geblüt«,[2] dann bestätigt sie, möglicherweise unfreiwillig, genau die hier vorgeschlagene Deutung: daß man Männer eben, viel weniger ausschließlich als Frauen, unter Kategorien der Schönheit rubriziert. Der Vergleich soll nichts insinuieren, er soll nur das Gemeinte verdeutlichen: Beim Anblick eines Elefanten denken wir gewiß nicht zuallererst an »Schönheit«. Das soll heißen: Schönheit ist nicht die vorrangige Kategorie in der Beschreibung eines Elefanten. Dies ist bei einem Pferd ganz anders: Das Pferd weist in seiner Körperausstattung (von den Nüstern über die Ohren bis zum Schweif) wie in seinen typischen Bewegungen in allen Gangarten so viele jener Elemente auf, die wir der Schönheit zuordnen, daß diese geradezu unwillkürlich zur »angemessenen« Kategorie in der Beschreibung auch des Ganzen eines Pferdes wird.[3]

Der weibliche Körper ist in so unvergleichlich viel höherem Maße dafür prädestiniert, Schönheit »pur« zu »verkörpern«, als der männliche, daß es schon höchst seltsam wäre, hätte die List »speziesistischer« Vernunft sich diesen Umstand nicht zunutze gemacht, um ihn in die Dienste der arteigenen Reproduktionsmechanismen einzubeziehen. Schopenhauer hegt wohl die nämliche Vermutung, auch wenn er in einer seiner galligen Zuspitzungen deren Grundlage, die überlegene weibliche Schönheit, scheinbar in Zweifel zieht: »Das niedrig gewachsene, schmalschultrige, breithüftige und kurzbeinige Geschlecht das schöne nennen, konnte nur der vom Geschlechtstrieb umnebelte männliche Intellekt.«

Wer die Aussage bezweifelt, der weibliche Körper sei bevorzugter Träger einer in hohem Maße primären, nicht weiterer Begründung bedürftigen Schönheit,[4] der möge doch die Frage beantworten,weshalb es denn ganz offensichtlich »funktioniert«, mit dem weiblichen Körper als ganzem oder mit markanten Details (dem dekolletierten Rük-ken, dem Mund in allen nur denkbaren Ausdrucks-varianten, mit Augen, Hals, Haaransatz, Beinen, Händen, Füßen, Knien, dem Bauchnabel und der Ferse) werblich zur Absatzsteigerung beliebiger Produkte in ganz ähnlicher Weise beizutragen wie andere, gewissermaßen »urtümliche« Apotheosen der Schönheit: wie ein Berggipfel, ein Wasserfall, ein Sonnenuntergang, ein Hügelkamm, eine Blu-menwiese. Ist hier nur der »männliche Blick« am Werke? Wo er doch, wie etwa bei Kosmetikartikeln, bei der Mehrzahl der zu fördernden Kaufakte gar nicht der anzusprechende Konsument ist?

Nein, es ist schon so: Die Frau verfügt – vom Ohr-läppchen bis zur großen Zehe – über eine schier unerschöpfliche Fülle primärer, reiner Schönheit-sattribute, die sich, steigerungsmächtig, fast belie-bigen Produkten zur Seite stellen lassen. Wieso sonst hat die Reifenindustrie die sehnige Männer-wade noch nicht als machtvollen werbesymboli-schen Statthalter für die »Beine des Autos« ent-deckt?

Auch mit der prachtvollsten männlichen Bauch-partie, Nabel inklusive, könnte man nicht für Frankfurter Würstchen werben, mit der weibli-chen Nabelpartie scheint's problemlos zu gehen. Vielleicht eben, weil in Sachen Schönheit die Frau der Nabel der Welt ist und nicht der Mann?

Südfrüchte (Orangen, Bananen und Ananas) schmücken sich zur Steigerung mundgerechter Konsumattraktivität mit weiblichen Fesseln, die, tief gebräunt, mit einem Hauch von Sand und Sil-berkettchen unsere Vorstellungskraft auf die Vor-stellung eines Ganzen verpflichten. Warum wohl leistet die behaarte Männerfessel im Vergleich nur Stümperhaftes?

Mancher mag sich nun standhaft weigern, den »Instinkten« der Werbebranche eine gesteigerte Erkenntnisqualität zuzusprechen. An »offensichtlichen« und täglich beliebig zu überprüfenden Hinweisen auf ein tief verankertes, intuitives Wissen um die urtümliche soziale Macht spezifisch weiblicher Schönheitsattribute bleibt jedoch immer noch die unerschöpfliche Palette der alltäglichen Körperinszenierungen mit ihren gar nicht zu übersehenden geschlechtsspezifischen Differenzierungen und Eigentümlichkeiten.[5] Der modebewußte Mann zeigt (fast) immer seine modische Hose, die modebewußte Frau (fast) immer Beine und Po. Wie sehr frau (fast) immer mit den Pfunden geschlechtsspezifischer Körpermitgift wuchert und wie vergleichsweise zurückhaltend (bei bezeichnenden Ausnahmen) hier die Männermode ist[6] – dies ist so offensichtlich, daß es nicht im einzelnen dargestellt zu werden braucht. Die Raffinesse und der Einfallsreichtum in der Inszenierung der weiblichen Hals- und Nackenpartie, der Brust- und Rückendekolletés, der Knie- und Knöchelzonen des Beines, aber auch des Mienenspiels im Zusammenwirken von Auge und Mund – sie sind keineswegs einfach nur Ausdruck unangemessen überzogenen Aufwandes, sondern dem, was es nur noch in Szene zu setzen und ins rechte Licht zu rücken gilt: die reinen Attribute weiblicher Körperschönheit, eine durchaus angemessene Kulisse.

Zu den *geschlechtsspezifischen* Aspekten der Schönheit gehört auch dies: daß wohl nie *beide* Geschlechter, Männer und Frauen, auf völlig gleiche Weise zu Schauenden und Präsentierenden werden können. Nur von einer Frau kann man sagen, sie sei »eine Schönheit«. Gewiß, diese Aussage klingt längst doppeldeutig. Wir hören einmal die schiere Bewunderung, die nicht rechnet und zählt: *Man wird dieser Frau alles zu Füßen legen, und sie verdient es, kein Zweifel!* Wir hören aber auch: *Eine Schönheit ist eine Frau, der man alles zutraut, aber sonst nicht viel!*

Doch etwas anderes ist noch entscheidender, wenn wir sagen »sie ist eine Schönheit«: Es ist weder Zufall noch sprachgeronnene Männerwillkür, daß uns diese Pars-pro-toto-Wendung nur im Hinblick auf die *weibliche* Schönheit zur Verfügung steht. Sprache läßt sich nie völlig instrumentalisieren. In ihr wirkt stets ein Stück weit die »List der (evolutiven) Vernunft«, jedenfalls für den, der nicht verlernt hat, ihr »nachzuhören«, um den zarten Zwischentönen und entlarvenden Zweideutigkeiten auf die Spur zu kommen, die uns immer wieder, auch inmitten plattester ideologischer Sprachzumutungen, überraschen.

Daß die eine individuelle »Schönheit«, die eben jetzt dort schreitet, die Treppe hinab, mit einem Tänzeln und lässig leichter Gebärde ihren Schal zurückwerfend – daß diese ganz bestimmte schöne Frau mit Namen und Vornamen zur sprachlichen Verkörperung all dessen werden kann, was wir mit dem Phänomen der Schönheit *im Ganzen* meinen, das ist, und zwar *auch* für die weibliche Wahrnehmung, so evident, daß es ebensowenig nur schnöd-berechnendem Männerkalkül geschuldet sein kann wie, beispielsweise, die Sprachfigur des Bahu-vrihi-Kompositums allein der Raffgier der Großgrundbesitzer des indischen Subkontinents. Wie diese sprachhistorisch interessante Formbildung des Sanskrit – »bahu« (viel) und »vrihi« (Reis) = reich – sich plastisch an die Vorgabe der natürlichen Reproduktionsbedingungen anschmiegt, so jene Rede von der »Schönheit«, welche es erlaubt, die Augenreize eines ganz bestimmten einzelnen weiblichen Wesens »synonym« mit der Gattungsbezeichnung für die exponierte Eigenschaft »schön« verschmelzen zu lassen.

... doch unbeteiligt sind die Männer nie

Frauen sind, auf eine höchst ambivalente Weise, Beobachtungsexpertinnen ihrer selbst. Ihre Fähigkeit, sich selbst zu beobachten, ist vor allem der Wahrnehmung beständiger *Fremd*beobachtungen geschuldet. Sie sind beobachtete Beobachterinnen: »Männer sehen Frauen an. Frauen beobachten sich selbst als diejenigen, die angesehen werden. Dieser Mechanismus bestimmt nicht nur die meisten Beziehungen zwischen Männern und Frauen, sondern auch die Beziehungen der Frauen zu sich selbst.«[7]
Eben dies ist wohl die problematischste der ungewollten Nebenwirkungen der Bewunderung: daß sie den Bewunderten der eigenen Sicht auf sich selber beraubt, da der bewundernde Blick sich selbst seine Wunder zimmert und erschafft! Es ist

ein Irrtum zu glauben, er bilde sie nur ab oder spiegele sie bloß. Das ist viel zu harmlos »gesehen«, ja, es verkennt die geradezu magische Kraft des Auges, Wirklichkeit zu erschaffen: Wer anschaut, ist immer Maler und Plastiker; Zeichenstift und Meißel sind lediglich periphere Werkzeuge.

Nichts kommt als Gestalter dem Auge gleich. Es erschafft und läßt unerschaffen; es kombiniert und arrangiert; es entfernt und fügt hinzu; es schwächt ab, was es wahrnimmt, und verstärkt, was nur im Vorschein zu erahnen ist. Nichts ist so zudringlich wie das Auge; und keiner mischt sich so aufdringlich und *zwingend* ein wie der bewundernde Blick. Eine schöne Frau, die die Ambivalenz der Bewunderung besonders stark empfindet und u. U. darunter *leidet*, bildet sich also nicht bloß etwas ein. Ihre Empfindung entspricht dem wirklichen Vorgang: Bewunderung ist immer auch vereinnahmende Zudringlichkeit.

Man wehrt die zudringliche Bewunderung übrigens am besten ab, indem man zurückschaut, »den Blick zurückgibt«, wie es das Idiom treffend erfaßt. »Zurückzuschauen« ist wie einen Schild hochheben, an welchem die Augenpfeile der Zudringlichkeit abprallen. Das »Zurückschauen« erst macht den *Beobachteten* selbst wieder zum aktiven *Beobachter.* Wer nur Blicke »auf sich zieht«, sie *absorbiert,* statt sie zu *resorbieren,* der schluckt immer auch viel Fremdes und Äußerliches, bleibt aber unfähig, sich selbst zu »entäußern«, seinen eigenen Blick zurück in die Welt zu richten und sich ihr mitzuteilen.

Im Umgang mit dem fremden Blick existiert eine sozialgeschichtlich höchst folgenreiche Geschlechterdifferenz, die gelegentlich schon benannt wurde, bislang jedoch nach Ursache und Wirkung noch immer nicht hinreichend erkannt und gedeutet scheint. Um aus Gründen der geschuldeten Deutlichkeit zuzuspitzen: Ist der Mann der sich selbst *beobachtende Beobachter*, so ist die Frau die sich selbst *beobachtende Beobachtete*. Dies könnte, mit der gebotenen Zurückhaltung formuliert, der erste Grund dafür sein, daß distanzschaffende analytische Fähigkeiten und reflexive Leistungen in höherem Maße bei Männern als bei Frauen anzutreffen sind.

Die Macht, Blicke anderer auf sich zu ziehen, ist die erste, gleichsam »ins Auge fallende« Wirkung der Schönheitsmacht. Wie zerbrechlich und zwieschlächtig diese Macht aber ist und wie bedroht, wie leicht sie sich in Ohnmacht verkehrt, eröffnet sich schon dem »zweiten Blick« auf das Phänomen der »Schönheit, die zum Anschauen zwingt«. Eine »Schönheit« – und das ist ja sprachlich unvermeidlich eine Frau –, die sich in fast allen Lebenssituationen angeschaut weiß, neigt immer wieder dazu, sich in diesen Blicken zu »sonnen«; ganz ähnlich eben, wie man auch Sonnenstrahlen genießt: man schließt die Augen und spürt die Wärme auf der Haut.

Dies ist ein aufschlußreiches Bild: Man ersehnt und genießt die Sonnenstrahlen ja um so intensiver, je seltener sie sich zeigen. Strahlt die Sonne unablässig vom Himmel und ist man ihrem erbarmungslosen Hitzebombardement ohne Rückzugschance dauerhaft ausgesetzt, dann kann sie zur Qual werden, ja uns, als »Sonnenbrand«, regelrecht die Haut versengen.

Das eben ist es, was der bewundernde Blick bei denen anrichtet, die er nicht nur in seltener Ausnahme trifft, sondern auf Schritt und Tritt begleitet. Zunächst von der Schönheit selbst hervorgezwungen, wandelt er sich, fast unmerklich, selbst mehr und mehr in Zwang: Das Bombardement der Blicke wärmt nicht mehr nur auf angenehme Weise die Haut, sondern verbrennt sie. Wer sich unablässig angeschaut weiß, kennt die Erwartungen und das Begehren der anderen und neigt dazu, seinerseits ebenfalls den eigenen prüfenden Blick auf sich zu richten und zu fragen: Entspreche ich eigentlich dem Bild, das der andere von mir hat? Was muß ich tun und lassen, um diesem Bild möglichst nahe zu kommen?

Wer ständig beobachtet wird, beginnt sich selbst zu beobachten. Er gibt den Blick nicht mehr zurück; er versäumt es, seinerseits den Beobachter zu fixieren. Er schließt gleichsam die Augen, blickt nach innen und beschäftigt sich nur noch, quasi inquisitorisch, mit sich selber. Die *Fremderwartung* transformiert sich in *Selbstzwang*.

Heinrich von Kleist zeigt in seiner kleinen Schrift *Über das Marionettentheater* am Beispiel einer ganz alltäglichen Begebenheit, »welche Unordnungen, in der natürlichen Grazie des Menschen, das Bewußtsein anrichtet«: Ein Jüngling bemerkt an seinem eigenen Spiegelbild eine Zufallsgebärde, die ihn an eine berühmte Statue des Phidias, an den »Dornenauszieher« erinnert. Die Aufforderung, diese Gebärde zu wiederholen, stürzt ihn in tiefste Verlegenheit: Er verkrampft, ist außerstande, dieselbe Bewegung wieder hervorzubringen, wirkt nur noch komisch in seinen gekünstelten Bemühungen. Er verliert buchstäblich unter dem Auge des erzählenden Beobachters »seine Unschuld« und das ihr zugehörige »Paradies« natürlicher Anmut, welches er trotz aller ersinnlichen Bemühungen niemals wiederfinden wird. Wie ein »eisernes Netz« legt sich die reflektierende Selbstbeobachtung mit unsichtbarer und unbegreiflicher Gewalt »um das freie Spiel seiner Gebärden«: Ein Reiz natürlicher Anmut nach dem anderen verflüchtigt sich vor dem prüfenden Zugriff des Bewußtseins.

»Selbst-Bilder«

Dies ist auch die Situation »der Schönheit«, die sich unter Dauerbeobachtung weiß. Der ständige Selbstzwang, unter den bewundernden Männerblicken eine Erwartung zu erfüllen, raubt die Unbefangenheit; die Selbst-Inszenierung ist nicht mehr die rare Ausnahme, sie wird zum strategischen Normalfall, über den sich natürlich *auch* »Männererwartungen« durchsetzen.

Immer wieder ist, im Idiom der Anklage und Kritik, von den »Fremdzwängen« die Rede, die wir mit uns herumtragen; den nötigenden »Vorgaben, wie wir auszusehen haben«.[8] Nun soll natürlich nicht bezweifelt werden, daß es das gibt: mediale Vorbilder mit Aufforderungscharakter, nach denen sich einige, stilgetreu und mimetisch akkurat, kleiden und bewegen; daß regelrechte Szenen existieren, Jugendkulturen, Fan-Gemeinden, die sich um ein Idol der Leinwand oder der Musikszene gruppieren: Elvis oder James Dean, die Beatles oder Michael Jackson, die New Kids on the Block oder Madonna. (Nach allem, was man liest und beobachtet, ist wohl die Mehrzahl der *nachgeahmten*

»Vorbilder« *männlichen* Geschlechts, die Mehrzahl der *Nachahmenden* aber *weiblich.* Es würde keineswegs verwundern, wenn sich diese Beobachtung zu einem allgemeineren empirischen Befund verdichten ließe. Die modische Nachahmungsbereitschaft von Frauen scheint generell um ein Vielfaches höher als die der Männer, obgleich etwa in der aktuellen Rap- und Technoszene der Jüngeren die männliche Jugend sich deutlich experimentierfreudiger und expressiver präsentiert.)

Und dann gibt es natürlich die ganz unbezweifelbare Vorbildhaftigkeit von Mode und Werbung, von Film und Illustriertenphotos. So »wirksam« das alles ist, so deutlich immer die Spuren sind, die es am Sozialkörper hinterläßt, so fraglich ist doch auch, ob hierin schon das *Entscheidende* erfaßt wird. Durch die feministische Debatte um die *Lasten der allgemeinen Vorbildhaftigkeit* ist etwas anderes unserem Blickfeld fast gänzlich entschwunden: daß es neben den ja meist reichlich »realitätsfernen« *Vor*bildern auch ein *Selbst*bild gibt, das für unser Wissen um uns selber und unser Selbstbewußtsein entscheidend ist, das aber allenfalls *indirekt* von den großen gesellschaftlichen Idolen und Idealen geprägt wird. In diesem Selbstbild sind, über viele Jahrzehnte hinweg, Wahrnehmungen und kleine, ja allerkleinste Begebenheiten der individuellen Biographie aufgehoben: etwa wie man sich beim Abtrocknen nach der Morgendusche fühlt, weil einem vor vielen Jahren einmal eine wohlmeinende Freundin gesagt hat, die Art, wie man mit aufgerolltem Handtuch seinen Nacken trockne, erinnere sie an eine Geste von Robert Redford; oder wie männlich und überlegen man sich vorkommt, wenn man, scheinbar ganz geistesabwesend, den Zahnstocher zwischen den Zähnen balanciert, nur weil der bewunderte Klassenkamerad aus fernen Abiturtagen immer so hinreißend cool und überlegen wirkte, wenn er mit dem Zahnstocher gelassen seine innere Bilderwelt balancierte ...

Obgleich er uns überall leitet, neigen wir dazu, ihn vollkommen zu übersehen, diesen »ganz eigenen Blick auf sich selbst, der sich aus Lebensgeschichte und Charakter ergibt und der einem eigenen Begriff von Schönheit folgt, der sich aus der Auseinandersetzung mit der eigenen Person und anderen formt (›Ich will auf keinen Fall aussehen wie meine Mutter‹).«[9]

Jeder hat ein solches Selbstbild, in dem er sich, wie der Hauptdarsteller in einem Film, immer wieder begegnet und in welchem er sich, in hundert Situationen täglich, selber »sieht«: Wenn er jemand die Tür öffnet, wenn er eine Bestellung aufgibt, wenn er einen Witz erzählt – immer leitet und »trägt« uns gewissermaßen dieses Bild. Nicht selten schmeicheln wir uns in diesem Bild, machen uns ein wenig schöner, größer und eindrucksvoller. Doch das Entscheidende ist: Immer knüpft dieses Bild *bei uns* an, bei dem, was einer von sich weiß und kennt, was er beim Umgang mit anderen erfahren hat, was ihn vielleicht ärgert und abstößt und was er deshalb um jeden Preis vermeiden will.

Dieses Selbstbild scheint uns auch mit Nachdruck dahin zu leiten, daß wir mit uns selber etwas schonungsvoller und behutsamer umgehen; daß wir in der Lage sind, ein relativ gefestigtes Selbstbewußtsein auszubilden, welches uns ein Stück weit gegen die eigenen Stimmungen und die Launen der Umgebung immunisiert. Es ist für uns gewiß gesünder, im Falle des Falles einen »mißglückten« photographischen Schnappschuß »unauffällig« zu beseitigen, als endlos an einem ins Wackeln geratenen Selbstbild zu laborieren. Selbstbilder verkörpern Beständigkeit und Kontinuität; sie sind auf sympathisch-energiesparende Weise »träge«. Sie altern viel langsamer als wir selber. (Dies bedeutet natürlich auch, daß es immer wieder zu problematischen *Passungskrisen* kommen kann: Wenn wir nicht mehr die sind, als die wir uns noch immer fühlen. Die Gefahr, daß man sich übernimmt, sich mehr zutraut, als andere einem zutrauen, auch, sich mehr zutraut, als man wirklich zu leisten imstande ist, ist allgegenwärtig. Rouge und Leggings machen einen schwachen Kreislauf noch nicht munter!)

Ausschnitt und Augenblick

Wer die Frauenfotos von Robert Mapplethorpe aufmerksam betrachtet, den werden sie in vielerlei Hinsicht an die Beharrlichkeit und die behutsamen Valeurs unserer »Selbst-Bilder« erinnern; ihm scheint die schonungsvoll-selektive Art der individuellen Schönheitssuche wohlvertraut. Mapplethorpe arbeitet ja in seinen Bilderarrangements fast immer mit *Ausschnitten,* mit Rück- und Seitenansichten, mit Unterperspektiven, Beuge- und Kauerposen, die oft mehr verbergen als zeigen, genauer: die nur das vom gebeugten oder gestreckten Körper *zeigen,* was der Künstler *sehen* lassen will. Von allem anderen, was nicht schön ist und stören oder ablenken könnte, läßt er uns *absehen:* Es ist nicht sichtbar, wohl aber, für den sehr aufmerksamen Betrachter, im Bild zu ahnen. Wenn er uns beispielsweise bei einem gereckten Frauentorso die sehr kräftigen Oberschenkel im – eben noch erträglichen – Halbprofil zeigt, aber Knie und Waden abschneidet, läßt er genau das weg, was stören könnte; und er sucht exakt die vorteilhafteste Pose: die Oberschenkel mit angespannter Muskulatur, straff und gestreckt von der Seite. Schönheit ist – auch – eine *Sache des Ausschnitts.*[10]

Und Schönheit ist *Augenblickssache:* Wenn wir jemanden als schön bezeichnen, so bedeutet das, daß er über *viele schöne Augenblicke* gebietet; aber auch der weniger oder gar nicht Schöne kennt einige solcher Augenblicke, in denen er als schön erscheint. Diesen Augenblick herbeizuführen, ihn zu inszenieren und festzuhalten, darin besteht Mapplethorpes große Kunst; auch darin, mit den Mitteln der Kamera, vor allem des gewählten Ausschnitts, rigoros alles beiseite zu lassen, ja geradezu: *abzuschneiden,* was das Bild stören könnte. Er lehrt uns, daß, wie jeder Mensch, so auch jeder Körper eines Menschen, einem unentdeckten Kontinent gleicht; daß an (fast) jedem von uns irgendwo die seltene Schönheit aufzuspüren ist. Zugleich aber auch, daß der *Preis* solch seltenen Findens das *bewußte Wegsehen* ist, die *selektive Wahrnehmung*, das vom Willen geführte Auge, welches sich einzig auf das gefundene Schönheitssegment konzentriert: die Stirn, die Wangengrübchen, die sich beim Lächeln vertiefen und verlängern, Hals und Hinterkopf, Haaransatz und Beine.

Und möglicherweise kommt bei der quasiprofessionellen Schönheitssuche noch ein ganz anderes Motiv ins Spiel, welches vielleicht am ehesten mit

Begriffen der Jagd und des heimlichen Besitzgenusses zu beschreiben ist. Ein Film, wie Francois Truffauts *Der Mann, der die Frauen liebte,* scheint viel von dem hier Gemeinten zu wissen: Der Held dieser genialen Geschichte über das Geheimnis von Liebe und Schönheit (Charles Denner) ist unablässig »auf der Jagd«; so sehr von jener Leidenschaft getrieben, die vom tiefsten Grunde der Seele stammt, daß unentscheidbar ist, ob als Jäger oder Gejagter. Die Frauen, denen er unter Einsatz seines Lebens nachsetzt, sind keine vollkommenen Schönheiten. Aber darum geht es diesem hochtrainierten Wahrnehmungsexperten in Sachen Frauenschönheit auch gar nicht. Eine rundum schöne Frau erkennen kann schließlich jeder, der nicht mit der Dunkelheit seines Sehsinns geschlagen ist. Nein, seine Kunst und sein zur Leidenschaft gesteigerter Ehrgeiz zielen gerade auf die Entdeckung des von den durchschnittlichen Männern und ihrem Begehren notorisch Übersehenen: das Stakkato der Beine, das jede beliebige Sequenz von Treppenstufen provoziert; den Schwung des Armes, mit dem sie sich ihren Schal umwirft; das glühende Erröten nach der Unschuld des Liebesakts; die grundlose Traurigkeit ihres Lächelns, die mandelförmige Exotik ihres Auges, ihre notorische Abwesenheit im Gespräch, die erotische Lust, die sich im Kult des Kulinarischen äußert, der Frühling, der im Schwung ihrer Hüften fühlbar wird, aber auch einfach ihr Knie oder der Flaum ihres nachwachsenden Haares im Nacken.

Daß er ein Meister im Aufspüren des verborgenen, unvorhersehbaren Schönheitsreizes der jeweiligen Frauen ist, dies erklärt auch seine phänomenalen Erfolge: Truffauts Filmheros ist, bei recht bescheidener eigener Körpermitgift, ein großer, stets einsam bleibender »Frauenheld«. Er hat jeder dieser vielen Frauen, die wie ein mäandernder Frühlingsstrom seinen ganz unspektakulären Alltagsweg begleiten, etwas jeweils Besonderes zu geben, was ihn dem selbstverliebten Playboy haushoch überlegen sein läßt: Sie erkennen bei ihm, daß er sie »erkennt«. Und als »Erkannte« können sie sich selbst erkennen. Er ist es, der dem Geheimnis ihres verborgenen Schönheitsmoments auf die Spur kommt, der, wie ein Besessener, diese vielen kleinen Schönheitsmomente ans Licht holt und sammelt, auf daß sie sich ihm am Ende zum großen Mysterium des Schönheitsbegehrens fügen.

Schönheit, die nur mir gehört

So künstlich, fast gekünstelt, sich diese Geschichte anhört, so unübersehbar enthält sie doch Elemente eines *lebbaren* und wohl auch lebhaft praktizierten Alltagsprogramms. Kaum einer von den vielen, die, mangels eigener, die ungeteilte Schönheit eines Partners nicht oder nur in seltener Gunst der Stunde gewinnen, fristet ja eine völlig *schönheitsferne* Existenz. Er behilft sich mit einem spielerischen Entdeckungsprogramm, durchaus jenem des Truffaut-Helden vergleichbar. Auch er besitzt ja, manchmal, aus langjähriger Erfahrung und intimer Kenntnis der Frau, Freundin oder Geliebten gerade dort, wo diese dem flüchtigen Beobachter nichts Festhaltenswertes zu bieten scheint, weil die jedem ins Auge fallende *große* Schönheit fehlt, den deutlichsten Einblick in die Geheimnisse ihrer *kleinen* Schönheit(en). Im Laufe der Zeit mag sich durchaus so etwas wie ein Gefühl der Befriedigung und des Stolzes einstellen angesichts der Gewißheit, einen allen Blicken verborgenen Schatz zu kennen, von dessen Existenz keiner sonst weiß; ein Gefühl, das sich vielleicht mit der ruhigen Überlegenheit vergleichen läßt, die jenen auszeichnet, der an entlegener Stelle seines Gartens ein Vermögen vergraben hat, vor aller Augen aber sein bescheidenes und beschauliches Leben führt.

Vielleicht ist der, der etwas gefunden hat, das sein *alleiniger* Besitz ist, von dem niemand etwas ahnt, am Ende gar der Meinung, *Wertvolleres* zu besitzen als jener andere, dem die allseits strahlende, überall anerkannte Schönheit sich zugesellt? Denn an der Seite eines über die Maßen schönen Menschen findet einer selten zur Ruhe. Fast immer sind klammheimliche Angst und uneingestandener Argwohn, nicht selten auch Eifersucht die Weggefährten; denn Schönheit, auch in unnahbarer Gestalt, ist immer »öffentliches Gut«, das ein Stück weit allen gehört und deshalb von vielen Augenpaaren immer wieder »verschlungen« wird.

Um wieviel beruhigender ist da der Besitz jener Schönheit, *die nur mir gehört*, weil nur ich, als ihr Entdecker und Mitwisser, von ihrem Dasein Kenntnis habe: z. B. von der glockenhellen Stimme meiner leicht pummeligen Freundin, die, wenn sie zu singen anhebt, gleichsam die ganze Person schweben läßt; von den wohlgeformten Brüsten mit dem zarten, bernsteinbraunen Warzenrund, über die die Geliebte mit dem unscheinbaren, etwas spröden Gesicht gebietet; oder von den geradezu makellos gewachsenen Beinen meiner Frau, von denen nichts ahnt, wer nur ihre stets leicht nach vorn gebeugte Gestalt wahrnimmt.

Solch stiller, feierlicher Besitz freilich muß auf die *Eitelkeitsprämie* verzichten, die jene einstreichen, die sich von der sichtbare Körperpräsenz ihres Partners gern selbst fördern und »aufschönen« lassen. Das stillere Glück, zu dem jene »Schönheit, die nur mir gehört« verhilft, lebt nicht von dem, was es renommierträchtig vorzuzeigen hat, sondern von dem sicheren Wissen um das Schönheitsganze, das es sein könnte.

Man kann bezweifeln, ob der attraktive Playboy, dem zeitlebens die Schönheiten wie reife Früchte in den Schoß fielen, der sich nie um Schönheit mühen mußte, sie nie zu belauern und belagern brauchte, wirklich ein Schönheitsexperte ist; auf Duzfuß mit jenen tausend kleinen Geheimnissen der Schönheit, die nur dem zweiten und dritten Blick sich eröffnen. Casanovas große »Leistung« als genialer Liebhaber bestand gerade darin, auf den *ersten* Blick schon zu entdecken, was sich den anderen oft in einem lebenslangen Nebeneinanderherleben nicht erschloß.

Es gibt eine Form der Schönheit, die nur das *andere Auge*, der von außen kommende Blick an uns wahrnimmt; eine schlummernde Schönheit, die des Entdeckers harrt. Fast alles, was wir der Anmut zurechnen, jener Schönheit, die in der Bewegung entsteht, gehört hierher:[11] die Art vielleicht, wie jemand ein Bein hinter dem anderen verschränkt, das Haar zurückwirft, wie jemand winkt – mit beiden Händen für einen winzigen Moment – oder, ebenfalls beidhändig, das Auge beschattet; eine charakteristische Bewegung von Daumen und Zeigefinger, mit der jemand spielerisch auf uns anlegt und uns zur Strecke bringt. Eine winzige Geste, um die ihr Urheber selbst gar nicht weiß, kann zum *Zentrum der Anmut* werden, zum Wohnsitz jener flüchtigen *Schönheit auf Zeit*, die gerade so lang andauert, wie der Zauber währt, mit dem sie uns in Bann schlägt.

Milan Kundera beschreibt in seinem Roman *Die Unsterblichkeit* solche Gesten, von denen er meint, daß sie im Grunde nicht zu erlernen seien: Nicht Menschen suchen sich ihre Geste, sondern Gesten suchen« sich, seit vielen tausend Jahren schon, immer wieder ihren menschlichen Akteur. Auch Francois Truffaut schickt in einem seiner schönsten Filme, in *Jules und Jim* (1961) seine Helden gewissermaßen auf die Suche nach der Verkörperung einer ihnen zugleich über alle Maßen wertvollen wie urvertrauten Geste, jenem »archaischen Lächeln«, das sie auf dem Antlitz einer antiken Statue vorgeformt finden. Es ist die Suche nach dem lebendigen Äquivalent eines überzeitlichen Schönheitsmusters, so bezaubernd in der steinernen Beglaubigung durch die Hand des Künstlers damals wie jetzt in den Zügen Jeanne Moreaus, seines zeitfernen lebendigen »Abbildes«: Jules und Jim, die romantischen Ritter mit dem Glauben an den Gral unvergeßlicher Schönheit, die sich auf die Suche nach der aktuellen Einlösung eines vor Jahrtausenden gegebenen Schönheitsversprechens machen und es im Lächeln Catherines (Jeanne Moreau) finden, zögern keinen Augenblick, es als »ihre« Geste zu identifizieren, als sie ihrer erstmals ansichtig werden. Der Film ist ein Hinweis auf den ewig jungen Zauber der Schönheit, der schlafen kann, vielleicht für tausend Jahre und mehr, den aber ein wissendes Augenpaar im *Augenblick* ins

Leben holen und zur existenzerfüllenden Realität
erheben kann.

»Kleiderbügelwesen«

In der überwachen, geradezu ins Gewerbsmäßige
und Quasiprofessionelle gesteigerten Passion der
Schönheitsbeobachtung, wie sie uns Truffauts Film
vor Augen stellt oder wie sie uns z. B. auch in den
Romanen von Milan Kundera begegnet, liegt ganz
unübersehbar auch eine *Gefahr* für die Schönheit
selbst: Ein allzu genaues Wissen um die Schönheit
und ihre tausend kleinen Geheimnisse kann die Individualität und Intensität der Schönheitserfahrung beschädigen. Wer, jedes Detail registrierend,
sammelwütig von einem Schönheitsfund zum
nächsten forteilt, wer in der Daueranspannung des
wie süchtig Suchenden lebt, dem immerwähren-
den Augen- und Sinnenschmaus des Schönen ver-
schrieben, dem fehlen am Ende Muße und Kon-
zentration, inne zu halten und zu staunen; vom
Hier und Jetzt des Schönen ist er im Innersten gar
nicht mehr berührbar. Der Vergleich mit den »späten« Liebeselegien Ovids, den *Auores*, drängt sich
auf. Auch ihm ist die Begegnung mit dem schönen
Mädchen nichts *Eigenes* mehr, ihn und nur ihn in
einzigartiger Weise Anrührendes, sondern allenfalls noch Anlaß für ein neues, selbstverliebtes Di-
stichon, welches jargonvirtuos, aber ohne die
Bannkraft des Bleibenden, die Aufzählung gängiger Schönheitsepitheta variiert. Blättert man in
diesen ermüdenden Musterkatalogen gängiger
Schönheitsmerkmale, wie sie die Spätzeit der anti-

ken Liebesdichtung beispielhaft feilbietet,[12] so könnte man sich – *mutatis mutandis* – leicht in jene Welt inflationierender Schönheitsofferten der Werbe-, Model- und Illustriertenszenen unserer Tage versetzt fühlen, die uns ausnahmslos mit »Körpern ohne Makel« (»in toto nusquam corpore menda fuit«) verwöhnt, an denen niemand auch nur das Geringste auszusetzen fände (»nil non laudabile vidi«) – es sei denn eben dies: daß sie, als wort- und bildsynthetische Produkte ohne Fehl und Tadel *auch ohne Leben* sind, ohne jene Kanten und Ecken, aus denen Geschichten werden und an die Erinnerungen sich anheften.

Die Schönheiten, die uns hundertfach an den Reklamewänden begegnen und uns von den Titelseiten der Zeitschriften ihr »Nimm mich« und »Kauf mich« zurufen, sie sind sich, in all ihrer aseptischen Makellosigkeit, bis zum Verwechseln ähnlich. Man sieht sie an, nickt anerkennend – und würde, wenn sie einem im Supermarkt begegneten, nach wenigen Minuten schon keine von ihnen mehr wiedererkennen. Jeder kennt das Ratespielchen beim Durchblättern eines beliebigen Modekataloges, das *Who is who* des meist aussichtslosen Versuchs, die Models, die uns eben noch in Slip und Tanga begegnet sind, im Kostüm oder Jogginganzug zu identifizieren. Beim durchschnittlichen Mannequin oder Model ist die Standardisierung des Styling und der Posen, der Frisuren und der expressiven Körpergestik fast bis zu jenem Punkt vorangetrieben, an dem sich alles Individuelle endgültig zurückzieht. Gesichter, Gestalt und Gesten dieser lebenden *Kleiderbügelwesen*, ihre Anmutungsqualität *in toto* befriedigt – auf hohem Niveau – eine allgemeine Betrachtererwartung, doch im einzelnen sind sie austauschbar und hinterlassen keinerlei Spuren der Erinnerung.

Noch nach Jahren haften einem die individuellen Züge auf dem Foto einer beliebigen Skibekanntschaft im Gedächtnis; man mag dagegen die Katalogschönheiten mit ihrem geborgten Augenaufschlag noch so oft unter die Lupe nehmen – außer dem angenehmen Eindruck und dem Gefühl, daß gewiß niemand ein solches Mädchen verschmähen würde, bleibt nichts haften, woran das zurückwandernde Erinnerungsauge sich heften könnte.

Leugnung der Schönheitsmacht: Schönheitsmacht als »Macht der Männer«?

Eine verbreitete Methode, die soziale Macht der Schönheit zu verleugnen, ist der Hinweis, Schönheit sei etwas Relatives. Zumal das Bild der schönen Frau sei nach Zeit und Raum großen Wandlungen unterworfen; und in der patriarchalen Gesellschaft unserer zeitlichen Breitengrade spiegele es unverhüllt die jeweiligen Wunschträume der Männer. An diesem Argument ist gerade so viel richtig, daß es natürlich stets so etwas wie einen zeitaktuellen *Rahmen* um die Schönheit gibt, der sich im angestrebten Ausdruck, in der Körperhaltung, in Kleidung, Haartracht, Schmuck und sonstigem mehr niederschlägt. Dieser Rahmen umfaßt das, was am jeweiligen Schönheitsideal »zeitbedingt« ist, insofern ein Stück weit willkürlich und deshalb auch reversibel und »sabotierbar« erscheint.[13] Den verbleibenden übergroßen Teil uns zeitunabhängig nötigender und überwältigender Schönheitsmacht indes betrifft dies alles nicht.[14] Er beschreibt jene für viele Epochen und Kulturräume gleichermaßen gültige Macht bezwingender Schönheit. Da diese wiederum unmittelbar an relativ stabile biologische Bedürfnisse anschließt, ist sie vermutlich auch viel weniger plastisch, als viele dies gerne hätten. Ich vermute, Helena, für die einst Troja, die Stadt der Städte, in Schutt und Asche fiel, wäre uns heute, im Zeitalter televisionär geschürter Ungeduld, keine endlosen zehn Belagerungsjahre mehr wert; und gewiß würde sie sich auch anders schmücken, kleiden und bewegen. Doch würden sie die Heutigen – wie Nofretete und auch Kleopatra – nicht ebenso als schön und begehrenswert empfinden? Und Marilyn Monroe, die das Schönheitsideal der fünfziger Jahre vielleicht am deutlichsten verkörpert – hätte sie das alte Rom, vielleicht ohne sie gleich zum Mythos einer passiv-infantilen Weiblichkeit zu erheben, nicht auch als erotisch attraktiv empfunden?

Marilyn Monroe ist von Betty Friedan und anderen unter dem Etikett des »Weiblichkeitswahns« in Kategorien der Unterwerfung und der Selbstaufgabe beschrieben worden: eine in all ihren, von Männern ersonnenen Paraderollen immerzu gewährende Geliebte, die bei all ihrer erotischen Präsenz doch nur eine reduzierte und gegenemanzipatorische Form der Sinnlichkeit gelebt habe. Gewiß haftet am sozialen Bild der Geschlechterrolle, welches Marilyn Monroe in vielen ihrer Filme präsentiert, viel Zeitbedingtes, und die Regeln der *ars amandi*, die diese Filme erzählen, sind vielfältig mit den geheimen Ängsten und Sehnsüchten der Nachkriegsgeneration verwoben.

Dennoch kann gerade das »Phänomen« Marilyn Monroe viel zur Aufhellung des sozialen Mysteriums der Schönheit beitragen, ebenso zur Identifizierung der Formen sozialer Macht, zu welcher Schönheit verhilft.

Es sind ja – aus zumeist feministischer Perspektive – zwei Argumente, die sich hier verschränken und die These von der *sozialen Macht der Schönheit* in Frage stellen: erstens die »Relativität« dessen, was jeweils als schön empfunden wird; und zweitens die Behauptung, Schönheit sei nur Wachs in Männerhänden; da Männer die Schönheit »machten«, indem sie über das gültige Schönheitsideal verfügten, biete Schönheit auch keinerlei Ansatz für die gesellschaftliche Emanzipation der Frau, so etwa nach dem Motto: Was der Mann gut findet – schöne Frauen –, kann für die Emanzipation der Frau nicht gut sein. Der Affekt wider den dominanten Mann wird zum Affekt wider die Schönheit.

Gleichwohl muß man zweierlei auseinanderhalten: das wirkliche *Verhalten* der großen Mehrzahl der Frauen und den feministisch inspirierten Emanzipations*diskurs* einer wichtigen Minderheit mit großer Ausstrahlungskraft in Medien und Bildungseinrichtungen. Während in der Parfümerie, an der Kinokasse und in den Modeabteilungen der Kaufhäuser tagtäglich mit überwältigender Mehrheit für die *schöne Frau* optiert wird, in allen denkbaren Variationen: von der Lady bis zum Vamp, postulieren die »Sprecherinnen« – die einzigen eben, die man hört – ganz überwiegend die Verweigerung der weiblichen Reize, ja geradezu die Zurücknahme und Verleugnung des Geschlechtswesens der Frau, jedenfalls in jenen Formen, mit denen – *horribile dictu* – auch Männer etwas anfangen können. Die Folge ist die herrschende Heuchelei, die überall zu spüren ist: Alles orientiert sich an der Schönheit, und die große Mehrzahl der Frauen setzt die Waffen der Schönheit auch ohne alle Skrupel ein, zeigt und will gesehen werden, und doch ist die *Norm,* die den scheinheiligen öffentlichen Diskurs bestimmt, eine ganz andere. Hier ist *Frausein* frau genug, und der lüsterne Männerblick, der sich ans netzstrumpfbewehrte Frauenbein heftet, nur lästige männliche Zudringlichkeit.

Käuflichkeit und Relativität:
Die doppelte Lüge wider die Schönheit

Ist er das aber wirklich? Die biologische Fundierung des Schönheitswunsches erklärt vor allem die Erfahrung der Unfreiheit, der sich aussetzt, wer der Schönheit nahekommt. Sie erklärt jenes häufig zu beobachtende Vorrecht der Schönheit, »daß sie auch den stärksten Willen beugen und sich untertan machen kann«, wie Cervantes in der *Kleinen Zigeunerin* bemerkt.[16]

Wider die Gewalt der Schönheit ist kein soziales Kraut gewachsen. Sie gehört seit je zu den großen Objekten unserer Begehrlichkeit, wie Ruhm und Reichtum, Liebe und Macht. Das Verlangen nach ihr ist uns so tief eingebrannt, daß wir ihr nur mit einer Doppellüge zu begegnen wissen, wo wir hinter dem von ihr gesetzten Maß allzu hoffnungslos zurückbleiben. Diese Doppellüge lautet: Schönheit sei etwas *Machbares* und daher im Prinzip jederzeit für jeden zu haben; und Schönheit sei im Grunde völlig unerheblich, anderes zähle, der Rummel um die Schönheit sei bloß *inszeniert.*

Schön wär's (oder eben auch gerade nicht)! Mit jedem Teil dieser doppelten Lüge nämlich betäuben wir auf eine höchst fragwürdige Weise unsere in Wahrheit unstillbare Sehnsucht nach der Schönheit. Im ersten Teil der so verbreiteten Schönheitslüge wird uns weisgemacht, Schönheit sei im Kaufhaus erhältlich. Wenn wir Schönheit auf das reduzieren, was als Accessoire oder Steigerungsbeitrag zu ihr *käuflich* ist: Kleider und Kosmetik, Schmuck und Massagen, Diätkuren und Cremes, dann bleibt von ihr nur noch der kommerzielle Rahmen, die modische Fassade, die zeitaktuelle Eingewandung. Schönheit aber hat mit ihren käuflichen Zutaten vom Badeanzug bis zum Lidstrich ungefähr so viel zu tun wie die *Platonische Akademie* mit dem *Club Mediterrané.*

Gefährlich ist die kommerzielle Schönheitsillusion als Lüge der Käuflichkeit, weil sie unsere ästhetische Kompetenz korrumpiert. Unsere Wahrnehmungsfähigkeit für das Schöne droht Schaden zu nehmen, wenn sich die Aufmerksamkeit allein noch auf die signalstarken Schönheitssteigerungszutaten und Schönheitsmängelkompensationen konzentriert, mit denen Werbung und Kommerz die Schönheit inszenieren – bis hin zu jenem Grenzfall, an welchem, nach einem rabiaten Diktum von Karl Kraus, »Kosmetik« unvermeidlich »die Lehre vom Kosmos des Weibes«[17] ist.

Es gibt nicht nur den Zwang *der* Schönheit: die Schönheitstyrannei als *Tyrannis der Schönen* gegenüber denen, die Schönheit suchen und ihr verfallen sind. Es gibt auch den Zwang *zur* Schönheit, das gesellschaftliche *Schönheitsdiktat*, wie es Betty Friedan in ihrem in den sechziger Jahren überaus erfolgreichen Buch *Der Weiblichkeitswahn* zuerst beschrieben hat. Eine höchst bezeichnende Schwäche dieses wichtigen Buches war aber damals schon, daß seine Autorin nur die *weiblichen* Opfer des Weiblichkeitswahns ins Blickfeld rückte und im übrigen suggerierte, die Männer seien quasi nur die schnöde profitierenden »Hexenmeister« des Schönen. Dabei gehört ja nun wirklich nicht gerade überschäumende Phantasie zu der Erkenntnis, daß die soziale Lizensierung der »weiblichen Verführungskunst«, welche Frauen erlaubt, alles zu zeigen, was sie haben, die Männer alles andere als frei macht. Was hilft dem Mann mit Namen, Vornamen und singulärer Biographie denn die »öffentliche« Allgegenwart der Busenstars und Sexgöttinnen mit den atemberaubenden Kurven, wenn die Chance, daß eines dieser Erotikfabelwesen von einem anderen Stern sich in sein Schlafzimmer verirrt, nach wie vor ein Ereignis vom Unwahrscheinlichkeitsgrad der unbefleckten Empfängnis bleibt? Für was anderes als für Verletzung, Frust und Demütigung einer Vielzahl chancenloser Männer sorgen jene überdimensionierten *Lolitas,* denen das gesellschaftliche Ideal nun plötzlich gestattet, ungeniert in die Verführerinnen- und Liebhaberinnenrolle zu schlüpfen? Was ist mit jenem Mann, dem sich die versprochene

Verführerin nicht zugesellt, den keine der verheißenen Liebhaberinnen liebhat, der mit seinen überschießenden erotischen Erwartungen allein bleibt?

Mindestens ebenso plausibel wie Betty Friedans Deutung ist diese: Der »Weiblichkeitswahn« ist vor allem der Wahn, unter dem die Männer leiden; er hält sie in unterwürfiger Abhängigkeit von jener Macht der erotischen Zeichen, über die Frauen nun einmal in ungleich höherem Maße gebieten. Er »prägt« sie gleichsam wie Küken auf jene obsessive Welt »überoptimaler Attrappen«: lange Beine, kurvenreiche Figuren, überdimensionierte Oberweiten, geöffnete Lippen, die sich zu einer erotischen Zwangswelt aufreizender Laszivität fügen. Kurzum, auch dort, wo das erotische Leitbild der »gewährenden Weiblichkeit« die »Ästhetik der geschlechtlichen Anziehung« bestimmt, läßt die Geschlechterwelt sich nicht säuberlich nach Opfern und Tätern scheiden.

Barbara Sichtermann hat in ihrer so behutsamen wie notwendigen Kritik an Betty Friedan[18] an mehreren Stellen darauf hingewiesen, daß Frauen in diesem Feld über eine überlegene Macht gebieten (können), die sie allerdings nur zu gern immer wieder bestreiten: »Birgt die Aufforderung, schön zu sein, nicht selbst emanzipatorisches Potential? Wollten wir denn wieder viktorianische Damen sein? Oder gar verschleiert gehen? Bedeutet nicht jede Verschiebung in der Geschlechtsrolle hin zur Kunst der Verführung, zu Erotik, Flirt und Narzißmus eine relative Befreiung gegenüber den Festlegungen auf die drei großen K [soll heißen: Kinder, Küche, Kirche; B. G.]? Läßt nicht die Rolle der begehrten Geliebten mehr Ich-Elemente zu als die der Hausmutter?« Bietet, bei Lichte besehen, die soziale »Freigabe« der weiblichen Verführungskunst, die »Erlaubnis« zur Ausstellung weiblicher Reize, bietet die Rolle der übermächtigen Verführerin und der umworbenen Geliebten bei aller Verarmung und Bornierung des erotischen Wechselrepertoires, welches solche Reduktionen *auch* bekunden, unterm Strich nicht eher ein Plus an Chancen sozialer Macht zugunsten der Frauen? »Gegenüber sehr attraktiven Frauen«, meint Oscar Wilde, »ist meist der Mann der Schutzbedürftige.«

Schönheit als »soziale Plastik«

Der gesellschaftlich auferlegte Schönheitsstreß in den USA scheint noch in eine andere Richtung zu weisen: Der gnadenlose Körperkult der *California Culture* zwingt ein ganzes Volk unter das Joch eines kollektiven Schönheitsideals. Was wir in Parks und auf Straßen schwitzen sehen und keuchen hören, müht sich nicht auf ein *individuelles* Lebensziel hin ab. Joggen ist, jenseits aller persönlichen Überzeugungen und Passionen, verbindlich-verbindende Weltanschauung vieler. Wer joggt und sich demonstrativ fit hält, baut immer auch an einer »sozialen Plastik«. Das ist der Kern jener unverwechselbar amerikanischen Obsession des *Existential Runner*.[19] Das unaufhörliche Laufen und das beharrliche Meißeln am eigenen Körper ist der Dienst an der Gemeinschaft, den das Individuum schuldet. Keiner hat das Recht, die anderen mit seiner behebbaren Häßlichkeit, z. B. seiner monströs ausufernden Körperfülle, zu belästigen.

Die Schönheit, die hier »erschaffen« wird, verdankt sich, wie alles in der modernen Welt, zuerst der beharrlichen Arbeit, hier: der Arbeit am eigenen Körper. Die »Industrialisierung« der Schönheit bedeutet – wörtlich – ihre »Verfleißigung«, d.h. ihre Bornierung zu einem vor allem durch Fleiß und Leistungswillen erreichbaren, *kollektiven Massenideal*: Die puritanische Leistungsethik lehrt uns, den von angestrengter Trainingsaggressivität »verzerrten Körper schöner zu finden als die entspannte und sanfte Gestalt, das rundungslos asketische und sehnige Arbeitstier ansehnlicher als die von Gelassenheit und Einverständnis mit sich selber zeugende Leiblichkeit«.[20] Hier ist die denkbar größte Distanz gelegt zu den zeitlos klassischen Idealen jener gelassenen Schönheit, von denen uns der *Diskobol* (»Diskuswerfer«) des Myron wie der *Doryphoros* (»Speerträger«) des Polyklet, der *Apollon* des Phidias wie der Kuros aus dem Piräus eine ferne Ahnung schenken.

Schönheit dank Plastik

Der »Zwang« zur Schönheit, das gesellschaftliche »Schönheitsdiktat« hat eine lange Tradition. Der attraktivitätssteigernde Eingriff: das Umwickeln der Füße, das Einschnüren der Taille, das Verlängern von Hals und Ohrläppchen, das Bleichen und Tätowieren der Haut, das Färben von Haaren und Nägeln und die das Auge betonende Technik des Schminkens – all das ist kulturhistorisch vielfach belegt. Die Make-up-Utensilien, die die Archäologie aus dem alten Ägypten zutage gefördert hat, datieren ins sechste vorchristliche Jahrtausend zurück. Schwarzblaue Lippenstifte, Mascara und Antimon-Eyeliner dienten ebenso geläufigen Techniken des Auf- und Umschönens wie Rouge und Henna und die ganz zeitgenössisch anmutenden Glitzereffekt-Lidschatten, die aus pulverisierten Käferpanzern hergestellt wurden. Halten wir uns vor Augen, mit welcher Raffinesse seit Jahrtausenden in den Parfümerien und Schönheitssalons längst untergegangener Kulturen vor allem am weiblichen Körper- und Erscheinungsbild gemodelt wurde, so muten die verjüngenden Schönheitsoperationen in der avantgardistischen Schönheitsfarm des 20. Jahrhunderts – das Liften von Augen-, Wangen- und Lippenpartie, das Absaugen von Fett aus Schenkeln und Bauchdecke – gar nicht mehr so exotisch an.

Auch Männer modeln mittlerweile kräftig mit an ihrem Erscheinungsbild.[21] Gegenüber der Frauenblöße fristet der nackte Mann in der Werbung zwar immer noch eine quotenbedürftige Kümmerexistenz im Verhältnis von etwa 1:10; doch darf er, immerhin, inzwischen als »werbepsychologisch etabliert« gelten. Fast alle großen Kosmetikmarken bieten nun auch ausgefeilte Pflegeserien für den Herrn an. Und für die Schönheitschirurgie wäre die abrupte Wiederkehr der männlichen Schönheitsaskese sozusagen der arbeitsplatzvernichtende Ernstfall: Jeder dritte Flick- und Schnippelwunsch kommt in dieser Branche schon über Männerlippen. An erster Stelle rangieren natürlich die Haartransplantationen. (Nebenbei: Warum habe ich noch in keinem der kritischen Schönheitstraktate auch nur einen Hinweis auf diese männlichste aller schönheitsbezogenen Urängste gelesen: die

Glatzenangst, die – von Samson bis Savalas – eine unübersehbare kulturhistorische Mythenspur hinterlassen hat?) Es gibt aber auch sonst nur wenig, was sich nicht als Angebot oder Nachfrage unter den männlichen Verschönerungswünschen fände: Nasenkorrekturen und angelegte Ohren, Facelifting und Hodenimplantationen, der Kunstmuskel und die preßfesten Silikonschalen im Brustkorb.

Lächeln und lästern Sie bitte erst dann, wenn Sie sich klargemacht haben, daß hier traurige männliche Aktzeptanzprobleme gelöst werden; denn dies alles dient ja nicht dazu, den erfolgreichen Mann der (eigenen) Schönheit näherzubringen, sondern lediglich dazu, ihn für die schöne Frau erträglich machen, die er glaubt, sich verdient zu haben und also schuldig zu sein. *Sie*, nicht *er*, ist das Zentralgestirn, um welches die Planeten des Auges und des Augenblicks kreisen.

Das »schöne Geschlecht«

Was ist denn so schrecklich daran, wenn Männer von den Frauen als dem »schönen Geschlecht« sprechen? Natürlich könnte sich das auf ärgerliche Weise herablassend anhören und gönnerhaft. Doch sollten derlei Zudringlichkeiten auf der einen und Empfindlichkeiten auf der anderen Seite nicht ernsthaft ein Hindernis sein, einmal konsequent darüber nachzudenken, ob die Zumutung, schön zu sein, wirklich nur repressive Züge aufweist. Könnte sie nicht umgekehrt auch emanzipatorische Chancen enthalten? Unbestreitbar ist doch die Anziehungskraft, die eine Frau auf einen oder viele

Männer ausübt, eine Form sozialer Macht. Statt sich dazu zu bekennen und mit dem Pfunde der biologischen Mitgift einer überlegenen Geschlechtsattraktion kräftig zu wuchern, verfällt eben dieses Vermögen dem grimmigsten Mißtrauen, und jeder, der seiner Erwähnung tut, setzt sich den hartnäckigsten Verdächtigungen aus. Und so hört frau denn auch, wenn sie die Rede vom »schönen Geschlecht« vernimmt, nicht nur, was diese Redewendung zugesteht und beläßt, sondern vor allem, was sie so beredt verschweigt: Das schöne Geschlecht sei eben *nur* das schöne. Und was ist mit all den anderen schmückenden Beiwörtern: mächtig, klug, stark, listig, aktiv, tapfer, phantasievoll, weise usw.? Sind Frauen all dies etwa nicht oder doch weniger? Sind Frauen denn *nur* schön?

Wo so gefragt wird, muß man, schon aus Gründen geschuldeter Deutlichkeit, in klarer Sprache antworten: Frauen sind keineswegs nur schön. Oder noch schlimmer: Sie sind noch nicht einmal das – einfach alle schön; nur einige, eher wenige sind es. Doch ist Schönheit die Eigenschaft, in der der Mann die Frauen am deutlichsten überlegen weiß – *deshalb* exponiert er die weibliche Schönheit und steigert sie zu einem Attribut des ganzen Geschlechts! Und diese Etikettierung nun sollte eine willkürliche sein und keinen Sinn ergeben – es sei denn den eines arglistigen, repressiv motivierten Schachzugs im ewigen Geschlechterkrieg?

Man kann, wie wir bereits sahen, eine Fülle von Argumenten bemühen – von der größeren Feinheit des Körperbaus über die zartere Haut und die volleren Lippen bis hin zum dichteren Haupthaar und dem grazileren Gang –, um zu »beweisen«, daß Frauen »objektiv« schöner sind als Männer. Doch kommt es hierauf viel weniger an als auf die Tatsache, daß Männer sie eben so *wahrnehmen*. Weil sie die Frauen als das *schönere* Geschlecht sehen, nennen sie sie das *schöne Geschlecht*. Und sie fühlen sich in dieser Sicht von vielen Frauen vielfältig bestätigt – nicht zuletzt von deren Verhalten: Frauen leisten sich traditionell eine um ein Vielfaches aufwendigere »Schönheitspflege«; sie schmücken sich lustvoller, huldigen hingebungsvoller den Kulten der Mode, rüsten ihren Körper mit aller Raffinesse zum » Blickfang« auf, indem sie Kleidungsstücke – wie einst den Petticoat, später die Hot pants und heute die hautengen Leggings – als Verstärker erotischer Körperbotschaften einsetzen. Und das alles soll kein zwingender Hinweis darauf sein, daß die Frau wohl weiß, daß sie sich hier in ihrer ureigenen Sphäre selbst inszeniert, in der des Geschlechtlichen? Schönheit hat für sie ein Geschlecht – und das ist weiblich!

Dies festzustellen heißt keineswegs, die Frau auf das im weiblichen Schönheitsrepertoire immer mitumfaßte Geschlechtliche zu *reduzieren*. Nein, dies alles bedeutet nicht, daß Frauen nicht *auch* mächtig, klug, stark, listig, aktiv, tapfer, phantasievoll und weise sein könnten. Nur – keine dieser Eigenschaften ist durchgängig so ausgeprägt wie das *Schönsein* und das *Schönsein-Wollen*; nichts ist so signifikant, nichts fällt so sehr ins Auge – und wohl nicht einmal nur ins männliche. Wenn umgekehrt die Männer gelegentlich als das »starke Geschlecht« apostrophiert werden, dann meint dies ja auch nur, daß mit der Attribution »stark« einfach das *auffälligste Differenzmerkmal*, vornehmlich in der weiblichen Wahrnehmungsperspektive, herausgestellt wird. Selbstverständlich sind nicht *alle* Männer stark, und selbstverständlich sind sie nicht *nur* stark, doch sind sie eben dies im Vergleich zu den schwächeren Frauen besonders oft und in besonders augenfälliger Weise.

Warum verwahren Frauen sich heute so vehement gegen die »Zumutung«, schön zu sein oder schöner, eben das »schöne Geschlecht«? Ich vermute: Indem sie – oft sicher wider besseres Wissen oder doch Ahnen – das »Naturprivileg« der Schönheit von sich weisen, weisen sie in Wahrheit »die Natur« von sich, genauer, die Einsicht, daß es in den sozialen *Rollendifferenzen* auf der Basis der *Geschlechterdifferenz* sehr vieles gibt, was in Wahrheit, allen politischen Emanzipationsansprüchen zum Trotz, unverfügbar ist, weil »von Natur«. Statt »die Natur«, wo sie es kraftvoll kann und tut, für die eigene Sache wirken zu lassen, vertraut man auf die politische und soziale Gestaltbarkeit des Geschlechterverhältnisses, auf egalisierende, proporzförmige Strategien der Angleichung.

Aber vielleicht ist ja auch viel mehr kluge politische Taktik im Spiel, als bislang zu ahnen war. Vergessen wir nicht, daß die »Frauenkampagne« – ob frau das nun gern hört oder nicht – seit den fernen Tagen der frühen Demokratiebewegungen die mit weitem Abstand erfolgreichste politische Kampagne war. Könnte man noch mit der nämlichen Überzeugungskraft an der feministischen Klagemauer die Macht des Patriarchats anprangern, wenn man eingestehen müßte, daß die soziale Macht der Schönheit weit überproportional soziale Macht von Frauen *über Männer* repräsentiert, die kaum jemals irgendwo aufschlußreich benannt und thematisiert worden wäre? Schönheit, erotischer Augenreiz, Verführungskunst, wortlos-laszive Körperlichkeit, Narzißmus – all das sind weibliche Domänen, wenngleich natürlich keine ausschließlichen. Das Schönheitsideal ist deshalb wohl auch nie gänzlich auf Symmetrie und Egalität zu verpflichten, so sehr sich manche dies aus Gründen der »Geschlechterparität« auch wünschen. Was aber ist eigentlich so schlimm, wenn Schönheit sich ein wenig inniger der Weiblichkeit verbindet und zur Weiblichkeit gehören mag, daß sie etwas mehr um Schönheit bemüht ist?

Das Körperschöne und das Kunstschöne sind zweierlei

Sollte Schönheit in noch höherem Maße, als wir dies bisher ahnten, als fundamentales Verhaltensprogramm in Diensten der biologischen Reproduktion stehen, würde deutlich, weshalb auf diesem Feld die Sabotage eines »aufgeklärten« Wollens so wenig vermag. Deutlich würde so auch, weshalb sich erstaunlicherweise gerade der Künstler – als Experte in Sachen Schönheit dieser scheinbar am direktesten auf den Fersen – am nachhaltigsten schönheitsresistent zeigt, siedeln seine Hervorbringungen doch weit mehr im Felde der »freien« Einbildungskraft als in dem des Augenscheins und der durch ihn bewirkten Verhaltensprägung.

Deshalb geht auch der in jeder Diskussion über die Schönheit mit schöner Regelmäßigkeit vorgebrachte Einwand fehl, aus den bevorzugten Sujets der Kunst und des Zeitgeschmacks lasse sich ablesen, welch relative Größe die Körperschönheit sei: Jede Epoche pflege ihr eigenes Schönheitsideal, und dies reiche dann eben, was die Spannweite der geschätzten Körpermerkmale angehe, von Rubensschen Rundungen bis zu Twiggy-Ecken.

Anders als für den »Normalverbraucher«, für den sich Schönheit auf die dem »Naturzweck« nahe Körperschönheit konzentriert, ist für den Künstler Schönheit keineswegs nur auf das begrifflose Reizschema erotischer Attraktivität begrenzt. Für den Künstler, den »bildenden« zumal, gibt gerade das Unvollkommene – das allzu Üppige wie das allzu Unbedarfte, das Knochige wie das Korpulente – für den Zweck der *Gestaltung* häufig mehr her als das Ebenmäßig-Schöne. Auguste Rodin reklamiert gar ausdrücklich das »Häßliche« für die expressiven Zwecke der Kunst: »Was in der Natur als häßlich gilt, zeigt oft mehr ›Charakter‹ als das, was man für schön hält, weil in dem nervösen Spiel einer krankhaften Physiognomie, in den tiefen Spuren einer lasterhaften Maske, in jeglicher Mißbildung, in jedem Brandmal die innere Wahrheit viel leichter aufblitzt als auf regelmäßigen und gesunden Zügen.«[22]

Das Körperschöne und das Kunstschöne sind zweierlei – mag es auch vielfältige Überschneidungen geben. Was der Künstler auf die Leinwand bannt, muß nicht sein erotisches Idealbild verkörpern. Die Ursache für die häufig zu beobachtende Diskrepanz zwischen Körperschönem und Kunstschönem ist so beharrlich schlicht, wie Goethe es andeutet, wenn er sagt, es sei ergiebiger, »sich mit dem Häßlichen zu beschäftigen als mit dem Schönen. Aus dem Häßlichen läßt sich viel machen, aus dem Schönen nichts.«[23]

Schön ist häßlich und häßlich schön. Zu dieser Art von Paradoxien zwingt uns im übrigen heute auch der Blick auf das Disneyland der Werbung und der organisierten Vergeßlichkeit, der globalen Schrecken und der endzeitlichen Untergangsdrohungen. Doch gibt es neben der Gravitation der Schönheit auch die Anziehungskraft des »abstoßend Häßlichen«?[24] Für die Kunst läßt sich diese Frage viel eindeutiger beantworten als für das Leben: Für alle große Kunst war die intensivierende Kraft des »Häßlichen« konstitutiv. Das Häßliche fordert, mehr als die vollendete Schönheit, die Gestaltungskraft heraus: Von Goyas »Caprichos« bis hin zu Francis Bacons vom Leben und vom Suff zerfetzten Trümmer-Physiognomien, die einen, einmal ergriffen, nicht mehr loslassen wollen, ist die Kunstgeschichte auch ein Fundus für die Einbildungskraft des Häßlichen und die Beseelungskraft des Bösen als des *Häßlichen in der Moral.*

Filz & Fett. Warum das Schöne immer wieder das »Häßliche« braucht

In der Kunst verrät die demonstrative Hinwendung zum Häßlichen und Verachteten oft den Übergang von der *alten* zur *neuen* Ästhetik. Dies gilt, wie wohl für keinen sonst in diesem Jahrhundert, für Joseph Beuys, der mit Filz und Fett unsere Wahrnehmungsgewohnheiten attackierte und einer neuen Materialästhetik den Weg bereiten half, von der gegenwärtig z. B. auch ein so »Beuys-ferner« Künstler wie Imi Knoebel profitiert.

Gustave Daumier hat dieses kunstevolutive Motiv der »Häßlichkeit von heute« als der noch unerkannten »Schönheit von morgen« einmal trefflich in einem seiner kulturkritischen Bildsujets erfaßt, einer Zeichnung von 1865, auf der er die Empörung einer kunstkonservativen (Spieß-)Bürgerfamilie beim sonntäglichen Ausstellungsbesuch im Visavis mit Edouard Manets *Olympia* protokolliert: Manet, der Revolutionär und Künder einer neuen Ästhetik, erzürnt den Spießer, weil er seine eingefleischten Schönheitserwartungen enttäuscht; er, der in seiner *Olympia* Tizians berühmte und über jeden Kunst- und Schönheitszweifel erhabene *Venus von Urbino* sich anverwandelt, provoziert seine am tradierten Schönheitscode geschulten Zeitgenossen wie so viele Künstlerkollegen vor und nach ihm mit scheinbar gewollter, demonstrativer »Häßlichkeit«. In Wahrheit aber setzte er sie nur dem Schock der noch nicht buchstabierbaren Schönheit von morgen aus.

Heute kennen wir längst auch den umgekehrten Vorgang: daß wir verstört reagieren, geschockt, wenn wir statt der vermuteten Innovation auf Traditionelles stoßen, auf Vertrautes oder gar für längst überholt und hoffnungslos vorgestrig Erachtetes. In der Geschwindigkeitsära, die auch den Moden und Trends der zeitgenössischen Kunstszene immer kürzere Halbwertzeiten anerkannter Gültigkeit beschert, darf dies eigentlich nicht verwundern. Der Zwang zum Avantgardismus verbannt das Gewesene nicht mehr unwiderruflich in den Orkus der Geschichte. Nein, alles was war, kann auch für Sekunden wiederkehren und eintauchen ins Scheinwerferlicht einer ins Grübeln geratenen, verunsicherten und selbstzweiflerischen Avantgarde, der längst der verwegene Biß der Destruktion abhanden gekommen ist; die sich mangels wirklicher Originalität und Überzeugung ganz auf den Vampirismus willkürlichen Fremdblutsaugens verlegt hat und auf das Plündern alter Kammern und Truhen; einer Avantgarde atemlos wiederaufbereitender Resteverwertung, die aber paradoxerweise zugleich einen Großteil ihrer Energien damit verbraucht, vor sich und der akklamierenden Umwelt diese so bezeichnenden spätaufklärerischen Schwierigkeiten mit der Originalität immer wieder zu verbergen. Dem zeitgenössischen Avantgardismus wird das Déjà-vu zur generationstypischen Alptraumerfahrung.

Um so panischer fallen denn auch die Abwehr- und Ernüchterungsreaktionen aus, wenn traditions- und treuebrüchige Jetztzeitwesen an gänzlich unvermuteter Stelle auf das Vorgestern im Heute stoßen, wenn sich der gelebte Augenblick, auf den alles sich gründet, als »Plagiat« erweist. Joan Didion schreibt in ihrem Einleitungsessay zu Mapplethorpes Photoband *Some Women* die bezeichnenden Sätze: »... das Werk Robert Mapplethorpes [wurde] oft als ein ästhetischer Sport betrachtet, so gänzlich außerhalb jedes historischen oder sozialen Zusammenhangs und als so ›neu‹, daß es sich jeder Deutung entzog. Tatsächlich ist dieses ›Neusein‹ zu einer derart fixen Idee geworden, wenn es um Mapplethorpe geht, daß wir nur allzu leicht die Ursache seiner Stärke übersehen, die von Anfang an weniger im Schock des Alten begründet war, in dem fast schon enervierenden Novum der Konfrontation mit einem starren Moralsystem. In seinen Bildern war immer die Spannung, ja sogar der Kampf zwischen Licht und Finsternis zu spüren, das erregende Eingeständnis der Machtlosigkeit, der Verlockung des Todes, die Phantasie der Kreuzigung.« In der Tat: Diese Entdeckung mußte schockieren – der homophile Lederfetischist Mapplethorpe als mindestens ebenso »katholischer« Künstlerzeitgenosse wie Joseph Beuys! Er selbst hat aus dieser biographischen Traditionslinie nie ein Hehl gemacht. »Ich war ein katholischer Junge«, sagte er in einem Interview der BBC. »Ich bin jeden Sonntag in die Kirche gegangen. Die Art, wie ich die Dinge arrangiere, ist sehr katholisch. Das war bei mir schon immer so, wenn ich mir etwas zurechtgelegt, etwas zusammengestellt habe. Sehr symmetrisch.«[25]

Schön und starr:
Schönheit ohne Individualität

Die Vollkommenheit der Schönheit birgt ein selten erkanntes Problem: Sie will uns nicht so recht berühren, läßt uns auf eine höchst zwiespältige Weise »kalt«, wirkt gelegentlich regelrecht langweilig. Eine winzige Verrückung, eine ungeordnete Haarsträhne vielleicht, ein Blinzeln des geblendeten Auges, eine Träne oder ein verzogener Mund genügen, um jenen Mechanismus erobernder Bezauberung in Gang zu setzen, den wir einzig der Schönheit verdanken.

Die Erklärung ist einfach: Vollendete Schönheit ist tot. Es sind gerade die kleinen »Fehler« und Unvollkommenheiten, welche die Schönheit zum Leben erwecken, ihr Atem einhauchen und ihrem spannungsvollen Muster individuelle Züge verleihen. In der Zuspitzung des Extrems wird uns deutlich, was es mit dieser Wahrnehmung auf sich hat: Häßlichkeit enthält stets mehr »Individualität« und »Charakter« als Schönheit.

Christiane Peitz schrieb über ihre Eindrücke auf der Ausstellung »Beauties – die Faszination des schönen Scheins« in den Hamburger Deichtorhallen im Frühjahr 1994: »Wer die Bilder betrachtete – von Ava Gardner über Ingrid Bergmann bis zu Isabelle Adjani eine Schönheit neben der anderen –, den befiel nach einer Weile ein Unbehagen. An jeder Wand unzählige glatte, makellose Gesichter, kaum daß eins aus dem Rahmen fiel. Der gleiche Teint, der gleiche Blick, die gleichen Posen – ein ermüdender Anblick. Unter dem Postulat der Schönheit verloren die Stars ihre Eigenheit, das Unverwechselbare: Man identifizierte sie kaum. Die weiblichen Beauties erschienen gewissermaßen bis zur Unkenntlichkeit geschönt: mehr Engel als Mensch, mehr Stilleben als Lebewesen. Das vom Kino fabrizierte Schöne präsentierte sich mit Leichenmiene. Jedes Foto eine Totenmaske.«[26]

Die Beobachtung, welche Marina Warner in ihrem Buch *In weiblicher Gestalt* beisteuert, bestätigt dies.[27] Ihr erscheinen – wohl ganz zutreffend – die notorisch schönen Frauen an der Seite historischer männlicher Denkmalsgestalten als anonym und austauschbar in ihrer zeitlosen, steingewordenen Schönheit, »entindividualisiert« (was sich auch darin ausdrückt, daß wir oft ihren Namen nicht kennen und/oder biographische Hinweise fehlen), während die Männer, denen sie zugeordnet sind, häufig über ein signifikantes Repertoire an markanten Gesten und ausgeprägt individuellen Gesichtszügen verfügen, uns aber keineswegs als primär »schön« erscheinen wollen.

Wo aber Marina Warner und andere nur die schnöd-einseitigen Mechanismen der »Männerkultur« am Werke sehen, wirkt womöglich eine

ganz andere wahrnehmungsprägende Gesetz-
mäßigkeit: Wenn nämlich – in dem hier gezeigten
Sinne – Frauen generell *schöner* wären als Männer
und wenn Schönheit tendenziell weniger »Individualität« aufweist als ihr Gegenteil, böte sich hier
eine viel schlichtere Erklärung – ohne ver-
schwörungstheoretische Hypothesen – für die ja in
der Tat »erklärungsbedürftige« geschlechtsspezifische Tendenz zum Überpersönlichen in der historischen Denkmalskunst.

Dies vor allem verbindet menschliche Schönheit
mit dem Leben und macht sie zu seinem Verbün-
deten: daß sie unvollkommen ist und nicht ewig
währt; daß sie sterblich ist, wie das Leben auch –
und nie vollendet. Die rundum vollkommene
Schönheit bleibt starr und leblos, ergötzlich vielleicht für Götter, nicht für die Sterblichen. Die
größten unter den orientalischen Teppichkünst-
lern wußten um die Unvollkommenheit als dem
großen Geheimnis einer »menschengemäßen«
Schönheit, wenn sie ihren Kunstwerken mit der
Formel »Nur Allah ist vollkommen« absichtsvoll
kleinste »Fehler« einknüpften.

Derselbe Gedanke findet sich auch bei Thomas
Mann, der von der vollkommenen Schönheit als
von einem Gedanken von »erhabener Blässe«
spricht, von einem »Schulmeistertraum«: »Man
sagt, sie beruhe auf Gesetzen; aber das Gesetz
redet zum Verstande, nicht zum Gefühl, das sich
von jenem nicht gängeln läßt. Daher die Ödigkeit
vollkommener Schönheit, bei der es nichts zu
verzeihen gibt. Wirklich will das Gefühl etwas zu
verzeihen haben, sonst wendet sich's gähnend ab.
Das bloß Vollkommene mit Begeisterung zu
würdigen, bedarf es einer Ergebenheit für das Ge-

dachte und Vorbildliche, die Schulmeistersache ist.«[28]

Die »Prise Häßlichkeit« oder Schönheit kann ganz schön anstrengend sein

Vielleicht muß man so weit gehen zu formulieren, daß es gerade die »Prise Häßlichkeit« ist, die die Schönheit zum Klingen bringt und sie »ins Leben lockt«.[29] Sie scheint auch Edgar Degas im Auge zu haben, wenn er in einem seiner Briefe (1882) klagt, daß man der Schönheit »jenen Hauch des Häßlichen geraubt« habe, ohne den ihm, wie bei den Frauen, »alle Seligkeit nichts« ist.

Die nämliche Spur verfolgt auch Max Brod in seinem kleinen Essay *Über die Schönheit häßlicher Bilder*, wenn er schreibt: »[Ich liebe] die Behaglichkeit, die unbewußte Grazie schlechter Bilder; diese Ironie, die von sich selbst nichts weiß, diese Eleganz der unbeabsichtigten Effekte. Wie ärmlich stellen sich seriöse Bilder daneben dar, die den Geist des Beschauers in eine einzige, vom Künstler eben gewollte Richtung drängen. Sie sind so eindeutig, so vollkommen, so häßlich ... die schönen Bilder. Aber Wonnen eines triebhaften Balletts, die unwillkürliche, unausschöpfliche Natur selbst, das Chaos und urzeitliche Zeremonien lese ich aus Annoncenklischees, Reklamebildern, Briefmarken, Klebebogen, aus Kulissen für Kindertheater, Abziehbildern, Vignetten; mich entzückt die Romantik des Geschmacklosen.«[30] Hier wird eine Melodie intoniert, auf die jeder, der sich intensiver mit der Schönheit einläßt, unvermeidlich immer wieder stößt: die klammheimliche Sehnsucht nach zeitweiliger *Entpflichtung* von den Zwängen der Schönheit, der Anspruch auf eine kleine »Auszeit« zwischendurch, das Bestreben, immer wieder einmal dem Gravitationsfeld des Schönen zu entrinnen und sich ganz den trivialen Gelüsten zu überlassen. Schönheit kann in ihrer Umgebung eine Atmosphäre steriler Perfektion erzeugen. Mit dem Unvollkommenen kehrt das Leben wieder. Ein Motiv, das in keinem der Romane und Filme der einschlägigen Genres fehlt; denn eben das ist es, was den eigentlich so glücklichen Angetrauten der moralisch so untadeligen und unnahbar schönen Gattin immer wieder in die Arme der »billigen« Geliebten treibt ...

Daß Schönheit ganz schön anstrengend sein kann, ist ja nicht unbekannt. Übersehen wird jedoch, daß der Schönheitsstreß nicht nur für jene existiert, die glauben, schön sein zu müssen. Die eigentliche Anstrengung besteht darin, Schönheit in ihrer bezwingenden Offensichtlichkeit *auszuhalten;* sich den permanenten Nötigungen und Anforderungen gewachsen zu zeigen, die von ihr ausgehen. Das Spektrum reicht von der latenten sittlichen Aufforderung über die Benimm-Ermahnung bis zu den banalen Alltagszwängen der »Fassadenkosmetik«, vom erotischen Beweis- bis zum intellektuellen Bewährungszwang.

Es ist dieser Zirkel der Anstrengungen und Aufforderungen, mit denen die Schönheit sich umgibt, der den dialektischen Umschlag ins scheinbare Gegenteil bewirkt: Er begründet die Attraktivität des Unvollkommenen[31] gerade für den, der die innersten Bezirke der Schönheit kennt, der sich täglich in ihrem Weichfeld behaupten und bewähren muß. Für ihn kann es gute Gründe geben, hin und wieder die Freiheit statt der Schönheit zu wählen, mag er gleichwohl immer wieder reumütig zur letzteren zurückkehren.

Schönheit contra Emanzipation?
Eine Antipolemik

»»Ich bin nicht schön.‹ So sprach das Mädchen leise
und überwand im Stillen ihre Qual.
Und als sie nun in ihrer Schwester Kreise
zurücktrat, war sie es zum erstenmal.«
Hebbel, *Das Mädchen*

Schönheit als »Signal der Signale«

Die Flüchtigkeit der Zeit, in der wir leben, die die Menschen und Dinge entlang des Weges nur für einen kurzen Moment sichtbar werden läßt, um sie sofort wieder zu verlieren, sie scheint die Macht der Schönheit noch um ein Vielfaches zu steigern. Denn Schönheit ist im unübersichtlichen Inferno sich verbrauchender Reize und Sensationen gerade das, was bleibt, mindestens aber, was mit dem *Versprechen* des Bleibens einhergeht; etwas, das offensichtlich ist, das unsere Urteilskraft nicht überfordert, das jeder sofort erkennen und begreifen kann. In der schnellebigen Signalkultur wird Schönheit zum *Signal der Signale*: Die sichtbare Schönheit ist alles, nichts sonst zählt. Es bliebe ja auch gar nicht Zeit und Muße, anstelle des schönen Körpers Kultiviertheit und Charakter, das Antlitz der schönen Seele, einzufangen und wahrzunehmen. Die Signalkultur prämiert, was ins Auge fällt, sie privilegiert, was sich dem ersten Blick eröffnet.

An diesem Punkt scheint die allgemeinere, sozialphilosophisch inspirierte Kulturkritik sich mit den Argumentationsstandards des feministischen Diskurses zum gegenwärtig zu beobachtenden »kultischen Status« der Körperschönheit in unserer Gesellschaft nahtlos zu treffen. Diese vordergründige Übereinstimmung sollte indes über die tiefer liegenden Gegensätze nicht hinwegtäuschen.

Naomi Wolf stellt ihrer Abrechnung mit dem »Schönheitsmythos« als Motto Virginia Woolfs Bemerkung voran, es sei »sehr viel schwieriger, ein Phantom umzubringen als etwas Wirkliches«.[1] In diesem Aphorismus, den sie sich mit Blick auf den von ihr behaupteten »Schönheitsmythos« zu eigen macht, liegt alles beschlossen, was den Widerspruch provoziert: Schönheit ist kein »Phantom«, sondern etwas geradezu urzeitlich Reales; eine der Säulen, auf denen diese Welt ruht. Es rächt sich, wenn wir dies verkennen. Wo immer wir die Macht der Natur leugnen, sie negieren und ausschließen, bricht sie sich umso überwältigender und unkontrollierbarer die Bahnen ihres Rechts. Wer das atavistische »Unrecht« der Schönheit in die Schranken zivilisatorischer Bändigung weisen will, muß erst kennen und anerkennen, was er beschränken und eindämmen will. Wer mit leichter Hand und am falschen Ort Deiche baut, ohne die Gewalt des Wassers zu kennen, wird böse Überraschungen erleben.

»Was schön ist, bestimmst aber nicht du« (soll heißen: jede Frau für sich), beklagt Naomi Wolf im Einleitungstext ihrer Polemik.[2] Natürlich nicht. Das wäre ja noch schöner! Genau dann nämlich wäre die Schönheit »nur« ein Mythos, ein sterblicher Gott; von jedem, der's nur will, hinwegzufegen; beliebig zu ersetzen und zu manipulieren: von jeder Generation, jeder Mode, jeder Klasse, jedem Herrschaftsinteresse.

Wer Schönheit als realen Erfahrungsinhalt und den Schönheitssinn als wirkmächtige Instanz und kulturbestimmenden Faktor leugnet, der greift das

»Tabu« Schönheit gerade nicht an, sondern befestigt es ungewollt. Wenn Naomi Wolf und mit ihr ein Gutteil der frauenbewegten Frauen sich aus durchaus nachvollziehbaren Motiven auf die These versteifen, es gebe gar keine Schönheit, was man uns dafür zu halten nötige, seien die Erfindungen machthungriger Mode- und Geschäftemacher, dann treffen sie gewiß Aspekte des real existierenden »Schönheitsterrors«, verfehlen aber von Grund auf die aller modischen Instrumentalisierung vorausliegende soziale Macht der Schönheit, die gewissermaßen »zeitlos« ist, jedenfalls aber unvergleichlich viel älter als das modegeleitete zeitgenössische Schönheitsdiktat und vor allem – unverfügbar, fast wie Tag und Nacht.

Jenseits der Schönheit.
Die zusätzliche Option des Mannes

»Eines der härtesten Gesetze unserer heutigen Welt heißt: Du mußt schön sein, um im Beruf Erfolg zu haben und einen Mann zu finden, der dich liebt«, schreibt Naomi Wolf.[3] Dieser Satz ist sicher nicht falsch, obgleich man das *und* durch ein *oder* ersetzen möchte; daß er aber exakt bloß die »halbe« Wahrheit enthält wird deutlich, wenn wir diesem weiblichen Stoßseufzer die männliche Version hinzufügen: »Du mußt beruflich erfolgreich sein, um eine Frau zu bekommen, die dir gefällt und die dich liebt, obgleich du nicht schön bist.« Daß man die schöne Luxusfrau so gut wie nie an der Seite des häßlichen Armen und sehr, sehr selten an der Seite des armen Schönen findet, das eben ist die Erfahrung, aus welcher sich dieser männliche Stoßseufzer speist. Nun mag man spekulieren, welches das »härtere Gesetz« ist: der Zwang zum Erfolg oder der Zwang zur Schönheit. Wer ist mehr zu bedauern: der, der hinter dem Erfolg herjagt, um sich fremde Schönheit zu »kaufen«, oder die, die sich schönpflegt, um damit den eigenen oder den Erfolg eines anderen einzufangen?

Diese Frage stellen, heißt sie nicht beantworten; denn selbstverständlich sind beides keine sonderlich befriedigenden Lebensperspektiven. Interessant ist ja auch an dieser Gegenüberstellung etwas ganz anderes: Während in dem von höchst trivialen und durchschnittlichen, aber gerade deshalb typischen Männerphantasien beflügelten Stoßseufzer die Schönheit der Frau als das letzte »Worumwillen« allen männlichen Erfolgsstrebens aufscheint, wird in der weiblichen Version Schönheit ganz unzweideutig als »Leiter« oder »Treppe« gedeutet: zum beruflichen Erfolg oder zum Erfolg in Liebe und Ehe. Wo der Mann Schönheit sucht und nichts als Schönheit – weil nichts sonst das Leben so evident »sinnfällig« macht –, zieht die Frau eben diese kühl ins strategische Kalkül des Lebenserfolgs.

Vielleicht eher unfreiwillig wird auch an dieser Gegenüberstellung sichtbar, wie illusionslos »realistisch« die weibliche Klagebilanz ist, die in Naomi Wolfs scheinbar so unscheinbarem Satz enthalten ist: In der Tat hat der Mann stets eine zusätzliche Option jenseits der Schönheit, die Frauen fast immer verweigert wird. Der selbst nicht schöne Mann kann sich über Erfolg und Macht, zu deren Erringung für ihn eigene Schönheit nicht gleicherweise zwingend erforderlich ist, Schönheit gleichsam »nacherwerben«: in Gestalt der schönen Frau. Für die Frau dagegen ist eine Mindestausstattung an Schönheit die anderweitig fast nicht ausgleichbare Bedingung für alles weitere: ohne Schönheit kaum Aussicht auf den eigenen außergewöhnlichen Karriereerfolg, ohne Schönheit keine Chance, von einem ansehnlichen und/oder erfolgreichen Menschen begehrt zu werden.

Will man, was sich im Leben natürlich nach Motiven unendlich verschlungener und vermischter präsentiert, zum Zwecke klarer gedanklicher Zuordnung in eine handliche Formel pressen, so läßt sich sagen: So unübersehbar die Vorteile sind, die die schöne Frau auf tausenderlei Weise aus der Tatsache ihrer Schönheit zieht, so augenfällig ist die anderweitig fast nicht auszugleichende Benachteiligung der Frau im Falle fehlender Schönheit.

Dies wird vor allem deutlich, wenn wir jenen »Ausgleich« für das geschlechtstypische Minus an Schönheit hinzurechnen, welchen der Mann, insbesondere wenn er älter wird, erntet: »Der männliche Körper betrügt seinen Bewohner nicht so sehr wie der weibliche. Nie erreicht er dessen Anmut und Reiz und fällt daher auch nicht so tief: Was er an rauher Schönheit hat, ist runzelfest«, notierte John Updike.[4]

Häßlichkeit und fehlende Schönheit werden bei Frauen und Männern unterschiedlich sanktioniert. Dies mag, zumal wer Betroffene ist, beklagen. Doch es hilft alles nichts: Will man die tiefsitzenden psychologischen Mechanismen, die hier wirksam sind, ein Stück weit außer Kraft setzen und konterkarieren, muß man sie erst durchschauen.

Ob es hilfreich ist, die »dicke Berta« der Emanzipation ausgerechnet wider die Schönheit in Stellung zu bringen?[5] Und hilfreich, Analyse durch Verschwörungstheorie zu ersetzen? Denn eben dies besagt die These vom »Mythos der Schönheit«: Eine einzige große Verschwörung sei im Gange; der Rädelsführer und alleinige Nutznießer habe einen Namen und dieser Name sei – »der Mann«.

»Wir befinden uns mitten in einer heftigen reaktionären Rückschlagsbewegung gegen den Feminismus, und die politischen Waffen, deren sie sich bedient, um das gesellschaftliche Vordringen der Frauen aufzuhalten, sind eben diese Normen: der Schönheitsmythos. (...) In dem Maß, wie es den Frauen gelang, sich vom Kinder-Küche-Kirche-Weiblichkeitswahn [Betty Friedan, B.G.] frei zu machen, übernahm der Schönheitsmythos dessen Funktion als Instrument sozialer Kontrolle.«[6]

»Der Schönheitsmythos erzählt uns, daß es eine Qualität namens ›Schönheit‹ gibt, die objektiv und universell ist. Frauen müssen danach streben, sie zu besitzen. [...] Aber: Es gibt keine stichhaltige historische oder biologische Begründung für den Schönheitsmythos. Was er den Frauen von heute antut, entspringt keiner erhabenen Notwendigkeit, sondern dem reflexhaften Drang des politischen, wirtschaftlichen und kulturellen Machtestablishments, eine Gegenoffensive gegen die aufbegehrenden Frauen einzuleiten. [...] In Wahrheit sind seine Haupttriebfedern politische und finanzielle Interessen, die Kontrolle von Emotionen und sexuelle Repression. Der Schönheitsmythos hat nichts mit Frauen und Weiblichkeit zu tun, sondern mit Institutionen und Macht.«[7]

Es ist wohl unvermeidlich, daß über das tabubesetzte Thema der Schönheit nicht emotionslos debattiert werden kann. Wenn der Schönheitsdiskurs so ganz und gar vom Geschlechterkampf absorbiert wird, wenn er nur noch die Funktion hat, vom ewigen Unrecht der einen und der malträtierten Unschuld der anderen Seite zu überzeugen, dann wird gelegentlich auch die Binnenlogik der jeweiligen Positionsbehauptungen so inkonsistent, daß es kaum noch Sinn macht, einzelne Aussagen zum wortwörtlichen Nennwert zu nehmen. Naomi Wolf etwa schlingt nichts als ein dünnes polemisches Bändchen um ihre Sammlung in sich höchst widersprüchlicher Vorurteile. So belehrt sie uns beispielsweise im offiziellen Eingangstext ihres Buches: »Mit einer Flut von Bildern überschwemmt der Schönheitsmythos tagtäglich das Bewußtsein von Männern und Frauen und fegt jegliche Art von Individualität beiseite, um sie durch ein zeitloses, allgemeingültiges Stereotyp zu ersetzen.«[8] Im Innern des Buches sucht sie uns dann aber exakt vom Gegenteil zu überzeugen, nämlich von dem – viel plausibleren – Bemühen der »Schönheitsbranche« um die Etablierung äußerst kurzlebiger, schnell wechselnder modischer »Schönheitsideale«.[9]

Alles, auch noch die in sich widersprüchlichsten

Detailbeobachtungen, werden zu einem einzigen großen Brei der Larmoyanz und Anklage verrührt.

Bis vor kurzem hätte sich jeder Mann dem allgemeinen Hohngelächter preisgegeben, hätte er auf einer Podiumsdiskussion oder in einer Talkshow öffentlich verkündet, die Weiblichkeit der Frau könnte unter ihrer beruflichen Tätigkeit leiden. Seit man aber meint, aus diesem Argument einen weiteren »Männerstrick« drehen zu können, ist es bei Frauen »hoffähig« geworden. Gerade die Arbeitswelt wird mehr und mehr als »Gegenwelt« zur »Weiblichkeit« identifiziert. »Ein weltumspannendes, mit raffinierten psychologischen Tricks arbeitendes System (sorgt) dafür«, daß »Macht und Männlichkeit Synonyme bleiben«. »Je unterdrückter die Frauen in einer Epoche waren, desto rigider die Schönheitszwänge«, schreibt Margaret Minker in ihrem Essay *Die Macht der Männer und die Schönheit der Frauen.*[10]

Die für jeden unvoreingenommenen Beobachter eigentlich nächstliegende Idee, daß gerade die Schönheit selbst Macht par excellence verkörpert, würdigt sie nicht mit einem einzigen Satz. Welch seltsame Logik: Was Männer schätzen, kann den Frauen niemals nützen. Mit den Gesetzen der Marktwirtschaft jedenfalls steht diese Einschätzung auf Kriegsfuß. Denn normalerweise besteht das größte Glück des Anbieters darin, über etwas zu verfügen, was sich größter Wertschätzung erfreut. Mit solchem Pfunde läßt sich trefflich wuchern. Und, der Wahrheit die Ehre – genauso verhält es sich ja auch vielmillionenfach tagtäglich: daß Frauen, auf tausend höchst unterschiedlichen Wegen, aus ihrer Schönheit Kapital schlagen.

Wissen sie nicht, was sie tun, oder wollen sie es nicht wissen – jedenfalls jene, die sich vorgenommen haben, den »Mythos Schönheit« zu entlarven? »Der Schönheitsmythos der Gegenwart ist heimtückischer als alle früheren Formen des Weiblichkeitswahns. Vor einem Jahrhundert kehrte Nora dem Puppenheim den Rücken. Vor einer Generation verließen Scharen von Frauen den Konsumhimmel des isolierten, mit vielfältigsten Geräten ausgestatteten Vorortheims. Aber das Gefängnis, in dem wir jetzt sitzen, hat keine Tür, die wir hinter uns zuschlagen könnten. Der Schönheitsterror zerstört die Frauen körperlich und laugt sie seelisch aus.«[11]

Der »Entlarvung« des von Männern erfundenen »Schönheitsmythos« widmet sich auch das von der Zeitschrift *Psychologie heute* 1991 herausgebrachte »Special«-Heft zum Thema Frauenschönheit. Jedes Lüftchen wird zum *Trend* aufgeblasen und als Beleg für das genommen, was von Anfang an zu beweisen war: Frauenschönheit ist eine Männererfindung; wenn Frauen selbst auch (eigene) Schönheit wollen und ihren Körper stylen und stählen, dann »wollen« sie nur, was sie »wollen sollen«.[12]

Das Editorial von Ursula Nuber bietet geradezu eine Blütenlese solcher »Trends«, aus denen, zurückhaltend formuliert, höchst eigenwillige Schlußfolgerungen abgeleitet werden: »In Libyen tragen Frauen, die studieren und berufstätig sein wollen, freiwillig ihren Schleier, um einfacher ihren Weg machen zu können, in Japan verzichten viele Frauen nach der Eheschließung darauf, sich herzurichten und schön zu machen, denn als Hausfrau und Mutter sind sie nur noch einem männlichen Blick ausgesetzt, dem ihres Ehemannes.«[13]

Na also, möchte man meinen, vom Zwang zur Schönheit kann doch im Falle beider Beobachtungen gewiß keine Rede sein: Die erste Beobachtung handelt ja doch wohl vom genauen Gegenteil – vom erzwungenen Schönheits(zeige)verzicht; und die zweite Beobachtung gibt doch lediglich wider, was jeder unvoreingenommene Betrachter ohnehin vermutet hätte: daß Frauen (und wohl die Männer nicht anders!) *vor* der Ehe, solange sie sich noch auf dem freien Beziehungsmarkt bewegen, zwecks individueller Chancenaufbesserung etwas mehr Pflege- und Schönheitsaufwand betreiben als *danach*; ein Indiz also eher für ein erhebliches Maß an Freiheit und Raum für Eigeninitiative!

Doch weit gefehlt: Diese Beobachtungen dienen als »Indizien dafür, daß Frauen nur dann Frau – und damit weiblich – sein dürfen, solange sie nicht Schreibtisch an Schreibtisch, Tür an Tür mit Männern zusammenarbeiten. Sobald sie dies tun, scheint es sinnvoll, sich zu verschleiern: In islamischen Ländern kann dies wörtlich genommen werden, unsere Verschleierung im Westen ist der zugerichtete Körper.«[14]

Quod erat demonstrandum. Für diesen Scheinbeweis werden die denkbar widersprüchlichsten Weisen des Umgangs mit dem weiblichen Körper zu einer einzigen Suppe verrührt, damit ja die Potemkinschen Feindbildfassaden stehen bleiben können: Zeigelust und Zeigefrust, der demonstrative Körperkult einschließlich Bodybuilding, Joggen und Schönheitschirurgie auf der einen und das voraufklärerische Verhüllungsgebot auf der anderen Seite.

Die meisten der Beiträge kreisen um die von Naomi Wolf intonierte Titelmelodie der allfälligen Entlarvung des »männlichen Schönheitsmythos«. Ironischerweise wirbt gerade dieses Heft unter dem Werbemotto »Schönheit muß kein Traum bleiben« ganzseitig für eine Suada (200 Buchtitel!) unüberbietbar geschwätziger Schönheitsratgeber von »Schönheitschirurgie« bis »Kein Pfund zuviel«.[15] Männerzwänge? Wer hätte Interesse an solchen Anzeigen und bezahlte dafür, wenn nicht sogar noch dieses mutmaßlich doch relativ schönheitsreservierte Werbeumfeld aufgeklärter *Psychologie heute*-Leserinnen Erfolg verspräche? (Die Werber sind allemal die besseren Psychologen, da sie wissen, daß auch noch die Schönheitsverneinung im Wunsch nach Schönheit wurzelt.)

Interessanterweise kommt in den rund zwanzig Themenbeiträgen zur Frauenschönheit nicht ein einziger ihrer angeblichen »Erfinder« zu Wort. Haben Männer, die sich den perfiden Unterdrückungsmechanismus der Schönheitsfron für Frauen ausgedacht haben, wirklich nichts Erhellendes beizutragen? Findet sich nicht wenigstens ein Abtrünniger des Männerkartells, der aus der Schule der Tyrannen plaudern könnte? Ein Frauen-Schönheits-Special ohne Männerbeteiligung – das ist ja gewissermaßen wie ein Sammelband zur Relativitätstheorie ohne einen einzigen theoretischen Physiker unter den Autoren!

Eine der verblüffendsten Thesen dieses Heftes, von vielen der Autorinnen implizit und explizit vertreten, lautet: Frauen, die anfangen, ums goldene Kalb der Schönheit zu tanzen, hören auf, Frauen zu sein; sie verlieren, »was ihr Frausein eigentlich ausmacht: ihre Weiblichkeit«.[16] Wie bitte? Hat der neue Schönheitseifer, der gewiß manchmal in Schönheitsstreß ausartet, nicht eine seiner Hauptwurzeln gerade im neuen Rollenverständnis vieler Frauen, die Heim und Herd, Kindern und Küche den Rücken gekehrt haben und sich ganz auf die Erfahrungswelt der Karriere und des beruflichen Erfolgs konzentrieren? Daß dabei Schminke und Schmuck, Taille und Teint etwas mehr Aufmerksamkeit zuteil wird als beim Bettenlüften im familieneigenen Kinderzimmer kann doch kaum verwundern.

Oder doch? Sie werden sich wundern, frau wundert sich tatsächlich: Ausgerechnet die Vorreiterinnen einer quotenbewehrten Geschlechtergleichheit bei den Rosinenberufen (nicht ganz so streng nimmt's Quotilden mit dem Bergbau und der Bundeswehr, mit der Müllabfuhr und dem Möbelpacken, mit dem Brummifahren und dem Bäumefällen), – ausgerechnet sie, die jahrzehntelang hingebungsvoll für die eigenständige Rolle der Frau im Erwerbsleben fochten, machen nun eine verblüffende Entdeckung: daß Frauen am Arbeitsplatz »ihrer Weiblichkeit« verlustig gehen könnten. Herr Schönhuber oder auch die Herren Heitmann und Dregger versuchen ihnen das schon seit langem zu soufflieren.

Es kommt schon zu manch merkwürdigem politischen und ideologischen Schulterschluß. So wie der Apo-Opa Claus Leggewie in der *ZEIT* das emphatische Bekenntnis »eines Antiautoritären zur Autorität« ablegt, so entdecken nun frauenbewegte Frauen mit Larmoyanz und männerfeindlichem Tremolo, daß die *Ehegattenunabhängigkeit*, welche die durch weibliche Erwerbsarbeit ermöglichte finanzielle Selbständigkeit ja zweifellos beschert hat, nicht mit Unabhängigkeit *schlechthin* gleichzusetzen ist; daß Erwerbsarbeit vielmehr ein »hohes Maß an Verhaltensdisziplinierung und Fremdbestimmung« mit sich bringt; daß zum Beispiel eine Tätigkeit bei Banken oder Versicherungen auch mit »gewissen Anforderungen ans äußere Erscheinungsbild« verbunden ist.

Hätten sie doch nur den einen oder anderen Mann gefragt, der hätte ihnen gewiß zum Thema Erwerbsarbeit und Emanzipationserwartung aus eigener Erfahrung einiges erzählen können; beispielsweise, daß man an vielen Erwerbsarbeitsplätzen einengenden Vorschriften und Reglementierungen unterliegt, die in dieser Form der Hausarbeit völlig unbekannt sind. Erwerbsarbeit hat – in der absoluten Mehrzahl der beruflichen Optionen – mit Emanzipation allenfalls indirekt etwas zu tun, nämlich insofern, als sie finanziell unabhängiger macht. Ansonsten aber ist gerade die »industriegeprägte« Erwerbsgesellschaft eine soziologische Formation, die ihre überragenden Erfolge in der kostengünstigen Herstellung von Massenprodukten vor allem der systematischen und bis ins kleinste Detail vorangetriebenen Planung und Reglementierung des menschlichen Verhaltens innerhalb des Produktionsprozesses verdankt. Von »Freiheit« und »Selbstverwirklichung« also keine Spur. »Industrialisierung« heißt, wörtlich, »Verfleißigung«: Es ging und geht um den möglichst effektiven und rationellen Einsatz der menschlichen Arbeitskraft, nicht um Emanzipation und Autonomie. Jeder Tankwart und jeder Maschinenschlosser, jeder Hafenarbeiter und jeder Hochofengießer weiß von den Freiheitseinschränkungen an seinem Arbeitsplatz ein Lied zu singen!

Wer die Schuld trägt am weiblichen Emanzipationsfrust in der Frauenerwerbsarbeit ist längst ausgemacht: dieser Purzelbaumlogik zufolge natürlich ausgerechnet die, die den Weg der Frau in die Erwerbsarbeit immer verhindern wollten – die Männer. Sie lassen die Frauen nun für »das Recht, an der Männergesellschaft aktiv teilzunehmen« teuer bezahlen: mit der »kritiklose(n) Anpassung an das gängige Schönheitsideal«.[18] Damit ist gemeint: Frauen müßten sich einer bestimmten »Körper- und Kleiderordnung« unterwerfen, orientiert an der gediegenen Eleganz der Banken und Büros, sie müßten stets gepflegt, gut frisiert und möglichst unaufdringlich geschminkt sein; bei alledem aber, so wird nun seit wenigen Jahren von einigen der »einschlägigen« Autorinnen argumentiert, verschwinde »die weibliche Körperrealität« und werde der Frauenkörper systematisch »vermännlicht«.[19] Dieses »Frauenkörperideal« habe es in den zwanziger Jahren schon einmal gegeben: »die Garçonne, schlank, kurzhaarig, kess-männlich. Das Gros der Frauen bemühte sich allerdings nicht, so auszusehen, das ist ein großer Unterschied zu heute. Damals war es eine bestimmte Schicht junger Frauen, die dem Ideal der Garçonne nacheiferten, aber spätestens mit der Heirat hörten sie auf, sich auf diese Weise zuzurichten, sie wurden Hausfrau und Mutter und als solche hatten sie sozusagen ein Recht auf den weiblichen Körper (und mußten nicht wie wir heute ...) auch noch aussehen wie Berufsschönheiten.«[20] Man mache die Gegenprobe und stelle sich für einen Moment vor, diese Sätzen seien von einem Mann gesprochen worden. Mit einer einmaligen Einlage in die Chauvikasse wäre der bestimmt nicht davon gekommen!

Doch wie denn nun? Soeben noch waren die Männer schuld, daß Frauen sich mit der Rolle der Mütter und Hausfrauen begnügen sollten, jetzt sollen wir schuld sein, daß sie nicht mehr wie ganz normale Mütter und biedere Hausfrauen herumlaufen dürfen?

»Rückwärts und auf Stöckelschuhen«?

Es wird Zeit, daß auch Männer sich dagegen wehren, für jeden mißglückten weiblichen Lebensentwurf in Haftung genommen zu werden, für alles Leid im Beruf und im Alltag, für alle Ängste, alles Unbehagen und jede Regung weiblicher Unlust als Generalschuldiger herzuhalten. Wer hier nicht, so behutsam wie möglich und so energisch wie nötig, *widerspricht,* tut Frauen nicht nur keinen Gefallen, sondern macht sich mitschuldig an der gesellschaftlichen Dissoziation, an der geistigen Desorientierung und am intellektuellen Bürgerkrieg mit all seinen leidvollen, sozial schädlichen Folgen. Wenn Frauen den Beschluß, in einer historischen Altstadt ein Kopfsteinpflaster zu legen, als »frauenfeindliche Männerentscheidung« bloßstellen, weil hier die Folgen für Knöchel und Bänder stöckelnder Frauen nicht bedacht worden seien, stellen sie damit nicht nur sich selber bloß. Denn es sind dieselben Frauen, die drei Sätze später den männlichen Schönheitsterror anprangern, der sie zwinge, noch »rückwärts und auf Stöckelschuhen«[21] – wie weiland die arme Ginger Rogers am Arm des eitlen Fred Astaire –, von niemandem bemerkt, dasselbe und mehr zu leisten als die Männer.

Es muß endlich einmal hörbar ausgesprochen werden, daß auch männliche Karrierepläne zuhauf scheitern: Wenn heute in den Sozialwissenschaften eine Professur besetzt wird und ein Mann wird berufen, dann erhalten fünf Frauen (so viel bewerben sich im Durchschnitt) eine Absage – aber eben auch 45 Männer, über die keiner ein Wort verliert. Auch hier bleiben viele Hoffnungen unerfüllt; auch hier könnte man geltend machen, daß viel Aufwand und Mühen nicht belohnt werden, *ohne* daß ein Schuldiger namhaft zu machen ist, auf den sich alles abwälzen läßt. Vielleicht sollte ja auch einmal davon die Rede sein, daß in dieser Gesellschaft auch viele Männer unglücklich sind, leiden, in ihren Familien und am Arbeitsplatz, daß sie schikaniert und drangsaliert werden und daß der Job des »Ernährers« alles andere ist als Honigschlecken; und vielleicht darüber hinaus, daß auch männliche Lebensentwürfe zerschellen, daß auch Männer Ängste haben und unerfüllte Sehnsüchte. Wenn Männer scheitern, sind sie individuelle Versager und haben es nicht anders verdient; wenn eine Frau erfolglos bleibt, sind die Männer schuld. Doch wem wäre geholfen, wenn sie ihrerseits dafür nun »die Frauen« haftbar machten? Schuldzuweisungen und Larmoyanz lenken nur von eigener Verantwortung ab.

Ich fürchte, wir nehmen die Frage des Geschlechts auf der einen Seite viel zu gewichtig, ohne sie auf der anderen Seite, was ihren harten, biologisch-determinativen Kern anlangt, wirklich ernst zu nehmen. Wir nehmen sie, zu Unrecht, dort so überaus wichtig, wo sie individuelles Gelingen oder Mißlingen erklären oder entschuldigen soll; und wir negieren ihre Konsequenzen, wo sie auf unliebsame Tatsachen verweist wie etwa die, daß Frauen, weil für ihre Rolle im Reproduktionsgeschehen Schönheit zumindest zeitweilig eine größere Rolle spielt als für den Mann, sich der Inszenierung, der Pflege und dem Erhalt ihrer Schönheit um so vieles intensiver widmen, als Männer dies tun.

»Knabe mit Titten«: Der androgyne Frauenkörper – ein perfides Männerideal?

Der weibliche Körper unterscheidet sich vom männlichen nicht bloß durch die äußeren Körpermerkmale, insbesondere die primären Geschlechtsmerkmale. Er ist auch ein anderer in seinen Reaktionen über die Zeit hinweg, vor allem verfügt er über eine ungleich höhere »Plastizität«. Der männliche Körper entwickelt sich *linear*.[22] Er verändert sich im Grunde genommen vom Jungen zum Greis in seiner äußeren Silhouette vergleichsweise unwesentlich. Der weibliche Körper reagiert in doppelter Weise »zyklisch«: Sowohl innerhalb des monatlichen Hormonzyklus als auch im Verlauf eines Frauenlebens insgesamt macht er erhebliche Veränderungen durch, die auch das äußere Erscheinungsbild betreffen; vom vorpubertären Mädchen über die reife Frau (u. U. mit mehrfacher Schwangerschaft) bis zum Klimakterium und dem hohen Alter durchläuft der weibliche Körper eine Abfolge solch »zyklischer« Prozesse, in deren Verlauf er so erheblichen Änderungen ausgesetzt ist, daß er nur in extremen Ausnahmefällen »identifizierbar« bleibt (beispielsweise über eine fotographische Langzeitsequenz), wie man das etwa für die »alterslosen« Stars Marika Rökk, Shirley McLane und Lauren Baccall behauptet hat.

Bei der enormen »Plastizität« des weiblichen Körpers setzen auch die Strategien des Bodystyling an, mit denen Frauenzeitschriften vor allem den Markt bestreiten: »Kein Schönheitsproblem betrifft mehr Frauen (80 Prozent aller weiblichen Deutschen über 14 Jahre) als die Dellen und Wellen unter der Haut, die als Cellulite, Panniculose, Orangenhaut oder Matratzenhaut allgemein bekannt und gefürchtet sind.«[23] Dabei, so wird eingewandt, verfügten die Frauen biologisch über einen ausgeprägten Fettansatz an Bauch, Hüfte, Po und Oberschenkeln. Daß gerade dieser evolutiv einstmals bedeutsamen »Mitgift« nun der Kampf im allgemeinen Fitneßwettlauf angesagt ist, das beklagen manche Frauen als eine besonders perfide Männererfindung: Das heutige Körperideal sei »das eines Knaben mit Titten [...], ein homosexuelles Wunschbild, dem man Brüste, Schmollmund und ein paar blonde Löckchen aufgeklebt« habe, damit es nicht auffalle, vor allem den Männern nicht, die sich sonst ihre »homosexuellen Wünsche« eingestehen müßten.[25]

Was das denn noch für Frauenkörper seien, so wird gefragt, von der Schulter bis zu den Fußgelenken »schnurgerade«, nur eben, wie beim Vorbild der Barbie-Puppe, an genau den »richtigen Stellen mit Ausbuchtungen« versehen. Und dann folgen Klage und Anklage: »Das Ideal ist ein sehr hoher, fester, nicht zu üppiger, aber voller Busen. Den haben eigentlich nur junge Mädchen, denn sobald sich die Frau körperlich weiterentwickelt oder gar Kinder bekommt, beginnt der Busen zu erschlaffen.« Und der Büstenhalter nebenbei, der hier seine guten Dienste leisten könnte, solle »nur noch erotisches Dessous« sein, nicht mehr »Figurstütze«. *Horribile dictu*: »Die Brüste sollen von allein stehen.«

Es könnte sich durchaus lohnen, solche für eine breite Meinungsströmung innerhalb der Geschlechterdebatte symptomatischen Äußerungen einmal analytisch und psychologisch gründlich abzuklopfen. Wenn die exemplarische Männersünde wider die autonome Weiblichkeit wirklich darin bestehen sollte, den hohen, festen Busen den wabbeligen Hängebrüsten vorzuziehen, dann bleibt mir nur, mich als einer dieser exemplarischen Täter zu outen. Ich vermute indes, daß ich weder allein bin, noch daß die Männer unter sich bleiben. Wieviel verletzte Selbstachtung, wieviel Enttäuschung und Lebensfrust, aber auch wieviel heimliche Interessenwahrnehmung hinter solchen Äußerungen wirken mögen, kann man nur erahnen (und aufrichtig bedauern).

Doch was sollte es helfen, Jugend und Schönheit zu verteufeln? Niemand, dem nicht eiferndes ideologisches Tremolo die Stimme verzerrt, kann einen welken Hängebusen attraktiver finden als einen »hohen, festen«; niemand kann plumpe, kurze Beine mit starken Oberschenkeln schöner finden als »langgezogene, schlanke«. (Wer an dieser Stelle meint, mit dem Hinweis auf diverse Epochen der bildenden Kunst argumentieren zu sollen, der übersieht, daß Maler uns nicht nur malen, mit wem sie gern ins Bett möchten. Welcher Künstler der aktuellen Kunstszene – außer dem mehr als fragwürdigen Bruno Bruni – traktierte uns schon mit Sujets des »heutigen Körperideals«?)

Sollte man etwa, weil der weibliche Durchschnittskörper dem »Idealbild« so gar nicht ent spricht, dieses – wenn man denn könnte – einfach verabschieden? Sollte man dann nicht vielleicht auch gleich den Sampras' und Beckers das Tennishandwerk legen, bloß weil das eigene Serve-and-Volley-Spiel zu wünschen übrig läßt? Daß nur junge, sportlich hochtrainierte Menschen in vollem Tempo auf Skiern »die Streif« abfahren können, spricht doch nicht gegen die Faszination dieses Abfahrtklassikers, oder? Und es ist doch kein Einwand gegen die Ästhetik des dreifachen Schraubensaltos vom Zehnmeterturm, daß dieser Sprung nicht jedermann zur Nachahmung empfohlen ist. Wie kann man nur meinen, es spräche gegen »das Ideal des hohen und festen Busens«, daß ihn »eigentlich nur junge Mädchen (haben)«? Daraus folgt doch, bei Lichte besehen, nur eins (das wir natürlich alle wissen, aber, so will es die Kampagnenlogik, nicht mehr aussprechen dürfen): daß Frauen vor allem jung schön sind und daß Schönheit schnell vergeht. Nur wer diese Wahrheit nicht ertragen kann und sie deshalb theorieaufwendig bis an die Grenzen des Lächerlichen »widerlegen« muß, erliegt »dem Schönheitsmythos«; denn nur der nicht durchschaute Mythos ist einer und zeigt Wirkung!

Im übrigen spricht gerade das »Ideal des jugendlichen Körpers« dafür, daß es ein viel weniger manipulativ erzeugtes und viel »ehrlicheres« – weil weitgehend *unverfügbares* – Ideal ist, als wir dies gemeinhin wahrhaben wollen: Alles deutet doch darauf hin, daß die Biologie uns gerade dann am reizvollsten erscheinen lassen möchte, wenn eine Optimierung der Paarungsbereitschaft im Sinne der Vermehrungsrate den besten Fortpflanzungserfolg verspricht. Wie einfallsreich die Optimierungsstrategien der Natur sind und welche Rolle im Rahmen solcher Strategien auch der Lockruf der Schönheit spielt, demonstrieren Nachtigall und Pfau, Rapsfelder und Oleanderblüte. Eine Vielzahl solcher Beispiele lehrt auch, daß die Natur selten verschwendet. Vielleicht hilft dies auch zu erklären, weshalb die Schönheit so schnell welkt, wenn sie »nicht mehr gebraucht« wird, um den paarungsbereiten Partner anzulocken? »(...) denn sobald sich die Frau körperlich weiterentwickelt oder gar Kinder bekommt«, beginne ja, so wurde uns gesagt, »der Busen zu erschlaffen«. Klar doch.

Was aber will uns das lehren? Welche Konsequenzen sind daraus abzuleiten? Sollen deutsche Paare künftig in Sachen Kinderzeugung noch restriktiver planen, um die Lebensdauer des in den Frondiensten der Reproduktion vor seiner Zeit zwangserschlaffenden Frauenbusens zu verlängern? Oder soll aus der Not der welken Brüste jetzt flugs die Tugend des Stolzes auf dieselben werden? Sollen wir sie in den Adelsstand des »eigentlichen weiblichen Körperbildes« erheben, nicht zuletzt, um endlich das gänzlich »Unweibliche« des »aufgezwungenen Körperbildes« der »Knabe-mit-Titten-Frau« als Abklatsch des »klassischen homosexuellen Männerbild(es)« zu entlarven, welches seinerseits »erschreckenderweise« dem »faschistischen Körperideal« so nahekommt ...

Offensichtlich treibt das so schlichte Phänomen, daß für viele (nicht nur für den begehrenden Mann!) der vorschwangerschaftliche Vollwertbusen der schönere ist, manche Frauen so sehr in Rage, daß sie die Plausibilität dieser Wahrnehmung mit aller Konsequenz bestreiten und jene ansonsten so peinlich-kleinlich angemahnte »political correctness« des Geschlechter- und Minoritätenumgangs drastisch verletzen. Während die »Diskriminierung« der Homosexualität gemeinhin zum Standardrepertoire der gegen Politik, Kirche und Gesellschaft aufgerechneten bösen Vorurteile gehört, wird hier im Dienste eines rabulistischen Geschlechterk(r)ampfs, neben dem unterschwelligen Faschismusverdacht, unüberhörbar auch auf der Klaviatur einer heimlichen Neigung des Mannes zur »homosexuellen Perversion« geklimpert. Honi soit qui mal y pense?

Für die 15–25jährigen ist das alles höchstens Stoff für die Kabaretts der Jahrtausendwende. Viele Frauen und Männer der mittleren Generation aber leiden tagtäglich an diesen fürchterlichen Aufrechnungen, Verdächtigungen und Ungereimtheiten, die den Umgang miteinander immer wieder zu einem hochnotpeinlichen Spießrutenlaufen werden lassen. Die Wahrheit hinter all dem Übel ist eine wenig fromme Unwahrheit: das verlogene Gleichheitsideal, dem wir allenthalben die rhetorischen Rauchopfer darbringen. Die Wahrheit ist: *Wir sind höchst ungleich attraktiv;* dies zu leugnen aber, beschert uns nur zum unvermeidlichen den vermeidbaren Zusatzfrust.

Nicht die Schönheit ist das Problem, sondern unser Problem mit der Schönheit; nicht Schönheit, sondern das Wechselgemisch aus Schönheitsneid und Schönheitsangst, mit dem wir auf die Schönheit und die Schönen schauen. Unser Schönheitsdiskurs hat jenen Rest an Unschuld verloren, der die einfache Bewunderung in ihr Recht setzt und den Streit vergessen läßt. Es ist uns kaum noch vergönnt, ganz naiv zu staunen, die Schönheit so freudig wie neidlos willkommen zu heißen und sie großzügig zu würdigen.

Zwischen Demi Moore und Lucilectric.
Exkurs zum CPD-Konzept der »Neuen Frau«

Ironischerweise sind Frauen heute vielfach gerade dort am meisten in Gefahr, »vorgeführt« zu werden, wo man ihrem »Anliegen« auf dem Altar der öffentlichen Buß- und Bekenntnisreden die leuchtendsten rhetorischen Wunderkerzen zündet. Vorsicht, möchte man rufen, wenn sich euch einer allzu willfährig zu Füßen wirft; doppelt Vorsicht, wenn eine ganze Branche dies tut!

Die 1995er CPD (*Collections Premieren Düsseldorf*) sind ein schönes schlimmes Beispiel: Eine ganze Branche zelebriert ihr geldwertes Bekenntnis zur »neuen Frau«: »Die Frau als Subjekt der Begierde; selbstbestimmt, selbstbewußt, selbständig, sich in Szene setzend«, und das alles natürlich keinesfalls, »um den Männern, sondern um sich zu gefallen«, so gibt Anne Schneppen, ohne erkennbare ironische Distanzierung dieses (Männer-)Bekenntnis mit gläubigem Augenaufschlag zum besten.[26] »Sinnlich, selbstbewußt und ein klein wenig böse« – so ist sie, die »neue Frau«, oder vielmehr, so soll sie werden, wenn sie sich nur entsprechend kostümiert und dafür das fällige Kleingeld bereithält.

Man brauchte solche Werbeparolen nicht zum verbalen Nennwert zu nehmen, würde sich in ihnen nicht so viel Symptomatisches verbergen, und ließen sich über sie nicht so viele der neuesten Zeitgeist-Ungereimtheiten dechiffrieren und identifizieren, so daß es sich durchaus lohnt, hinzusehen und hinzuhören. Zumal das Schlußbild der »Marc-Cain-Show« auf dem Düsseldorfer »Mode-Event« hatte es in sich: Männliche Muskelprotze, nur mit schmalen Slips ihre Blöße bedeckend und in Käfige gesperrt, mußten einer Schar schöner Frauen zusehen, die in vorgeblicher Männer- und Selbstvergessenheit miteinander ihr wildes, verrücktes Spiel trieben und sich, so ganz von Frau zu Frau, aufs köstlichste amüsierten: »verführerisch in hautengen Hüllen, witzig und ein bißchen böse – eine Mischung aus Demi Moore und Lucilectric«.

So oder so ähnlich also stellen sich die Modemacher die deutsche Frau im kommenden Herbst vor: »Eine ›sinnliche‹ (Bogner) ›Femme fatale oder Lolita‹ (René Lezard), die sich ›aktiv im Berufs- und Privatleben bewegt‹ (comma) – ›und ewig lockt die Weiblichkeit‹ (Laurel)« – und sei es die neueste des Kreativ-Konzepts »Neue Frau«, von dem sich die Bekleidungsbranche die ersehnte Markttrendwende erhofft: die Abkehr vom androgynen Einheitsbrei, von »Kartoffelsack und Geschlechtermix«, und den Salto vorwärts zurück zu »Busen–Taille–Beinen«. Und damit der Roll(en)sprung gelingt, würzt man mit einer kräftigen Prise marktgängiger Männerhäme und dem obligatorischen Schuß Frauen-Power nach.

Natürlich stellt sich in Wahrheit keiner der Modemacher die »deutsche Frau« (oder welche auch immer) so vor. Aber einige dieser Trendsetter glauben zu wissen, daß viele Frauen heute gerne so gesehen werden wollen; daß es ihrem Selbstwertgefühl schmeichelt, mit ihren klammheimlichen Ängsten und Sehnsüchten paktiert, daß es tiefsitzende Ressentiments bedient, wenn man ausgesuchte »Männlichkeitsmänner« wie Deckhengste in Boxen sperrt, auf daß sie die Nüstern blähen und sich die geilen Augen ausgaffen, wenn Frauen, vorgeblich nur ganz für sich selbst, ihren wilden Verführungsreigen tanzen. Offensichtlich glaubt man, das Modemenü der »Neuen Weiblichkeit«, nebst Lolita-, Schulmädchen- und Girlie-Look, ließe sich nur mit einer kräftigen Zutat an zeitgemäßen Geschlechterressentiments einspruchsfest und nachfragewirksam servieren. Und man glaubt genau zu wissen, welche wohlfeilen meinungsmodischen Klischees man bedienen muß, damit das alte Spiel weitergehen kann.

Viel obszöner als diese Show ist die Tatsache, daß sie verfängt. Und sie verfängt, weil die Werber eben das, was der Geschlechterdiskurs hartnäckig bestreitet, nie aus dem Auge verlieren: daß (fast) alles, was uns im Felde der demonstrativen Geschlechterinszenierung begegnet, und gewiß alles, was mediennahen Konzeptagenturen und ihren Auftraggebern zum inszenierten Geschlechtermonismus einfällt, mit dem wirkungsbewußten Blick aufs »andere Geschlecht« ersonnen wird. Wenn Frau sich nicht inszenierte, um den Männern zu gefallen, wie dies im anbiederischen Bemühen um die Duftmarken der »korrekten« Geschlechterkommunikation auf den Collections-Premieren in Düsseldorf auf Schritt und Tritt beschworen wurde – für wen dann bitte läßt René Lezard die »Lolitas« vom Stapel und wen bitte soll Laurels »ewig lockende« Weiblichkeit verlocken?

Doch solcherart »Kreativkonzepte« lassen sich von solchen Widersprüchen nicht irritieren; und man sollte sich bei diesem allzu durchsichtigen Public-Relations-Gag nicht zu lange aufhalten. Doch verblüffend und erklärungsbedürftig ist ja, weshalb dieser Gag *wirkt* und weshalb niemand durchschaut, mit welch perfidem Sprengsatz hier vor aller Augen gezündelt wird: Dieser Gag wirkt, und der sonst notorische Frauenaufschrei unterbleibt, weil hier ja, scheinbar handzahm und willfährig, von den Modemännern vor und hinter den Kulissen die ganze Registerarie gängiger Emanzipationsklischees bedient wird. Nirgends werden »Frauen« und ihre »Bedürfnisse« im Augenblick wohl zynischer vorgeführt und verächtlicher abgestraft als dort, wo Biedermann zum Musterknaben mutiert und sie – scheinbar – ernst und wörtlich nimmt.

Was läuft hier schief zwischen den Geschlechtern, woher diese fast verzweifelte Lust, zu verletzen, einander weh zu tun? Dabei ist es ja im Augenblick ganz unübersehbar »die Frau«, die über die öffentliche Täterlizenz verfügt, die, direkt und ohne Umschweife, verhöhnen darf, lächerlich machen und demütigen.

Man mache auch hier die Gegenprobe: Man stelle sich entblößte Sklavenfrauen in Käfigen vor, als Lust- und Laune-Happen zwischendurch für eine biertrinkende, skatspielende und saunagängig ihren dickbäuchigen Männerfreundschaften huldigende maskuline Grölhorde – und all das nicht irgendwo auf einer schlüpfrigen Hinterbühne an der Reeperbahn und auch nicht im Avantgardetheater zum löblichen Zwecke der Entlarvung frauenfrevlerischer Männerrituale, sondern auf einer durch die Live-Übertragung im Fernsehen zum medialen Ereignis geadelten Werbeshow für, sagen wir, rassige Sportwagen. Ich versage mir auszumalen, was sich auf dieser, nun mit anderem Geschlechtervorzeichen diskriminierenden Show – falls jemand heute so etwas zu inszenieren wagte – für Szenen der Aggression, der Empörung und der einhelligen Proteste abspielten. Gewiß wäre es leichter, das Fell des letzten Berglöwen öffentlich als Exotikpelz zu verhökern, als auch nur einen einzigen der so diskriminierend beworbenen Sportflitzer von Lotus und Maserati unters Volk zu bringen.

»Schönheitsterror«
oder »neue Natürlichkeit«?

Am allgemeinen Lamento über das »Schönheitsdiktat« ist so viel richtig: Dies ist eine Zeit gesteigerter Selbstwahrnehmung. Gut auszusehen ist für alle wichtig, die »dabei sein« wollen. Schönheitsterror? Es ist eher wie mit dem Leitmedium Fernsehen: Noch nie war das Fernsehen so wichtig in dem Sinne, daß noch nie so viel ferngesehen wurde; aber zugleich hat sich, angesichts des quirligen, unübersichtlichen »Pluralismus« von dreißig Programmen und der Aussicht auf einige hundert, die stilbildende, meinungsprägende Kraft des Mediums in Schall und Rauch aufgelöst. Man könnte heute ohne weiteres zwei Dutzend jeweils modisch ganz anders ausstaffierte und zurechtgemachte »Frauentypen« nebeneinander auf den Laufsteg schicken, die alle gleichermaßen plausibel beanspruchen könnten, »in« zu sein. Der Zeitgeist autorisierter Attraktivität spricht längst nicht mehr nur im Idiom eines einzigen verbindlichen *Schönheitsideals.* Paul Feyerabends postmoderne Handfeuerwaffe für den Hausgebrauch »trifft« auch hier: *Anything goes!* Kein schlechter Ratschlag für die wachsende Gemeinde der notorisch Meinungs- und Urteilsgeschädigten; kein schlechtes Motto auch, wenn so viele sich von so vielen unterscheiden wollen und so viele bereitstehen, diesem nicht mehr gar so originellen Originalitätswunsch mit geldwerten Handreichungen aufzuhelfen.

Schönheitsdiktat? Das »Outfit« ist wichtig, gewiß, aber *welches* – das soufliert ein unvergleichlich vielstimmiger Flüsterchor. Wenn schon nicht »alles«, so geht doch mittlerweile sehr vieles und sehr viel Widersprüchliches sehr eng nebeneinander: langes Haar ebenso wie die glatzennahe Kurzhaarfrisur; streng gescheitelt und glatt anliegend genauso wie üppig aufgefönt; »fraktale« Schnitte ganz genauso wie die herkömmlichen symmetrischen; schwarz und brünett ebenso wie rothaarig und blond; der dunkle, sonnenverwöhnte Teint genauso wie die strenge Blässe des tageslichtscheuen Vamp; die weichere frauliche Figur ebenso wie die zierlich-zerbrechliche oder die athletisch nachgerüstete Silhouette der Bodybuilding-Studios; die neue Lässigkeit der Jeans- und T-Shirt-Mode ebenso wie die neue Eleganz der Edelkostüme und Modellkleider.

Vielleicht besteht ja in Wahrheit der vielgescholtene neue Schönheitszwang gerade im Zwang, selber entscheiden zu müssen. Ein quasi imperialistisches Schönheitsideal,[27] das seine Gültigkeit flächendeckend durchzusetzen suchte, wäre vermutlich erheblich weniger anstrengend, als diese unübersichtliche Vielzahl von Stilen und Angeboten nebeneinander, aus denen man auswählen und die man ständig neu kombinieren muß.

Nicht nur der – gewiß anstrengende – Pluralismus relativiert die gängige Kritik am »Schönheitsdiktat«, sondern auch eines der wichtigsten Motive des aktuellen Attraktivitätscodes: die »neue Natürlichkeit«, für die sich weltweit, vor allen anderen, Claudia Schiffer als beglaubigte Ikone ablichten läßt. Selten war das Körperideal ein so sportiv-gesundes, selten war Mode – jedenfalls zu einem so erheblichen Anteil – von der Fußsohle bis zum Scheitel: von den flachen Schuhen über die Jeans, das T-Shirt und den wiederauferstandenen Rucksack bis zum Cap oder zum Stirnband, so tragbar und funktional, so wenig schmerzhaft und einengend, so gesund und so fröhlich. Ein erheblicher Teil der Leitbildergeber in Lifestyle und Werbung hat das Prinzip vorsätzlicher Untauglichkeit von Kleidung und Moden in der Alltagswelt verabschiedet. Das, was man etwas forciert-euphorisch den »Jungen Stil« (oder auch den »Freien« oder »Gesunden Stil«) genannt hat, beschert uns wieder fröhliche, natürliche Menschen zuhauf in bequemer, lässiger Kleidung (bis hin zu *Grunge* und *Layering*) und mit gänzlich unangestrengten Gesichtern. *Streetsmart* ist angesagt, Mode und Outfit für Dich und mich, in welchem (fast) jede Sie und (fast) jeder Er sich finden und wiedererkennen kann.

Die neue Natürlichkeit gründet in der Forderung nach Echtheit. Wie den großen Kunstwerken dürfen auch der Body-Art der Götter und Gene die Spuren des aufwendig Gemachten nicht mehr anhaften. Schönheit ist »natürlich« oder sie ist nicht. Der phänomenale Erfolg einer Schauspielerin wie Michelle Pfeiffer, die in einem ihrer Erfolgsfilme (*Gefährliche Liebschaften*, 1989) gänzlich ohne kosmetische Nachhilfen agierte, oder die Modelkarriere des »ungeschminkten Naturwunders« Claudia Schiffer stehen beispielhaft für diesen Trend zur ungeschönten Wahrheit: »What you see is what you get.«[28] (Einem Ondit zufolge rücken die vor natürlicher »Frühstücksflocken-Gesundheit« nur so strahlenden Topmodels Claudia Schiffer und Cindy Crawford mit kaum mehr als dem Lidstrich bewaffnet zum Fotoshooting an.)

Schönheitsterror und Schönheitsdiktat? Unvermeidlich sind jene zur Stelle, die gerade mit Blick auf die letztgenannten und in ungebrochener Vorliebe fürs Paradox texten: Alles nur Trug und Täuschung, nichts bedürfe mehr des artifiziellen Aufwands als der Eindruck des Natürlichen. Nun verkörpert ja Claudia Schiffer aber alles andere als das angestrengt wirkende Ideal künstlich ausgemergelter Schlankheitsschönheit. Ob der Künstlichkeitseinwand gegen die demonstrative »Natürlichkeit« sticht oder ob er, wieder einmal, nichts ist als eine wohlfeile Sprechblase, durch nichts bewiesen als die unbeirrbare Abneigung gegen alle Frauen-Schönheit, die das Männerauge bannt, braucht gar nicht »entschieden« zu werden. Denn entscheidend ist etwas anderes: daß die Botschaft »natürlich«, »ungezwungen« und »gesund« sich auf ganz unprätentiöse Weise in einer Reihe von Massenprodukten und -aktivitäten wiederfindet – vom Fahrrad über ein endlich fußgerechteres Schuhwerk und den rückenentlastenden Rucksack bis hin zur bewußteren Ernährung und zur aktiven Körperfitneß.

Man kann also, mit gutem Grund, auch alles umdrehen: die These, daß es, speziell für Frauen, noch nie so leicht war, gut auszusehen, läßt sich ja gut belegen (und es gibt immer mehr Frauen, die sich nicht scheuen, das auch zu sagen): »Die Frau von heute kann Sport treiben, ihre Kinderzahl selbst bestimmen und erfährt aus jeder Illustrierten, was gut für ihren Teint und ihre Figur ist. Frauen wie unsere Großmütter und Urgroßmütter, die mit 40, 50 Jahren, dunkel gekleidet, mit grauen oder weißen Knoten, wirklich alt waren, gibt es heute kaum noch zu sehen.«[29]

Gute Zeiten also für die Schönheit. Jedenfalls werden das jene so sehen, für die Schönheit kein Ärgernis, sondern auf eher naive Weise Quelle von Freude und Lebenslust ist.

»Schluß mit dem Schönheitsterror!« – und was dann?

Der Frauenforderung, endlich den »Schönheitsterror« zu beenden, wird hier mit keiner Silbe widersprochen – schon gar nicht mit Blick auf die »Auswüchse«, etwa die mißbräuchliche Ausbeutung des Schönheitswunsches in den schönheitschirurgischen »Änderungsschneidereien«.[30] Wenn eine Frau vom täglichen Schmink- und Schmuckzirkus, vom Streß exorbitanter Kosmetik- und Körperpflegerituale die Nase voll hat und sich anderem zuwendet, verdient das allen Respekt.

Nur sollte sie sich auch rechtzeitig klarmachen, was das heißt und was – möglicherweise – auf sie zukommt: Wenn ich mich weigere, Englisch zu lernen, darf ich mich nicht wundern, wenn ich dort, wo alles Englisch spricht, nicht das große Wort führe; wenn eine Frau im Hamsterrad schweißtreibender Verschönerungskasteiungen nicht mehr mitstrampeln mag, sollte sie sich auch nicht mehr dort anstellen, wo die Zitterprämien für diese Strampeleien abgeholt werden. Sie sollte nicht allzu enttäuscht sein, wenn die anderen, die sich so gemüht haben, *fit for fun* zu sein, etwas mehr »Fun« abbekommen, wenn der »Beziehungsmarkt« diese beim Skilaufen, bei der Aufforderung in der Disco, bei der Urlaubseinladung und beim szenetypischen Komplimenteritual öfter berücksichtigt.

Wer sich dem, was andere unternehmen, um »schön und begehrt« zu sein, bewußt verweigert, sollte auch stark genug sein zu ertragen, u. U. für weniger schön gehalten zu werden und weniger heiß begehrt zu sein.

Gewiß hat niemand das Recht, eine, sagen wir, vierzigjährige Frau mit Spott und Verachtung abzustrafen, bloß weil sie »ein paar Pfunde zuviel« herumträgt; aber sie darf andererseits auch nicht gram sein und die Welt nur noch durch die Brille der behaupteten »Männerverschwörung« sehen, wenn eine jüngere und schlankere ihr vorgezogen wird. Das Skandalon unverdienten Glücks und unverschuldeten Unglücks ist eben nicht dem beliebig änderbaren Willkürstand einer bösen, männerbeherrschten Welt geschuldet (das wäre viel zu naiv und zu harmlos gesehen); wenn es Willkür ist und Unrecht, dann Willkür und Unrecht der Natur, die nicht nach Verdienst zuteilt und nach quotierender Vernunft.

Und diese Frau sollte auch nicht zu unbarmherzig über ihre Geschlechtsgenossinnen urteilen, die sich für den anderen Weg, nämlich den der Anpassung an die allgemeine Schönheitserwartung, entschieden haben und folgerichtig ewig strebend sich bemühen, mehr aus ihrem Typ zu machen. Sie degradieren sich keineswegs einfach nur zu Sklavinnen. Viele Frauen von ansonsten passablem Aussehen, die es geschafft haben, sich eine attraktive Figur zu »erarbeiten« oder zu erhalten, werden ihre Situation ganz anders bewerten: Sie werden den Vorsprung, den sie gegenüber ihren Geschlechtsgenossinnen errungen haben, geradezu als Sprung ins *Reich der Freiheit* erfahren, dessen Tore in der Welt, wie sie nun halt mal ist, eben keineswegs allen gleich weit offen stehen.

Für Männer ist übrigens die Situation nur *graduell,* nicht *prinzipiell* besser. Auch einem in die Jahre gekommenen Robert Redford oder Clint Eastwood ist die Traumfigur nicht vom Schöpfer vertraglich zugesichert worden. Wollen sie weiterhin wie gewohnt »oben mitschwimmen« (was in ihrem Fall heißt: als sechzigjährige Vorruheständler glaubhaft den Liebhaber einer dreißigjährigen Film-schönheit mimen zu können), müssen auch sie kräftig strampeln: Gewichte stemmen und sich bei Whisky, Steaks und Spaghetti zurückhalten.

Muß man es wiederholen, daß es in dieser Welt ein ungeheures Kapital ist, über einen attraktiven Körper zu verfügen? Körperliche Attraktivität eröffnet in beinahe jeder beliebigen Lebenssituation eine Fülle neuer Lebenschancen und Optionen, ohne die man gewiß auch gut leben kann, ohne die man aber auf bezeichnende Weise *anders* lebt.

Man täusche sich also nicht: Wer kein hoffnungsloser Fall ist und sich in vertretbarem Umfang um die Steigerung seiner Attraktivität bemüht, der sorgt auf ganz ähnlich sinnvolle Weise für sein »Dasein« und die Mehrung seiner eigenen »Lebenschancen« vor, wie dies jemand tut, der seine formalen Bildungsvoraussetzungen verbessert, seine Sprachkenntnisse vertieft, an seinem Ausdrucksvermögen feilt. Ist, wer sich bildet, ein Bildungssklave? Nur weil es manchmal Selbstüberwindung kostet, sich Geschichtszahlen einzuprägen? Der »Gebildete« wird das ganz anders empfinden: Er wird meinen, daß gerade das, was ihm so viel Disziplin abgenötigt hat, ihm auch die Tore zu ganz neuen Möglichkeiten aufgestoßen habe.

Ist es so schwer nachzuvollziehen, daß es, in wortwörtlichem Sinne, wahr ist und höchst zutreffend beobachtet, wenn eine Frau, die vierzig Pfund abgenommen hat, von sich sagt, sie habe das Gefühl, sie sei »ein anderer Mensch«? Sie *ist* ein anderer Mensch. Sie spürt es mit jedem Schritt, den sie tut: daß ihr Herz und ihre Lungen anders arbeiten, daß ihr Körperschwerpunkt sich verlagert hat, daß sie anders hört, sieht und Treppen steigt; vor allem aber: daß sie anders *gesehen* wird. Nimmt nicht der Tag einen anderen Verlauf, wenn ich beim Aussteigen aus der U-Bahn gewahre, wie mir jemand einen bewundernden oder neugierigen Blick nachschickt?

Attraktivität verkörpert einen mindestens ebenso realen Aspekt von Freiheit wie das schuldenfreie Eigenheim oder die berufliche Position, die mich unanfechtbar macht, wie ein Aktienpaket oder ein berühmter Name.

Schönheit verbürgt natürlich keineswegs und mitnichten automatisch einen *geglückten Lebensentwurf*. Im Maßstab eines ganzen, langen Menschenlebens gewinnen, zumal mit fortschreitendem Lebensalter, auch ganz andere Faktoren an Bedeutung. Hier soll also keinesfalls suggeriert werden, ein erfülltes Leben sei allein über die Schönheit zu erlangen. Dann könnte eine deutliche Mehrheit sich gleich der Leere und der Verzweiflung überantworten. Jeder kennt Menschen, die, obschon nicht schön, gleichwohl glücklich sind. Ursachen und Motive ihres Glücks sind bis ins Unendliche vielgestaltig. In einem aber sind sich alle gleich, die es geschafft haben, *jenseits* der Schönheit ihr Glück zu erringen: Sie haben sich innerlich, in einem oft sehr schmerzlichen Prozeß, der wohl nie ganz gegen Kränkungen, Rückschläge und das Aufbrechen alter Wunden schützt, von der Begehrlichkeit und der Sucht nach all jenen erhebenden Gefühlssensationen freigemacht, welche die Schönheit den Schönen so überreich anträgt. Vor allem aber: Sie führen keinen Krieg wider die Schönheit, sie haben ein neidfrei-entspanntes Verhältnis zu ihr gefunden; sie vermögen sich an ihr zu erfreuen. Wo immer sie ihnen begegnet, bezeugen sie ihr auf eine ehrliche und unbefangene Weise jenen Respekt, den jeder, der in Frieden leben will, den großen Geheimnissen schuldet.

»Die Männer« – alles Machtkampf oder was?

Zumindest soviel kann man sagen: Der Funkkontakt zwischen den Geschlechtern ist nachhaltig gestört. Die Unterstellungen und Verdächtigungen hüben wie drüben sind mittlerweile so allgegenwärtig, daß ein unverkrampfter, vorurteilsentlasteter (d. h. ein der unvermeidlichen Vorurteile wechselseitig bewußter) Dialog fast nicht mehr möglich ist. Auch die Rollenparts scheinen mittlerweile fest vergeben: Die Frau ist auf die Opferrolle abonniert, der Mann auf die des »bösen Buben«. Letzteres bedeutet, daß, was immer Mann tut oder läßt, ihm nicht zur Ehre gereichen wird. Hält er sich etwas auf seine Männlichkeit zugute, ist er ein Frauenfeind; doch auch der Kotau vor der Weiblichkeit schützt nicht vor dem Verdikt moralischer Minderwertigkeit; denn, so analysiert die amerikanische »Weiblichkeits«-Expertin Susan Brownmiller messerscharf: »Männer schätzen Weiblichkeit, denn durch den Gegensatz wirken sie männlicher.«[31]

Wir sind für den Schutz des Eigentums, weil wir so gern klauen. Das ist die Logik. Eine Deutungslogik, aus der es, wie bei der Geschichte vom Hasen und dem Igel, kein Entrinnen gibt. Die Keule des geschlechtsspezifischen Generalverdachts schlägt immer zu und überall. Es ist – im Geschlechtergrabenkampf zwischen Männern und Frauen – wie einst zu den Hochzeiten des Apo-Sturmlaufs aufs verhaßte Establishment: Der Schuldige steht immer schon fest. Was heute »die Männer« sind, war damals »das System«: Wenn es die Zähne zeigte und hart durchgriff, dann offenbarte sich der Faschismus unverhüllt; gab es sich aber flexibel und verhandlungsbereit, dann verwies das nur auf die blankpolierte Fassade »repressiver Toleranz« (Herbert Marcuse).

Die Kritik des repressiven Generalverdachts immunisiert sich selbst perfekt gegen alle Widerlegung durch das wirkliche Verhalten des anderen. Üben Männer Gewalt gegen Frauen, so leben sie ihren Machtanspruch nur brutal und offen aus; sind sie aber charmant, hilfsbereit oder einfach nur nett und bescheiden, verfolgen sie gleichwohl dasselbe Ziel: Macht – bloß eben mit anderen, raffinierteren Methoden.

Daß auch Frauen Macht über Männer ausüben

könnten, daß also das Machtgefüge und -geflecht ein *wechselseitiges* und im Reproduktionszusammenhang der Gattung unendlich viel komplexeres und widersprüchlicheres sein könnte, gerät einer einseitig auf die Männer-Macht fixierten Betrachtsungweise nicht in den Blick – geschweige denn die Frage, ob »Macht« überhaupt eine angemessene Kategorie zur Beschreibung dieses innersten Kerns des biologisch grundierten Reproduktionsgeschehens darstellt.

Tandemmoderation und Machohosen

Das angestrengte Ritual der Geschlechteregalität nötigt Intendanten und Programmchefs längst zur ebenso aufwendigen wie – für den Zuschauer – unmotiviert und übertrieben wirkenden Doppelmoderation. Und wenn sie uns dann im Duett anlächeln und im generativen Stereoparlando durch die televisionären Magazingefilde geleiten, *er* und *sie*, respektive *sie* und *er* – dann fühlen wir uns doch eigentümlich erleichtert und beruhigt und, als Männer, obendrein von allen schlechten Gewissensgeistern verschont. Denn alles hat doch wohl endlich seine gehörige Ordnung!

Sieht man genauer hin, so wird deutlich, daß mehr und anderes stattgefunden hat und stattfindet als schlichte Machtteilung und allfälliger generativer Positionsproporz. In Wahrheit wird, vor aller Augen und gleichwohl von kaum jemandem bemerkt, eine neue geschlechtstypische Wahrnehmungs- und Gesinnungsführerschaft etabliert, bei der *sie* nicht selten auf jene soeben noch als *typisch männlich* inkriminierten Geschmacklosigkeiten zurückgreift (und damit Beifall findet!), gegen deren damals frauenverachtende Grundtendenz einst völlig zu Recht zum Sturm geblasen wurde.

Ein Beispiel für viele: Fänden wir es nicht empörend und geschmacklos, wenn der männliche Ko-Moderator seiner Kollegin am Ende der Sendung vor laufender Kamera eine Praline anböte, die sie »sexuell errege« und »so richtig schön scharf« mache? Doch keine Angst, so etwas tut – im Ersten , Zweiten und Dritten Programm jedenfalls – kein männlicher Kollege, es wäre denn seine letzte öffentlich-rechtliche Untat! Doch was man nicht tut, braucht frau schon lange nicht mehr anzufechten. Und so schlüpft sie denn nicht nur in Hosen, die sie längst anhat, sondern trägt diese obendrein – mutatis mutandis – als Machobeingewand: Grimmig-zotig hält sie ihm, dem hilflos dreinblickenden Moderatorenkollegen, als Gag in der Abmoderation einen Humpen »Spezialbier« vor die Nase, »das potent macht«, während er, zag und ziemlich dämlich, »ich geh' jetzt lieber« murmelt und seinen Platz räumt. So geschehen in der »Aktuellen Stunde« in West 3.[32]

Noch scheint sie den Mann im Manne eher zu amüsieren als zu irritieren, die allenthalben aufblitzende, geschlechternotorische Asymmetrie im Recht auf Anzüglichkeiten der derberen Art. Doch sie ist längst trendsymptomatisch.

Männerfeindlichkeit

Daß es verklemmt-zotige »Frauenfeindlichkeit« gab und gibt, ist unstrittig; unstrittig sollte aber auch sein, daß viele Männer viel dazugelernt haben; und daß im »gehobenen« Geschlechterdiskurs inzwischen der – wenn es sie überhaupt noch gibt – latent gewordenen Frauenfeindlichkeit längst eine gänzlich unverhüllte, aggressive »Männerfeindlichkeit« entspricht.

Die Probe aufs Exempel dieser Behauptung ist leicht zu machen: Man stelle sich vor, was los wäre, wenn im »seriösen Diskurs« akademischer Abhandlungen, öffentlicher Statements, in Talkrunden und in den einschlägigen Sound-bites der illustrierten Presse von männlicher Seite auf ähnlich drastische Weise gegen die guten Manieren der »political correctness« der Geschlechter verstoßen würde, wie dies, unerwähnt und ungeahndet, ja sogar beifallsträchtig, von Frauen vorgeführt werden darf: Ist denkbar, daß ein Mann sich öffentlich ähnlich schmähend und beleidigend über die Hl. Vagina äußert, wie dies gegenwärtig seiner vielverhöhnten Majestät, dem Penis, widerfährt? Daß – wiederum in den einschlägigen Diskursen – weibliche Unzulänglichkeit ähnlich gnadenlos bloßgestellt und karikiert würde wie das »Versagen des Mannes«?

Was haben – Gott sei Dank – Männer während der letzten dreißig Jahre alles über den weiblichen Orgasmus lernen müssen! Doch umgekehrt: Wie viele Frauen haben auch nur eine schwache Ahnung von der Verwundbarkeit und Zerbrechlichkeit der männlichen Psyche, die eine ihrer Hauptursachen darin hat, daß die Physis ihrer Sexualität

– jedenfalls was die offen zutage liegende Seite anlangt – eine so zerbrechliche ist? Was würde man
über Männer sagen, die sich prostituierten, wie
dies viele Frauen tun (»die Prostituierten« sind hier
natürlich gerade nicht gemeint!)? Wie würde man
ein männliches Verhalten kommentieren, das in
ähnlicher Weise und oft genug jenseits der Grenze
zur Peinlichkeit den eigenen Körper »nachrüstete«
und zur öffentlichen Observation freilegte, wie dies
für Frauen jedweden Alters (fast) kommentarlos
hingenommen wird? Man muß gewiß kein Berlus-
coni-Fan sein, um bei den hämischen Kommenta-
ren zu seinen Schuheinlagen, seinem behutsam
eingearbeiteten Haarteil und seinem stets sonnen-
bankverwöhnten Teint aufzuhorchen und das
(Männer-)Ohr zu spitzen. Was darf eine Frau im
Felde kosmetischer Nachbesserungen nicht alles
machen, bevor sie sich lächerlich macht? Sind
Männer bei Frauen hier nur nachsichtiger, weil
sich mit dem Frauenwunsch nach Schönheit gutes
Geld verdienen läßt? Das ließe sich doch, mit entsprechenden Offerten an den Mann, noch leichter
verdienen, weil er in der Regel mehr hat.

Oder ist es am Ende doch so, wie die Autorin von
Der Mythos Schönheit über mehr als vierhundert
Buchseiten hinweg in immer neuen Wendungen
argwöhnt: Die Männer hätten mit dem weiblichen
Schönheitsmythos den archimedischen Punkt für
die Behauptung ihrer Männerherrschaft auch in
den Zeiten der Frauenemanzipation gefunden?[33]

Gemach! Man billigt wohl dem Geschlecht, das
auch das meine ist, mehr strategische Intelligenz
zu, als dieses nach Lage seiner Natur beanspruchen darf. Der *ideelle Gesamtmann* ist nicht weniger eine Schimäre als einst der »ideelle Gesamt-

kapitalist« von Karl Marx. Kein Geschäftsmann würde auch nur eine Sekunde zögern, den »Schönheitsterror« auch auf seine Geschlechtsgenossen auszudehnen, wenn denn mit dem Verkauf hochhackiger Männerpumps Geld zu verdienen wäre. Könnte es also nicht sein, daß da noch etwas anderes ist, was den ganz großen Boom des – inzwischen ja auch schon in Gang gekommenen – Geschäfts mit der Männerschönheit verhindert?

Worauf ich hinauswill, ist nicht die größere Manipulationsresistenz des Mannes als Folge eines überlegenen Selbstwertgefühls oder dergleichen. Nein, daß er – von Militärparaden abgesehen – bei den Inszenierungen kollektiver Schau- und Zeigelust nur die zweite Geige spielt, hat seinen Grund ganz einfach darin, daß er hier nicht »erste Wahl« ist. Nicht überlegene männliche Klugheit hindert unsereins daran, ebenfalls auf den »high heels« einherzustelzen, sondern einfach die Tatsache, daß der weibliche Körper für die crotische Schönheitsinszenierung so ungleich besser geeignet ist als der männliche.

Vielleicht ist dies nicht der schlechteste Männerrat: Frauen sollten endlich realisieren, daß das männliche Gehirn viel zu sehr vom Geschlechtstrieb umnebelt ist, als daß es zu solch konsequent rationalen Abstraktionen imstande wäre, wie sie ihm der Schönheitsmythos unterstellt. In Wahrheit ist »der Mann«, im Singular wie im Plural, zum souveränen Machtkalkül im Umgang mit dem anderen Geschlecht gar nicht fähig. Wie hilflos er den weiblichen Schönheitsreizen ausgeliefert ist und wie hoffnungslos irrational er sich dabei verhält, wissen »naive« Frauen intuitiv viel genauer als ihre frauenbewegten Geschlechtsgenossinnen; auch, daß er in hohem Maße zum *Schönheitsaltruismus* fähig ist: Der Mann liebt die Schönheit der Frau mehr als seine eigene (nicht zuletzt deshalb läßt er sie sich ja auch so ungleich viel mehr kosten). Für die Frau gilt, mutatis mutandis, keineswegs dasselbe.

... mit einem Hauch von Schönheitsmattigkeit

Vielleicht wäre dies ja auch dort, wo über den »Schönheitsterror« so lautstark geklagt wird, gelegentlich zu bedenken: wie anstrengend (Frauen-) Schönheit für den ihr reflexhaft ausgelieferten Mann sein kann.

Der folgende Vergleich mag dies verdeutlichen: Mit Blick auf des Helden Beweis- und Bewährungspflichten folgen viele Western geradezu auffällig der choreographischen Vorgabe des klassischen Liebesfilms. Auch hier hört man es knistern, wenn die zwei, auf die es ankommt, den Raum betreten. Der Schlüsselreiz, mit dem die weibliche Schönheit unweigerlich die Bereitschaft des Mannes hervorlockt (wie sehr er sich anfänglich auch zieren mochte), seine Eroberungskompetenz erneut unter Beweis zu stellen, ist jenem Behauptungs- und Bewährungsreiz vergleichbar, der – im Western – unvermeidlich mit dem Auftritt des annäherungsweise gleich starken oder gleich »schnellen« Rivalen gesetzt ist.

Doch wer kann – und mag – auf Dauer schon so leben: sich jeder Herausforderung der Schönheit erneut stellen zu müssen wie dem Kampf mit den immer jüngeren Schießrivalen? Nicht wenige Western und nicht wenige Liebesdramen gewinnen aus der Not der Motiverschöpfung geradezu die Tugend einer geschärften Protagonistenpsychologie: der schönheitsmatte bzw. schießmüde Held, der sich vom offenen Markt der so anstrengenden erotisch-martialen Selbstbehauptung zurückziehen will, wird »noch ein letztes Mal« zum großen Showdown der Gefühle und Gewehre verpflichtet ...

Wenn man genau hinschaut, läßt auch schon *Casablanca,* der Klassiker des Liebes- und Glücksverzichts, mit einem Hauch von Schönheitsmattigkeit seines Helden grüßen. Wie könnte ihm sonst die Aussicht auf den »Beginn einer wunderbaren (Männer-)Freundschaft« den liebesleeren Lebensabend verzuckern?

»Männerphantasien«, von Frauen phantasiert

John Bergers Ausspruch »Der Prüfer der Frau in ihr selbst ist männlich – das Geprüfte weiblich« wird von Frauen gern als Beleg dafür präsentiert, daß das körperliche Idealbild der Frau »nahezu immer durch den Filter männlicher Phantasien [...] gelaufen [ist]« (Ebba Drolshagen).[34] Diese Interpretation indes verfehlt gerade Bergers Pointe: Es ist natürlich nicht der Filter »männlicher Phantasien«, durch den hindurch das weibliche Körperbild sich formt, sondern es ist der Filter »männlicher Phantasien«, *wie die Frauenphantasie sie als wirksam unterstellt;* ein kleiner, und doch ein Unterschied ums Ganze! Denn das bedeutet ja, daß die beklagte fehlende Körperautonomie der Frau weniger im

Fremd- als im *Selbstzwang* wurzelt: Was Frauen für authentische Männerphantasien halten, wird ja nur wirksam, wenn für Frauen gilt: *Ich bin schön, weil ich (vom Mann) begehrt werde.* Wenn man dem glauben darf, was Frauen selbst über die von ihnen unterstellten Männererwartungen zu Protokoll geben, dann ist offensichtlich, daß ihre Bereitschaft zum vorauseilenden Gehorsam gegenüber Männerwünschen ausgeprägter ist als die ebenfalls deutliche Bereitschaft von Männern, den von ihnen vorausgesetzten Frauenerwartungen zu entsprechen: Das durchschnittliche Wunschbild des Mannes für die »Idealfrau« unterscheidet sich gar nicht so sehr vom *tatsächlichen* weiblichen Durchschnittsbild. Das Bild allerdings, von dem Frauen glauben, daß Männer sie so gerne sähen, ist sehr aufschlußreich: Überschlanke Figur, übergroße Brüste, blauäugig, mit langer, gewellter Blondhaarmähne und gebräunter Haut.[35] Hier also, im weiblichen Kopf, wird der von Ebba Drolshagen als obskure Ausgeburt der Männerphantasie gegeißelte »Knabe mit Titten« generiert!

Ein anderes kleines Detail aus den Ergebnissen empirischer Studien zur *gewünschten Größendifferenz* zwischen den Geschlechtern weist in eine ähnliche Richtung: Frauen halten den um 15 Zentimeter größeren Mann für ideal, während Männer es schon bei einer Größendifferenz von 11,5 Zentimetern gut sein lassen. Sollten Männer am Ende die besseren Wahrer von »Fraueninteressen« sein? Ohne dieses Detail überzubewerten – wie soll man es denn anders »lesen« als so: Männer wünschen sich die Frau etwas größer (was auch heißt: »gleicher«, selbstbewußter, stärker und selbständiger) als diese selbst sein mag; und Frauen sehen den

Mann etwas mehr in der Rolle des »starken Beschützers«, als diesem lieb ist!

Der »Prüfer der Frau in ihr selbst«, von dem John Berger spricht, ist natürlich kein Mann, sondern er ist *eine Frau, die von einem Mann begehrt werden will*; eine Frau, die genau weiß, daß »die Liebe der Männer (...) durch die Augen (geht)«[36] und die nicht daran denkt, ihren jahrhundertealten Rollenpart im Werbespiel der Geschlechter aufzukündigen, der ihr ja ganz unübersehbar auch eine Reihe von Positionsvorteilen bringt. Sie braucht sich nicht auf die Suche zu machen wie der Mann, der sein Begehren immer wieder – mit dem Risiko, sich eine Abfuhr zu holen – werbend vortragen muß. Sie kann sich zurücklehnen, abwarten und reagieren. Das Drehbuch geschlechtstypischer Anmach-Choreographien gestattet ihr eine ganze Palette situativer Freiheiten bis hin zu jener Macht, die der alles entscheidende Satz beinhaltet, den sie – im Grunde bis heute, da ja so vieles so viel lockerer geworden ist – unverändert spricht: »Ich begehre dein Begehren« oder: »Ich begehre dein Begehren nicht.«

Warum wird nie vernehmlich darüber nachgedacht, welche reale *Macht* dieser Satz – bei aller Problematik – verkörpert, und umgekehrt, welche Demütigungsängste und Selbstzweifel er ganz selbstverständlich jenem anderen Rollenträger zumutet, der solcher Antwort als einer Art Schicksalsspruch entgegensieht?

Wär's ohne
Schönheit schöner?

»Schönheit ist eine Gefahr
von Jugend auf.«
Theodor Fontane, *Cécile*

»… das meiste Unheil in der
Welt hat die Schönheit gestiftet,
ob sie gleich das Glück oder
vielmehr die Wollust einzelner
mag befördert haben.«
Georg Christoph Lichtenberg,
Aphorismen

Die Welt der Schönheit
ist die reichere Welt

Wäre eine Welt ohne das demokratisch nicht domestizierbare Ärgernis Schönheit nicht eine bessere, menschlichere Welt? Es gibt nur eine Antwort auf diese Frage: ein leidenschaftliches Nein. Was gibt uns mehr Kraft zum Leben als die Schönheit – auch wenn sie uns tausendfach enttäuscht und unglücklich macht? Was fordert unsere Urteilskraft stärker, was motiviert uns nachhaltiger, des Morgens das warme Bett zu verlassen und uns dem neuen Tag zu stellen? Die Welt der so scheuen Schönheit – und sei sie noch so ungleich und ungerecht verteilt – ist tausendmal menschlicher als die Welt, welche die Schönheit nicht kennt.

Alles, was uns hilft, das Hier und Jetzt zu überwinden, wurzelt in der Schönheit: in dem Wunsch, an ihr teilzuhaben, ihr nahe zu sein, sie zu besitzen oder selbst mit ihr identifiziert zu werden. Sie markiert ein Äußerstes, ein nicht hintergehbares Letztes, von dem wir spüren, daß es keiner weiteren Begründung bedarf. Das Schöne war für die Philosophen, die es bedachten, stets das, was in sich ruhte, was uns um seiner selbst willen gegeben war.[1] Für Anouilh war Schönheit gar »eines der seltenen Wunder, die unsere Zweifel an Gott verstummen lassen«.[2]

Die Welt, die die Schönheit kennt, ist die reichere Welt. Das Unrecht der Ungleichverteilung ist demgegenüber der nachrangige – und eher kleinliche – Gesichtspunkt. Wir alle, die wir von der Schönheit schnöde behandelt werden, sei's in eigener oder in fremder Gestalt von ihr gemieden, wir alle werden dennoch überreich von ihr bedacht. Nichts und niemand kann verhindern, daß auch noch der Häßlichste Schönheit wahrnimmt, ihr immer wieder einmal begegnet und anheimfällt, daß sie sein Leben mit Sehnsucht und Verzweiflung, mit Liebe und Trauer, mit Freude und Erwartung erfüllt; daß auch ihm vom Schönen her ein Licht in das dämmrige Gleichmaß seines Daseins fällt, welches sein Bewußtsein schärft und ihn ins Leben ruft. Wer, der die Schönheit getroffen – und sei's, daß er an ihr zerbräche –, wünschte sich den emotionalen Embryonalzustand zurück, bevor er ihrer ansichtig ward?

»Schöner Körper« vs. »schöne Seele«

Alle Vorbehalte wider die Schönheit können sich auf ein »klassisches« Vorbild in der abendländischen Wahrnehmungstradition berufen: auf Sokrates, genauer, den Sokrates des platonischen *Gastmahls*. Er spielt mit wahrhaft unbarmherziger intellektueller Virtuosität die eigene »schöne Seele« wider den »bloß schönen Körper« des bedauernswerten Alkibiades aus.

Alkibiades, dem das schönheitstrunkene Athen seiner Zeit – das weibliche wie das männliche – zu Füßen lag, fehlte als »Schlußstein« des Beweises seiner erotischen Eroberungskompetenz lediglich der körperliche Gunstbeweis seitens des erheblich älteren, von Wuchs und Antlitz keineswegs besonders anziehenden Sokrates. Mit vom Weine enthemmter Zunge schildert er selbst, verspätet zu den bereits versammelten Gastmahlszechern und -diskutanten gestoßen, in allen Einzelheiten die Rankünen seines raffinierten Liebeswerbens um den erotisch widersetzlichen Weisen bis hin zum gemeinsamen Nachtlager, welches für ihn, den erfolgsverwöhnten Götterliebling, zum Desaster wird. Nach einer Nacht unter gemeinsamer Decke, wo sie »wie Bruder neben Bruder geruht«, protokolliert Sokrates gleichsam die Überlegenheit des Weisen über den Schönen, indem er spottend tröstet: »O guter alter Alkibiades, du scheinst wahrlich gar nicht dumm zu sein, wenn du [...] eine gar wunderbare Schönheit an mir erblicktest, die deine Wohlgestalt um gar vieles übertrifft. Wenn du also [...] in Gemeinschaft mit mir treten und Schönheit gegen Schönheit austauschen willst, so gedenkst du ja mich nicht wenig zu übervorteilen und suchst für den bloßen Schein derselben das wahre Wesen der Schönheit zu gewinnen und denkst, in Wahrheit Gold für Kupfer einzutauschen.«[3]

Hier haben wir eine der Wurzeln des abendländischen »Verdikts« wider die Schönheit, die uns angeblich um beides bringt: um Gewissen und Verstand. »Weißt du nicht«, schreibt Xenophon in den *Erinnerungen an Sokrates*, »daß dieses Untier, das die Leute als Schönheit und Jugendblüte bezeichnen, dadurch um so viel schlimmer ist als die Spinnen, als diese ihr Gift nur bei unmittelbarer Berührung, jenes hingegen ohne ein solches Zusammentreffen, sondern schon beim bloßen Ansehen, ja sogar von fern her infizieren kann, so daß davon die Menschen den Verstand verlieren?«[4]

Schon die Joseph-Geschichte des Alten Testaments (Gen 39) weist uns darauf hin, um wieviel leichter es für den Häßlichen ist, tugendhaft zu bleiben, als für den Schönen. Verfängt dieser sich doch viel häufiger im Netz- und Rankenwerk begehrlicher Verführungskünste! Die mißlungene

Verführung Josephs durch »Potiphars Weib«, die schöne Ägypterin, zeigt, daß Schönheit, die exponiert, nicht nur Gabe sein kann, sondern auch Gefahr: Sie verstärkt die Versuchungs- und Verstrickungsrisiken um ein Vielfaches. Wie kann da auf Dauer, wer schön ist, auch gut sein?

In der Tradition der idealistischen Übersteigerung der Schönheit gilt das irdisch Schöne nur als Abglanz einer ewigen Schönheit, deren Ursprung göttlich ist. Augustin beschreibt es als *splendor ordinis*, Albertus Magnus als *splendor formae* und Thomas von Aquin gar als *splendor veritatis*.[5] Alle Übersteigerungen und Idealisierungen haben eine Kehrseite. Sie bedeuten uns, daß das, was wir sehen: Schönheit, die Menschenantlitz trägt, nie zu ihrem bloßen *Zeigewert* genommen werden darf. Alles, was wir sehen, verweist auf etwas unendlich viel Größeres und Bedeutungsvolleres, das unsichtbar dahinter steht. In diesem *Dignitätsgefälle* ist auch jener Widerspruch angelegt, der bis heute unseren Umgang mit der Schönheit so beschwert.

Unsere Einstellung zur Körperschönheit ist durch zwei sich deutlich widersprechende Traditionslinien geprägt, denen wir in einer Art unaufgelöster und vielleicht auch unauflöslicher Doppelbindung verpflichtet sind: zum einen durch die antike Vorstellung von der *kalokagathia*, der wesentlichen *Einheit* des Schönen und des Guten,[6] samt der zugehörigen Wertungen und Konnotationen, vor allem jenen, die uns von der äußeren Erscheinung auf den inneren Menschen schließen heißen; zum anderen aber durch die geradezu gegenteilige Vorstellung von der grundsätzlichen Unvereinbarkeit des schönen Körpers mit der schönen Seele.[7]

Beide Vorstellungen können auf eine lange abendländische Tradition in Ethik und Ästhetik, Religion und Philosophie zurückblicken; beide prägen in ihren widersprüchlichen Anforderungen unser Verhalten bis auf den heutigen Tag. Sie sind mitverantwortlich für unser zwieschlächtiges Verhältnis zur Schönheit: dafür, daß wir ihr lebenslang nachjagen und anhängen, wie niemandem und nichts sonst, so daß auch Macht und Reichtum nicht selten zu bloßen Funktionen im Dienste der Schönheit werden; aber eben auch dafür, daß wir ihre Wirkung immer wieder vor uns und anderen verbergen, ihre Gewalt verleugnen und ihre Spuren im sozialen Beziehungsgeflecht auszulöschen versuchen. Der *Krieg* wider die Schönheit ist wohl ebenso alt wie der *Kult* um sie. Der Glaube, daß sie unsere Seelen erhebe, uns läutere und bessere, ist uns wohl ebenso tief eingeschrieben wie die Befürchtung, daß sie uns Herz und Blick verenge, uns Verachtung lehre, Hybris und Selbstsucht. »Hosianna« und »Kreuziget ihn« liegen dicht beieinander. Verdacht und Vorurteil wider die Welt des Schönen sind von Anfang an die Wegbegleiter unseres leidenschaftlichen Schönheitsbegehrens.

Vielleicht gar hängt das eine, die Leidenschaft für die Schönheit, mit dem anderen, dem Haß und dem Argwohn wider sie, ursächlich zusammen? Es ist gewiß kein Zufall, daß sich die Übersteigerung des Schönen zu einer dem irdischen Blick gänzlich entrückten *ontologischen* Qualität bei Platon bruchlos in einer kaum verhüllten Leibfeindlichkeit fortsetzt. Was sich bei Platon im *Gastmahl* erstmals in der abendländischen Philosophie und Ästhetik unverhüllt kundtut: der Verdacht, in einem schönen Körper könne eigentlich keine schöne Seele hausen, lieferte aller »idealistischen« Ästhetik[8] – von den Kirchenvätern bis zu Hegel und Schiller – die durchschlagende Argumentationsvorlage. Wenn es nicht mehr die, der oder das Schöne *für sich* ist, sondern die abstrakte Schönheit *an sich*, vor welcher wir uns beugen, die blutleere und sinnenferne, nirgends vollgültig zu erschauende *Idee*, dann wird das einzelne, konkrete Schöne – der schöne Mensch ebenso wie das schöne Kunstgebilde von Menschenhand – abgewertet bis an den Rand des Sündhaften und Ketzerischen; manchmal gerade noch als »irdischer Abglanz« und Hinweisgeber des außerzeitlichen Urbildes geduldet, oft aber schon als täuschende Illusion, als irdisch-fleischliche Abirrung gebrandmarkt.

Die latent leibfeindliche sokratisch-platonische Seelenästhetik hat zusammen mit den Prüderien und Verklemmtheiten der römisch-ciceronischen Körpermoral[9] jener Abkehr von der ursprünglichen antiken Idee der Einheit des Schönen mit dem Guten vorgearbeitet, die bei den Kirchenvätern, vor allem bei Ambrosius und Johannes Chrysostomos, in der christlich-paulinischen Lehre vom Leib als »Sitz der Sünde« und in den späteren, spezifisch weibfeindlichen Varianten der mittelalterlichen Theologie (die Frau als *Sichel Satans*) vollendet wird. Nun wird Schönheit zu einer schier unüberwindlichen Lebenshürde auf dem Strauchelpfad ins Paradies. Den Autoren des Alten Testaments war sie noch Zeichen der Erwählung, mit dem Jahwe seinen Lieblingen den Weg ebnete; die Schriften des Neuen Testaments scheinen Wort und Sache der Schönheit nicht mehr zu kennen.[10]

Die Abscheu vor der »niederen Natur« des Körpers ist alt und weit verbreitet. Augustinus räsoniert im XIV. Buch (23. Kap.) seines *Gottesstaates* darüber, warum Menschen eigentlich die Regungen der eigenen Fleischeslust als so beschämend empfinden. Die *libido erubescenda*, meint er, stelle die natürliche Subordination des Leibes unter den Geist in Frage; immer wieder entziehe sich die fleischliche Begierde der Regie von Geist und Willen.

Natürlich erscheint Xenophons »Herakles am Scheidewege« die sinnliche Lust in Gestalt einer wunderschönen Frau (Memorabilia II 1, 22). Und Dante schildert uns in seinem berühmten Traum vor dem Aufstieg in den fünften Büßerkreis des *Purgatorio* im XIX. Gesang seiner *Göttlichen Komödie* die irdische Schönheit der verführerischen Frau als ein Trugbild, eine Wunschprojektion der subjektiven Begierde: Vor den Augen des Träumenden verwandelt sich das zunächst schielende, hinkende »Krüppelweib« in eine erotisch stimulierende Sirene; erst der von der tugendhaften Traumwächterin herbeigerufene Vergil zerstört die verlockende Traumvision und enthüllt wieder ihren in Wahrheit ekelerregenden, stinkenden Leib. Die entlarvte Sündhaftigkeit ist stets häßlich. Von ihr droht also keine Gefahr; Vorsicht ist hingegen geboten, wenn sie, wie »Frau Welt«, in der Maske der vollendeten Schönheit auftritt, die unsere Wachsamkeitsschwelle absenkt, unsere Vernunft einschläfert und uns enthemmt. Zumal der Mann ohnehin dazu neigt, mit dem »Trank« der Liebesbegier im Leibe, »bald Helenen in jedem Weibe« zu sehen, wie wir in Goethes *Faust* lesen. »Wenn man (aber) die Schönheit prüft«, weiß schon Ovid, »schaden die Nacht und der Wein.«[11]

Ganzheitlichkeit. Anmerkung zum
Guten, Wahren & Schönen

Viele würden heute über die optimistische Zuordnung des Schönen zum Guten lächeln, wie sie jener klassischen antiken Lehre von der *kalokaga-*
thia zugrunde lag, gegen die schon, wie wir sahen,
Sokrates und Platon mit ihrer leibfeindlichen Privi-
legierung der »schönen Seele« opponierten. Finden
wir sie doch in der Realität nicht allzu häufig bestätigt. Und doch lohnt es sich, diese Vorstellung
auch am Maßstab unserer zeitgenössischen Empfindungen zu überprüfen. Hinter der altehrwürdi-
gen Idee der griechischen Klassik von der harmonischen Übereinkunft des Schönen mit dem Guten,
wirkt ja weniger die Absicht des moralischen Ap-
pells, den wir zunächst heraushören und dessen
beckmesserische Bevormundung uns verdrießen
mag. Sowohl historisch-genetisch als auch seinem
innersten Kern nach verweist die Vorstellung von
der wesentlichen Einheit des Schönen und des
Guten auf etwas anderes, auch durchaus heute
noch Plausibles: auf die Idee der *Ganzheitlichkeit*,
die Vorstellung von der wesentlichen Unteilbarkeit
des Schönen. Kann das Schöne als das rundum Ge-
lungene mit dem moralisch oder sozial Minder-
wertigen zusammengehen? Erlesene, graziöse
Körperschönheit auch nur mit einem befremdli-
chen Idiom, einem abstoßenden Dialekt oder
sprachlicher Rohheit?

Zur makellosen Schönheit an Körper und Antlitz
gesellte sich bei den großen »Demimondänen« der
Pariser Salons des vergangenen Jahrhunderts
zwingend das schöne Sprechen, eine hochkulti-
vierte »Façon de parler«, die sich an die speziellen

Formen der erotisch-mondänen Körperinszenierung der Salons anlehnt: »Das Parlieren fiel den großen Kurtisanen des 19. Jahrhunderts wahrhaftig nicht schwer. Das Gespräch mit den Galanen war ihnen eine schöne Pflicht. Berühmtheiten wie Madame Visconti und Otero, Virgine Dejazet, Esther Guimond oder Liane de Pougy, Cora Pearl oder Paiva beherrschten das Einmaleins des guten Tons aus dem Effeff. Natürlich lief alles nur auf das eine hinaus, aber Charme und Begeisterung überzuckerten den Weg dorthin.«[12]

Warum empfinden wir ein so deutliches Mißbehagen, wenn ein außergewöhnlich schöner Mensch häßliche Dinge sagt oder tut? Offensichtlich doch wohl, weil unsere heimliche Erwartung eine andere ist, nämlich eben diese: Die offensichtliche Körperschönheit möge sich in der weniger leicht ersichtlichen Schönheit des Ausdrucks und des Charakters bestätigen. Es ist vermutlich ein menschheitsgeschichtlich »urzeitlicher« Reflex, daß wir vom Außen aufs Innen schließen, von der äußeren Erscheinungsform auf die Qualitäten der Persönlichkeit. Wir empfinden es als störenden Widerspruch, wenn der äußeren Schönheit keine Schönheit des ganzen Wesens entspricht.

Und auch umgekehrt tut es uns manchmal fast weh, wenn die Schönheiten der Seele – Selbstlosigkeit, Mut, Standhaftigkeit und Adel der Gesinnung – sich nicht auch körperlich manifestieren. Schauspielerinnen wie Rita Tushingham, Giulietta Masina, Mia Farrow und manchmal auch Audrey Hepburn und Meryl Streep, allesamt nicht in einem vordergründigen Sinne augenbetörende Schönheiten, leben aus dieser Diskrepanz, beziehen von hier, von der Erfahrung einer »mit-geteilten« Ungleichzeitigkeit von innerer Schönheit und – unzulänglicher – körperlicher Manifestation, ihre fast schmerzhafte Eindringlichkeit und darstellerische Präsenz.

Nach unserem offenbar tiefsitzenden Empfinden kann sich Schönheit weder mit dem Komischen noch mit dem Bösen wirklich dauerhaft verbinden: Von den Chansons und Fabliaux der mittelalterlichen Dichtung bis in Stil und Architektur des zeitgenössischen Films zieht sich eine farbige Spur an Beispielen aus Literatur und darstellender Kunst, die allesamt das Schöne zusammen mit dem Erhabenen an das sittlich Gute, das Häßliche hingegen zusammen mit dem Komischen an das Böse binden. Taucht das Schöne kontextversetzt auf, im Dunstkreis des Bösen oder des Komischen, so verliert es seine magische Aura; es verrät sich selbst als Täuschung und Trug. Offenbar ist die Schönheitswirkung an einen ganzheitlichen, in sich mehr oder weniger stimmigen Kontext gebunden, der es beglaubigt und plausibilisiert.

Was Viscontis Film *Tod in Venedig* (1970) über weite Strecken zu einer fast körperlichen Marter macht, ist Aschenbachs verzweifelter Versuch (von Dirk Bogarde meisterhaft beglaubigt), dem göttlich schönen Knaben Tadzio über die sinnliche Erscheinung hinaus *Seele* einzuhauchen. Das Ende der Erzählung widerlegt auf schmerzhaft peinliche Weise jene wohl unausrottbare Erwartung, welche die Schönheitsgeblendeten aller Zeiten leitet: Das Äußere entspreche dem inneren Wesen; das außerordentlich Schöne beglaubige, *uno actu,* auch das Versprechen des Edlen, Wahren und Guten.

Schönheit ist Urgewalt

Unter dem Gesichtspunkt *sozialer Gestaltbarkeit* wäre eine nicht im Leitbild der Schönheit befangene Gesellschaft gewiß erheblich leichter zu beeinflussen. Schönheit ist und bleibt eine »basisdemokratisch« nicht einholbare Auszeichnung des Individuums; sie ist und bleibt ein nicht übertragbares *Persönlichkeitsattribut.* Es ist alles andere als zufällig, daß sich die ultraegalitären Bestrebungen der 68er-Bewegung auch in der demonstrativen Vernachlässigung des Äußeren niederschlugen, bis hin zum Proletkult einer vulgärsolidarischen Kleidermonotonie. Die Revolution führte auch ihren Kleinkrieg wider die kleinbürgerlich-individualistischen Schönheitsreminiszenzen von Deodorant und Dauerwelle, Bügelfalte und Kostümrock. Und es ist auch kein Zufall, daß mit der 68er-Mentalität über Nacht das uniformierende Gesinnungstextil, der Parka, so gut wie völlig verschwunden ist. Die jungen Erfolgreichen von heute erweisen, mal eher lauter, mal eher leiser, der Schönheit ihre fashionable Reverenz.

Schönheit ist Urgewalt, und die Alten wußten schon, weshalb sie ihr in vielfältigen Formen Dämme errichteten: Traditionen und Gebote, Gebräuche und Sitten, Stand und Geburt, religiöse Institutionen und repressive Ideologie – fast nichts ist, was sich nicht bei näherem Zusehen kulturgeschichtlich auch als Mißtrauenserklärung an die Schönheit lesen und als Machtmißbrauchsvorkehrung wider sie deuten läßt. Man kannte – viel deutlicher, als wir dies heute noch zu kennen scheinen – die Ohnmacht der Moral im Angesicht der Schönheit. »... die Macht der Schönheit wird eher die

Tugend in eine Kupplerin verwandeln, als die Kraft der Tugend die Schönheit sich ähnlich machen kann«, resümiert Shakespeare im *Hamlet*.[13]

Neue Kleider für die Kaiserin!

In ihrer Exklusivität mutet die Schönheit uns Schreckliches zu: zu ertragen, daß wir nicht schön sind; zu wissen, daß damit auch wenig Aussicht besteht, Schönheit in Gestalt der (oder des) schönen Geliebten dauerhaft um uns zu haben. Die fehlende Allgemeinheit, die die soziale Macht der Schönheit gerade begründet, macht sie zugleich zum Ärgernis und sozialen Störenfried. Da alles sich nach der allzu knappen Schönheit drängt, bereitet es wenig Mühe, uns zu versklaven. Gerade weil wir aber allesamt Sklaven der Schönheit sind, liegt dauernd Aufruhr in der Luft. Es gibt eine offene und eine versteckte Form der Rebellion wider die Schönheit, die jedoch beide nur ihre ungebrochene und nicht zu brechende soziale Macht bestätigen. Für die offene Rebellion wider die Schönheit stehen jene, die uns glauben machen wollen, sie sei nur ein Papiertiger. Es genüge, wie im Märchen von des Kaisers neuen Kleidern, ein einziger Ausruf, um den Zauberbann zu brechen. Sie habe soziale Macht nur, weil wir sie ihr gäben: Beendet also die Sklaverei, schwört endlich der Schönheit ab! Widersetzt euch dem Attraktivitätsterror!

So oder ähnlich lauten die Parolen aus den Reihen der Frauenbewegung und jener, die sich in Argument und Aktion gegen die aufgezwungene Arbeit am Aussehen wehren und auf die einengenden

Schlankheits- und Jugendlichkeitszwänge weithin hörbar pfeifen. Doch klingt das emphatische Bekenntnis der Dicken zu ihren Pfunden allzu aufgesetzt, der Stolz der Alten auf ihre Runzeln, Falten und Flecken, ihre grauen Haare und den krummen Buckel allzu forciert und bemüht, klingen Hohn und Häme auf die pausenlos mit der Self-performance befaßten Schickimickis und »Beautiful People« allzu heiser und schrill, als daß wir diese Demonstrationen nicht als das durchschauten, was sie auch sind: Pfeifen im dunklen Raum, trotziges Mut- und Muntermachen wider besseres Wissen und wirkliches eigenes Empfinden.

Was fehlt, damit solche Positionen mehr sind als Trostpflaster, mehr als das individuelle Seelentraumaplast der Dicken, Alten und körperlich Minderbegabten, ist – die Trauer: Trauer über die Abwesenheit der Schönheit, ihre Flüchtigkeit und Zerbrechlichkeit, Trauer über die Schönheit, die mit den Jahren und Pfunden sich zurückzieht. Barbara Sichtermann hat sich seinerzeit als eine der ganz wenigen nicht gescheut, dies auszusprechen.[14] Die Euphorie und das heitere Selbstbewußtsein der Nichtattraktiven sind gewiß nicht unsympathisch. Aber sie dürfen nicht die soziale Idee der Schönheit selbst beschädigen.

Wer nicht teilhat an dieser Trauer, wer nicht verspürt, daß mit der Schönheit sich etwas zurückzieht aus unserem Leben, so daß es unweigerlich ärmer wird und dunkler, der hat vom Wesen der Schönheit nichts begriffen – und wohl auch nicht vom Leben selbst! Wer die überlegene Schönheit des jugendlichen Körpers nicht sehen will, wer Verfall nicht nennt, was Verfall ist, dem kann auch nicht gegeben werden.

Wieviel ehrlicher, wenn auch auf schaurig-schonungslose Weise, ist da Ludwig Wolff, der in seinem Film *Der Absturz* (1922) Asta Nielsen durchs Kameraobjektiv dabei beobachtet, wie sie vor einem Spiegel wieder und wieder versucht, die Spuren des Alters und der Schicksalsschläge des Lebens aus ihrem zerfurchten Gesicht hinwegzuschminken.

Nichts, aber auch gar nichts ist dagegen einzuwenden, daß wir uns Mut machen und Mut machen lassen, wenn anders das Leben schwer erträglich ist. Das gilt gerade auch für diejenigen, die ohne eigene Schönheit über die Runden des Lebens kommen müssen. Eine problematische Grenze allerdings ist dort erreicht, wo die Angst vor dem Entschwinden der Schönheit die Schönheit selber in Zweifel zieht. Das kann so klingen: »Jede Frau, die begehrt wird, ist schön«;[15] und: »Jede Frau ist ein Original – und Originale sind kostbar.«[16] Nichts gegen das Pfeifen im dunklen Tann. Doch wem ist geholfen, wenn wir uns so gründlich selbst belügen, wie es in solchen Formeln anklingt? Wie lang tragen die Brücken über die Abgründe verdrängter Ängste und uneingestandener Sehnsucht, die hier gezimmert werden? Warum der riesige Aufwand der Betroffenheitsrituale, der Talkrunden, der ganze Wust an einschlägiger »Lebenshilfe«-Literatur, nur um die einfache Wahrheit hinwegzurücken, daß eine Frau mit 25 schöner ist als mit 45?

Wer mit geschlechterideologischem Feldgeschrei eine der banalsten Lebenserfahrungen wie die, daß Alter, Runzeln und Pfunde nicht gerade attraktivitätssteigernd wirken, glaubt schönreden zu müssen, der wirkt nicht gerade glaubwürdig, wenn er all jene der feigen Lebenslüge bezichtigt, die mit Hilfe von Kosmetik und Aerobic, Kleidung und plastischer Chirurgie versuchen, der Zeit ein kleines Schnippchen zu schlagen. Ist diese Art von »Corriger la fortune« nicht am Ende gar ehrlicher? Gestehen diejenigen, die diesen Weg wählen, sich doch immerhin ein, »wie tief der Stachel sitzt«!

Mit welchem Recht wird hier eigentlich der Vorwurf erhoben, »man solle nicht außen ändern, wenn eigentlich innen etwas verändert werden müßte«?[17] Müßten nicht auch jene, die so angestrengt die Macht der Schönheit kleinreden, allesamt »innen« etwas ändern? Wer sich selbst nicht neidlos an fremder Schönheit erfreuen kann, die ihm selber verwehrt sein mag, der ist auch ein schlechter Ratgeber vor dem Problem, wie weit man eigentlich gehen darf, um sich die eigene Attraktivität zu erhalten.

»... daß nichts bleibt, wie es war.«

Es gibt drei Formen des Alters, zwischen denen es, fast unvermeidlich, immer wieder zu Passungsschwierigkeiten kommt: das *chronologische,* das *biologische* und das *psychologische* Alter. Das chronologische Alter registriert lediglich die Anzahl der Jahre, die jemand gelebt hat; das biologische Alter gibt Auskunft über den wirklichen, von den Lebensjahren u. U. abweichenden Alterungsprozeß des Organismus, denn jeder Mensch altert auf individuelle, genetisch festgelegte Weise; und das psychologische Alter informiert darüber, wie jemand sich subjektiv fühlt und einordnet.

Die deutlichsten Symptome der Inkongruenz zeigen sich heute zwischen den biologischen und den psychologischen Alterungsprozessen. Fast immer stößt man bei entsprechenden Nachforschungen, etwa im Vorfeld einer Schönheitsoperation, auf die lapidare Auskunft: »Ich fand, daß ich nicht mehr so aussah, wie ich mich fühlte.«[18] Jeder muß mühevoll lernen, »von sich selber« Abschied zu nehmen; denn nichts anderes bedeutet ja Älterwerden als dies: nicht mehr die oder der zu sein, die man einmal war; nicht mehr fraglos zu können, was man – dank seines Körpers – einmal konnte.

Der Schmerz, den wir empfinden, reicht aber noch tiefer als der Verlust der körperlichen Attribute von Schönheit und Fitneß, so sehr dieser uns trifft. »Es schmerzt uns [...] der Prozeß der Veränderung selbst, so wie es ein psychisches Verharrungsbedürfnis gibt, eine psychische Angst vor Veränderung, vor Wandel und Verwandlung. Und der körperliche Wandel, dem wir alle unterliegen, ist in seiner Richtung grausam eindeutig und unumkehrbar: Wir stehen einem Verwelken gegenüber, das sich in unserem Leben nicht mehr zur Blüte wandeln wird.«[19]

Der größte Feind menschlicher Schönheit ist die Zeit. Fast immer trägt sie den Schönen, vom ersten Tage an, dem Zenit seiner Schönheit entgegen, jenem Punkt, zu dem es, ist er einmal überschritten, kein Zurück mehr gibt. Vielleicht ist hierin auch ein Stück ausgleichender Gerechtigkeit zu sehen: Wer zeitlebens mit weniger Schönheit auskommen muß, dem ist auch die Zeit ein um so vieles weniger gewaltsamer Widersacher! Wem sie nicht so viel Schönheit des Angesichts zerfurcht und verwischt, wem sie nicht so viel an Ebenmaß der Glieder schrumpfen läßt, wem sie nicht so viel an Wohlgestalt beugt und zerbricht, der hat viel weniger

Grund, sie als große Zerstörerin zu sehen; für den ist das Älterwerden mithin kein Grund, »in den Krieg« zu ziehen. Gewiß raubt auch ihm die Zeit vieles; nicht indes jenes dichte Bündel an Privilegien, mit denen der Schöne aufwächst und die ihm so selbstverständlich werden, daß ihn ihr Verlust am Leben verzweifeln läßt.

Der Kampf der Schönen aller Zeiten gegen die Zeit – er wäre gewiß Stoff eines eigenen Buches! Was ihn so grotesk erscheinen läßt, was ihm diese morbiden Züge verleiht, ist die unvermeidliche Autoaggression: das Wüten wider die Zeit und ihr Zerstörungswerk zielt immer auf den eigenen Körper, durchkreuzt immer dessen autonomen »Lebensplan« – ob nun das Skalpell des Schönheitsplastikers Schnittlinien zieht und Wunden zufügt oder der geplante Freitod vor der Zeit den Lebensfaden durchtrennt, wie bei Esther, der Grande Dame der Liebe in Honoré de Balzacs Roman *Glanz und Elend der Kurtisane,* für die der Wunsch nach einer Schönheit über den Tod hinaus so machtvoll Gestalt gewann: »Siehst du, ich möchte als Tote schön sein. Ich werde mich niederlegen … und dann werde ich die (Gift-)Beere am Gaumen zerdrücken und nicht durch Krämpfe oder eine lächerliche Haltung entstellt sein.«[20] Der romantische Traum von der unzerstörbaren Schönheit läßt den Tod selber jenes Lächeln herbeizwingen, welches die Schönheit in das Sargtuch ihrer wächsernen Unsterblichkeit schlägt. Was uns im Angesicht dieses inszenierten Schönheitstodes fassungslos macht (und machen soll), ist eben dies: daß allein die Kraft des Willens zur bleibenden Schönheit der Zeit Verstummen gebietet, die bei aller blutdurchpulsten Schönheit so zerstörerisch regiert. Auch eine Greta Garbo, die sich auf dem Scheitelpunkt ihrer Karriere den Augen des Publikums in die Dunkelheit ihrer parfümierten New Yorker Wohnung entzog, »tötete« sich gewissermaßen durch die freiwillige Selbstpreisgabe ihrer öffentlichen Existenz. Was ihren selbst alternden Verehrern draußen in aller Welt bleibt, sind die fotografischen Ikonen altersloser Schönheit, die deshalb *bleiben,* weil sie sich selbst nicht dementieren können.

Altwerden – das heißt dem unvermeidlichen Skandal des Lebens beiwohnen. Altwerden, Zeuge zu sein des allmählichen Rückzugs des Lebens – das ist gewiß schwer auszuhalten. Der Skandal des Lebens aber läßt sich nicht mit rhetorischer Kraftmeierei und falschen Autarkiebekundungen (»Wir Dicken fühlen uns wohl«) bewältigen. Eine der seit jeher schrecklichsten Zumutung lautet: das Fehlen der Schönheit zu ertragen, ihr Entschwinden auszuhalten, *ohne die Schönheit selber zu verraten;* sie anzunehmen als jenes zerbrechliche *Geschenk auf Zeit,* wie die Kugel der Fortuna zwischen Herrlichkeit und Schrecken balancierend, zwischen unverdientem Glück und empörendem Unrecht. Schändlich ist der kleinmütige Verrat; schändlich ist es zu schmähen, was einem versagt bleibt. Wer die Schönheit schmäht, weil sie ihn verschmäht hat, gleicht dem Fuchs in der Fabel, für den die Trauben plötzlich sauer sind, nur weil sie ohnehin zu hoch hängen. Wer die Schönheit boykottiert, emanzipiert sich nicht, er betrügt sich nur selber.

Der Verrat an der Schönheit ist Verrat an der Bedingung, unter der das Leben selbst steht: daß es nichts Absolutes ist, in seiner individuellen Lebensspanne unrettbar Sein auf Zeit, vom ersten Tag an ein Werden zum Tode.

Schönheit als
soziale Macht

*»Der Mensch [...], der nicht wenigstens
im Leben einmal volle lautre Schönheit
in sich fühlte, [...] der Mensch wird nicht
einmal ein philosophischer Zweifler
werden, sein Geist ist nicht einmal zum
Niederreißen gemacht, geschweige zum
Aufbau.«*
Friedrich Hölderlin, *Hyperion*

»Sozialpflichtigkeit« des Schönen

Wir machen uns viel zu selten klar, wie sehr die Erfahrungswelten der wenigen Schönen und die aller anderen auseinanderfallen. Will man begreifen, was die Natur in Gestalt der Schönheit gibt oder vorenthält, dann muß man sich der Mühe unterziehen, sich einmal »mit Haut und Haaren« in die Alltagsrolle eines herausragend schönen Menschen einzufühlen.

Zunächst fällt uns bei unserem Experiment auf, daß wir weniger Ruhe haben als vorher: Der Schöne ist ständig »exponiert«, er ragt heraus, wird gesehen und betrachtet, kann sich nie, fast nie in sich selbst zurückziehen, sich unsichtbar machen und selbst in aller Ruhe die anderen beobachten. Denn Schönheit wird als »öffentliches Gut« behandelt: Die Fernsehkamera, die ein Tennismatch beobachtet, fängt zwischendurch, wo immer sie ihrer ansichtig wird, »Schönheiten« in Gestalt besonders gelungener Exemplare unserer Gattung ein und führt sie uns als zusätzlichen Blickfang am Bildschirm vors Auge.

Der Schöne steht, quasi lebenslang, in einem viel intensiveren Austausch mit der Umwelt, im Geben wie im Nehmen: Er bietet sich als »Attraktor« für das Auge der anderen an, fungiert als Objekt ihrer Träume und Begierden und nimmt von allen Seiten Aufmerksamkeit entgegen, sammelt die bewundernden Blicke ein, weiß, daß nichts, was er tut, keine Geste, kein Lächeln, keine anmutige Bewegung, »verschwendet« ist, weil nichts ungesehen und ungehört sich verflüchtigt und verklingt; weil alles, was er von sich gibt, registriert und »stenographiert« wird, von anderen auf- und mitgenommen. Alles, was er tut und läßt, gewinnt eine neue, *zusätzliche* Bedeutung: jede Geste eine Botschaft, jedes Lächeln ein Signal, jede Emotion ein Katalysator für kollektive Gefühlsstürme. Wenn zwei dasselbe tun, ist es eben noch lange nicht dasselbe. Der Freudenhüpfer oder das Mattigkeitsgähnen einer bewunderten Schönheit gerät unversehens zur tradierungspflichtigen Pose.

Die Musterungssituation, der der Schöne sich aussetzt, oszilliert irgendwo zwischen wohlwollend und gnadenlos. Vielleicht kann man sich den Unterschied zwischen dem Durchschnittlichen und dem exorbitant Schönen durch einen Vergleich verdeutlichen: Ein Hobbytennisspieler wird sich kaum je in der Situation des Beobachteten finden. Er kann »einfach so« drauflos spielen, ohne Posen und Show, weil ohnehin niemand schaut. Vor Publikum zu spielen, sich zu exponieren, ist ihm eine vollkommen unvertraute Erfahrung. Ein Weltklassespieler dagegen kennt das Spiel ohne Publikum seit vielen Jahren nicht mehr. Tennis mal mit und mal ohne Publikum ist eine jeweils ganz unvergleichliche Erfahrung, ist in gewisser Weise nicht mehr dieselbe Sportart. Wer vor Publikum spielt, spielt nie bloß gegen seinen Gegner (oder »gegen sich selber«), er ringt immer auch um Herz und Seele des Publikums. Er ist eben nie nur »bei sich«.

Ganz ähnlich bewegt auch der Schöne sich im Medium der Öffentlichkeit und der fremden Blicke; er gehört jedem, der ihn beansprucht. Ein sehr früh schon einsetzender Verlust an Privatheit ist für seine Erlebniswelt konstitutiv. Seine körperlichen und seelisch-emotionalen Reaktionen formen sich in der Interaktion mit den anderen, die ihrerseits als die Beobachter für den Beobachteten nur Persönlichkeitsschatten bleiben. Wenn wir sagen, der Schöne sei »für die anderen da«, dann heißt das gerade *nicht,* daß er sie aufmerksam beobachtet, an ihrer Welt Anteil hat, sich für sie in besonderer Weise interessiert und einsetzt oder was immer man mit einer solchen Formulierung assoziieren könnte. Nein, die »Sozialpflichtigkeit« der Schönheit besteht nicht in Rücksicht und Anteilnahme, in sozialer Beachtung und therapienaher »Caritas«, sondern darin, daß sie dem Kosmos des Sozialen etwas hinzufügt, ihm eine zusätzliche Dimension eröffnet, die zugleich auf einen Sinn und eine geheimnisvolle Ordnung jenseits des Sozialen selbst verweist.

Die eigentliche »Leistung« des Schönen mit Blick auf sein soziales Umfeld besteht darin, daß er ein *Zentrum* stiftet; daß er für andere »Mittelpunkt« wird, eine Art Zentralgestirn, um das alles sich dreht, weil es eigene Gesetze sozialer Schwerkraft begründet. Die Fähigkeit, ein Aggregat zu bilden, Urheber sozialer Gruppenbildung zu sein, Menschen einander zuzuführen und aneinander interessiert zu machen, ist ein originäres soziales Vermögen. Der Schöne führt eine »extrovertierte«, der Nicht-Schöne eine »introvertierte« Existenz. Der Schöne ist »für alle da«, der Nicht-Schöne »nur für sich selber«.

Wider den Nomadenstatus

Die Vermutung, daß die Schönheit des Körpers und die Lauterkeit der Motive nicht nahtlos übereinstimmen, ist, wie wir sahen, uralt. Sie gerinnt schon in der Luzifer-Gestalt des Alten Testaments zum bildmächtigen Vorurteil wider die Besserungskraft des Schönen: Der »Lichtträger« fiel von Gott ab, weil er »abgöttisch« in die eigene Schönheit vernarrt war, in jenen Funken vom Feuer Gottes, der ihn Maß und Ziel vergessen ließ.

Nur ein hoffnungslos romantischer Schwärmer vermöchte zu übersehen, daß Schönheit immer auch zur Quelle für Leid und Verzweiflung, für Mißgunst und Verrat werden kann und daß diesem ihrem sozialen »Chaospotential« auch der von alters her mit Erbitterung wider sie geführte Kampf geschuldet ist. Einst wurde er mit den Waffen der Moral und der Frömmigkeit ausgefochten, heute wappnet er sich bevorzugt mit denen der Egalität und der Demokratie. Ginge es uns aber besser ohne jene verstörenden Himmelsqualen, hinter denen sich nur zu oft der enttäuschte Schönheitswunsch verbirgt? Wären wir als schönheitsblinde Wesen glücklicher, jedenfalls aber sozial weniger zerrissen und paralysiert? Wozu brauchen wir die Schönheit, wenn sie uns nur den Verstand vernebelt und uns heimtückisch und rachsüchtig macht, schwermütig und depressiv, für uns und andere unberechenbar, eine ständige Quelle für Unfrieden und soziale Disharmonie?

Wer so fragt, übersieht, wie vielfältig und unmittelbar Schönheit in die vitalen Strategien der zeugenden Sexualität verwoben ist. Sie ist eben, zumindest als Körperschönheit der Artgenossen, keineswegs ein »transutilitaristisches Projekt«. Sie steht immer auch in Diensten eines uns unverfügbaren Vitalprogramms, das kein Genug kennt, wohl nicht einmal ein definitives Zuviel.[1]

Doch noch entscheidender ist etwas anderes: Es

ist vor allem auch die Schönheit, die uns zu sozialen Wesen macht, die uns am anderen interessiert sein läßt und uns ihm zuführt. Vielleicht gar ist der Schönheitssinn jenseits solcher Artgenossen-Zugewandtheit der Grund dafür, daß wir, obgleich wir uns immer mehr als Individuen erfahren, dennoch nicht völlig vereinsamen, uns von der Welt abwenden und nach innen flüchten.[2] »Die Tatsache, daß wir einen Kristall oder eine Mohnblume schön finden, bedeutet, daß wir weniger allein sind, daß wir tiefer in das Leben involviert sind, als dies den Anschein hat, wenn man einen einzelnen Lebenslauf betrachtet«, schreibt John Berger in *Das Leben der Bilder oder die Kunst des Sehens.*

Schönheit ist, im Sinne des Wortes, eine soziale Macht, die uns vor dem Nomadenstatus bewahrt, dem Alleinsein in einer kalten Welt ohne Trost. Schönheit, die wir sehen und hören, riechen und schmecken können, die uns entgegenschreitet, uns anblickt oder gar selber als schön erkennt, sagt uns ja immer auch unüberhörbar: Du gehörst dazu, du bist Teil dieser Welt, sie ist, mit allem, was sich in ihr findet, für dich gebaut; wäre es anders, könntest du sie nicht wahrnehmen. Daß wir etwas als schön *erkennen*, bedeutet, daß wir ihm *zugehörig* sind, auch wenn wir von uns selber wissen, daß wir nicht schön sind. Auch wo wir an der Welt des (oder wohl besser *der*) Schönen leiden, bedeutet sie uns ja vor allem, daß wir an einer geheimnisvollen Ordnung teilhaben; daß die Welt ein »eigens für uns« errichteter Kosmos ist, ein einziger, machtvoller Damm wider die Abgründe und Gezeiten der Sinnlosigkeit.

Vielleicht begegnen wir ja in der Schönheit jener Herausforderung des menschlichen Unterscheidungsvermögens, die ganz am Anfang der Menschwerdung des Menschen steht. Vielleicht ist mit der Fähigkeit, schön und häßlich zu unterscheiden, eine der Urformen allen Unterscheidens gesetzt. Und vielleicht müssen wir daher auch die Schönheit als jenes geheimnisvolle Movens sehen lernen, das – im Kleinen wie im Großen – »die Welt bewegt« und als dynamisierende Kraft hinter vielen unserer disparaten Strebungen wirkt. Es ist alles andere als zufällig, daß die Schönheit gerade in einer Zeit der großen Relativierungen, des Urteilsverfalls und des drohenden Urteilsfähigkeitsverlustes so stark in den Vordergrund rückt. Als eine der ältesten Herausforderungen unserer Distinktion bietet sie die Möglichkeit zweifelsfreier Zuordnung und bewahrt damit ein Stück unverzichtbarer Orientierungsgewißheit auch in unübersichtlichen Zeiten.

Wenn Fortschritt vor allem als ein Fortschreiten in der Richtung einer immer genaueren und präziseren Wahrnehmung zu lesen ist, dann hat die Schönheit samt der von ihr stimulierten Verfeinerung des Wahrnehmungs- und Selektionsinstrumentariums unverzichtbare Schrittmacherdienste geleistet. Die für alle technische Innovation maßgebliche Idee des Stimmigen und Gelungenen könnte nicht unmaßgeblich von der Beobachtung des Stimmigen und Gelungenen am Artgenossen beeinflußt sein. Was könnte die Kultur der Wahrnehmung und des Urteils, der Unterscheidung und der Diskretion stärker hervorgezwungen haben als der Schönheitssinn; jene uns in letzter Konsequenz eben wohl stammesgeschichtlich eingeborene rätselhafte Fähigkeit, Menschen, Tiere, Pflanzen, Dinge, Landschaften und späterhin auch Zeichen, Töne, Bilder und Ideen entlang jener prekären, stets umkämpften Grenzlinie zwischen dem geläufigen Unvollkommenen und dem exzeptionell Schönen zu gruppieren und zuzuordnen? Wieviel wache Beobachtung ist vonnöten, welche Schulung des Auges erfordert, um – wie weiland der heillos überforderte Paris[3] – das Urteil auf der Grundlage einer minutiösen Abweichung der Linien des Mundes, des Augenabstands, der Höhe des Brauenbogens zu sprechen, um Länge, Stärke und Lineatur von Arm und Bein, Schulter und Becken zum Kriterium des aktiven Wohlscheins zu erheben? Für den ungeschulten Beobachter vom anderen Stern haben wir schließlich alle die gleichen Beine, eine Nase, zwei Augen und einen Mund – kurzum, ein sichtbares Körperaußen, welches kaum irgendwelche Ansätze für Diskriminierung oder Auszeichnung bietet.

Erst wenn man sich bewußt in die Differenzierungsnöte eines fiktiven extraterrestrischen Beobachters hineinversetzt, enthüllt sich einem das soziale Mysterium des Schönheitssinns: Auch mit noch so viel Scharfsinn, Beobachtungs- und Vermessungsaufwand könnte dieser schönheitsimmunisierte Fremde nicht nachvollziehen oder selbst zustande bringen, was jedes Kind intuitiv ermißt und entscheidet: Diese(r) ist schön, jene(r) nicht.[4]

Noch ahnen wir nicht, geschweige denn erkennen wir und vermögen zu benennen, was von dieser hochkulturellen Mitgift eines uralten Menschheitserbes für das Gelingen des Sozialen wie für die anthropologische Fortentwicklung abhängen mag. Doch »instinktiv« zucken wir vor der Schönheit zurück, sie ist uns nicht geheuer. Vielleicht, weil wir eben doch ahnen, daß wir hier einem Stück unverfügbarer Natur begegnen, das sich nicht beugen, biegen und beherrschen läßt?

Wir begegnen der Schönheit ja nicht nur in der Körperschönheit des Artgenossen und in den selbstgeschaffenen Kunstschönheiten, sondern auch in der Schönheit des Sonnenuntergangs und der Schneekristalle unter dem Mikroskop. Stehen diese Universalität der Schönheit und unsere Fähigkeit, sie wahrzunehmen, nicht auch mit großer Beredtsamkeit für den Traum von der wesentlichen Einheit des Ganzen ein, zu der uns freilich noch der Schlüssel fehlt, der uns den Zugang eröffnen könnte?

Macht für das Soziale

Schönheit ist soziale Macht – doch nicht nur im Sinne der Macht über andere; sie ist immer auch Macht *für* das Soziale, für das Soziale einstehende, es fördernde und verdichtende Macht. Gäbe es ohne die urzeitliche Schulung in der Wahrnehmung des Schönen und vollendet Gelungenen am Artgenossen eine Idee des Schönen von Menschenhand in der Kunst, eine Idee vom gelungenen Leben, eine Vorstellung vom politischen Zusammenwirken und von sozialer Harmonie?

Daß Schönheit eine wahrhaft *soziale* Macht ist, eine aggregative, aufbauende, das Soziale mehrende Macht, sehen wir zumal an ihrer *Sterblich-keit.* Die Sterblichkeit zieht der Schönheit nicht nur den Giftstachel des Unrechts, sie steigert sie geradezu in den Rang eines *sozialen Projekts*: Gerade weil Schönheit mit jedem schönen Individuum immer altert und schließlich abstirbt, um mit jeder neuen Generation neu zu entstehen, wird sie auch zu einer Eigenschaft des sozialen Körpers, die über das Individuum hinaus auf die Gesellschaft, ja die Gattung und das Projekt Leben selbst verweist. Wie die Fontäne eines großen Brunnens sich weithin sichtbar aus Myriaden immer neuer Wassertropfen zu einem scheinbar stabilen Gebilde formt, so fügt sich die Schönheit als Inhalt gesellschaftlicher Erfahrung aus immer neuen schönen Gesichtern und Körpern. Wie der einzelne Wassertropfen die Formation der Fontäne wieder verläßt und zurückfällt, so ist auch die Schönheit des einzelnen Körpers sterblich. Nur im Kommen und Gehen der Schönen, nur in der sozialen Dimension ist sie unzerstörbar.

Vorsatz

»Lauf, hol Dich ein
und sieh' Dir ins Gesicht,
Du warst es lange nicht.
Jetzt kannst Du's sein.«
Peter Härtling

Über die Schönheit neu nachzudenken und vielleicht auch darüber zu streiten, was sie ist, was sie uns gibt und was sie uns nimmt, lohnt sich nur, wenn es gelingt, eine solche Debatte von all den ermüdenden Vorbelastungen des aktuellen Geschlechtergrabenkampfes freizuhalten. Wenn es »die Schönheit« überhaupt nicht gibt, weil kein »wertfreies ästhetisches Empfinden« existiert, wenn alles nur subjektive Willkür ist und diese wiederum, in einer »männerdominierten Gesellschaft«, männliche Herrschafts- und Unterdrückungswillkür, dann ist es nicht der Mühe wert zu streiten, weil eh nichts zu bewegen ist.

Der moderne Schönheitsdiskurs steht im Banne der verlorenen Unschuld. Es scheint uns nicht mehr vergönnt, ganz naiv zu staunen, Schönheit ebenso freudig wie neidlos willkommen zu heißen und sie großzügig zu beschreiben.

Das nächste Buch, das ich über die Schönheit schreiben werde, sollte den ebenso einfachen wie schönen Titel *dieses* Bandes einlösen: EINFACH SCHÖN. Das nächste Mal möchte ich versuchen, stur wie zwei Maulesel, den wabernden Pulverdampf des Geschlechterkrieges (sollte er dann immer noch wabern) zu ignorieren, jenes ephemere Getöse und Getümmel, das uns die Sicht vernebelt auf das, was ein wenig besser zu verstehen und noch mehr zu lieben es einzig ankommt: die Rätsel der Schönheit und das vielleicht noch größere Rätsel unseres Schönheitssinns.

Anmerkungen

Der Anmerkungsapparat ist in Verbindung mit der ausführlichen Literaturliste zu benutzen. Die zitierte Literatur ist an dieser Stelle nur in Kurzform (Autor, gegebenenfalls Jahr, manchmal auch Kurztitel) wiedergegeben. Einige wenige Titel, die nur am Rande in Zusammenhang mit dem Gesamtthema stehen, sind ausschließlich im Anmerkungsteil aufgeführt.

Einfach schön

1 Vgl. bes. das breit rezipierte Buch von Naomi Wolf, Der Mythos Schönheit (1991); auch Annette Brauerhoch argumentiert in ihrem sehr lesenswerten Aufsatz in eine ähnliche Richtung; vgl. auch Ebba Drolshagen, in: Karpf/Kiesel/Visarius.
2 Dietmar Kamper/Christoph Wulf (Hg.), S. 9.

Macht der Schönheit und Schönheitstabu

1 Vgl. P. Sloterdijk (1993).
2 Die Abscheu vor der »niederen Natur« des Körpers ist alt und weit verbreitet. Augustinus räsoniert im XIV. Buch seines *Gottesstaates* (23. Kap.) darüber, warum die Menschen eigentlich die Regungen der eigenen Fleischeslust als so beschämend empfinden. Die *libido eribescenda*, meint er, stelle die natürliche Subordination des Leibes unter den Geist in Frage; immer wieder entziehe sich die fleischliche Begierde der Regie von Geist und Willen.

Und Dante schildert uns in seinem berühmten *Traum* vor dem Aufstieg in den fünften Büßerkreis des *Purgatorio* (XIX. Gesang) in seiner *Divina Commedia* die irdische Schönheit der verführerischen Frau als ein Trugbild, eine Wunschprojektion der subjektiven Begierde: Vor des Träumenden Augen verwandelt sich das zunächst schielende, hinkende »Krüppelweib« in eine erotisch stimulierende Sirene.

3 Zu den genannten Aspekten vgl. bes. die Ergebnisse der empirischen Untersuchungen von E. W. Mathes; B. P. Allen; K. R. Mitchell/E. E. Orr; E. Walster; D. Krebs/A. A. Adolfini; J. H. Langlois/A. C. Downs; R. M. Lerner, J. V. Lerner.

4 Vgl. die kurze Zusammenfassung einschlägiger Untersuchungsergebnisse bei Susan Sprecher, Haben es Schöne schöner?; ebenso: Martin Schuster, Das ästhetische Motiv, S. 5 ff.; Christl Pfannenschwarz.

5 Zu den einzelnen Bereichen vgl. Anm. 2; außerdem bes. W. H. Jones/R. O. Hansson/A. L. Phillips; M. G. Efran; grundsätzlich: E. Hatfield/S. Sprecher, Mirror, Mirror ... The Importance of Looks in Everyday Life.

6 Vgl. hierzu den Hinweis bei Susan Sprecher: »In den späten Sechzigern warf der amerikanische Sozialpsychologe Eliot Aronson in einem Referat vor Kollegen die Frage auf, weshalb das (gute) Aussehen bis dahin in der Forschung über Persönlichkeit und soziales Verhalten keine Rolle gespielt hatte. Als Grund vermutete er, daß Wissenschaftler eine solche Fragestellung entweder für undemokratisch gehalten hatten oder davon ausgegangen waren, daß Schönheit ohnehin nur bei jungen Frauen eine Rolle spielte und Forschung in dieser Richtung keine grundsätzlichen und allgemeingültigen Erkenntnisse über das Sozialverhalten bringen könne. Inzwischen haben amerikanische Sozialwissenschaftler die Einflüsse der äußeren Erscheinung großflächig erforscht und nachgewiesen, wie wichtig sie in fast jedem Lebensbereich ist.« (S. 25)

7 Vgl. G. Böhme (1990) S. 535 f.; U. Greiner (1982); B. Sichtermann.

8 Vgl. J. J. Winckelmann (1966), Bd. 5, S. 30.

9 Das ist auch eines der Motive für die plötzliche »Wende« in Paul Schraders Film *American Gigolo* (Ein Mann für gewisse Stunden, USA 1980), der auch für die Schönheitsdebatte insgesamt eine Art »Meilenstein« markiert; vgl. die einfühlsame Interpretation von Christiane Peitz, der ich eine Reihe von Hinweisen verdanke. Zum Aspekt der »zerbrechlichen Schönheit« findet sich bei ihr die Bemerkung: »Die Affinität von Schönheit und Gewalt bedürfte einer eigenen Darstellung; der abrupte Szenenwechsel in ›American Gigolo‹ läßt immerhin ahnen, daß Schöheit besonders anfällig, ja gefährdet ist. Ihre Macht provoziert ihre Zerstörung. Julian Kay, wie er schutzlos und verletzlich am Fenster steht, wird nicht schadlos davon kommen.«

10 Vgl. Aus dem Wörterbuch des Teufels (Übersetzung und Nachwort von Dieter E. Zimmer), Frankfurt/M. 1966.

11 Ders. (1969), S. 96.

12 Vgl. O. K. Werckmeister, Ende der Ästhetik, bes. die Arbeiten zu Th. W. Adorno und H. Marcuse, S. 7 ff. und S. 86 ff.

13 Vgl. R. Bubner; W. Welsch; Th. Meyer. Vom Verfasser vgl. die kleine Schrift: Die politische Aktualität des Ästhetischen (1992), aus der im folgenden einige Gedanken und kürzere Passagen in die vorliegende Arbeit übernommen wurden (S. 10 ff.).

14 Vgl. Ästhetik und Kommunikation (67/68); G. Wolandt (Hg.) Die Ästhetik, das tägliche Leben und die Künste.

15 Zwar hebt auch ein mittelalterlicher Schönheitsdenker wie Dante auf das »Unverdiente« der menschlichen Körperschönheit ab, doch nimmt die Argumentation eine bezeichnende Wendung zum Lob der Natur als einem genialen Künstler: »... so dürfen wir auch nicht einen Menschen um der Schönheit willen

loben, die er von Geburt an seinem Körper trägt, denn er hat das nicht selbst gemacht, wohl aber dürfen wir den Künstler, d.h. die menschliche Natur, loben, die so viele Schönheiten in ihrem Stoffe erzeugt, wenn er ihr nicht hinderlich im Wege steht« (Dante, Convivio III 4, hier zit. nach R. Assunto, Die Theorie des Schönen im Mittelalter, S. 184).

16 G. Böhme (1990), S. 535 f.

17 Zum folgenden vgl. vom Verfasser: Sein oder Design. Zur Dialektik der Abklärung (1987), bes. S. 15 ff., 111.

18 Vgl. J. Baudrillard, S. 114.

19 Ders., S. 63.

20 Die dieser Debatte zugrundeliegenden Thesen gehen auf Judith Butlers Buch *Gender Trouble* (dt. Das Unbehagen der Geschlechter, Frankfurt a. M. 1991) zurück; zur Diskussion vgl. G.-A. Knapp/A. Wellerer (Hg.), Traditionen-Brüche. Entwicklungen feministischer Theorie, Freiburg i. Br. 1992. Für Judith Butler liegt hinter der Geschlechtsidentität nichts wirklich Greifbares, jedenfalls keine *geschlechtlich bestimmte Identität*: »Es gibt so viele Geschlechter, wie es Individuen gibt.« Biologische Realitäten »außerhalb der diskursiven Verfahren« kennt sie nicht. Leiblichkeit ist ihr nichts als die Folie kultureller Einschreibungen und endlos wiederholter Bezeichnungsrituale. Nirgends ein Hinweis auf die Folgen ihres »Spiels mit den (Geschlechts-)Identitäten« für den realen geschlechtlichen Reproduktionsprozeß. Wenngleich Judith Butlers *Gender Trouble* vor allem als »Kriegserklärung« an die Adresse einer um kollektive Identität bemühten »fundamentalistischen« Frauenbewegung zu lesen ist, so ist ihre so windschnittig im allgemeinen Individualisierungstrend segelnde Frauen-Anstiftung zur »Verwirrung der Geschlechter-Binarität« auch ein unüberbietbares Beispiel dafür, wie weit die voluntaristische Eskamotierung der Biologie und der zugehörige ideologische Machbarkeits- und Veränderbarkeitswahn gehen können:

eben bis hin zur behaupteten Sabotagemöglichkeit am Schicksal der »natürlichen« Geschlechtervorgabe.

21 Vgl. bes. Naomi Wolf (1991) und Psychologie heute special (1992)

22 Plakatparolen auf einer Frauendemonstration mit »Gegendemo« (1992 in München), die eine Art »archetypischer Konfliktkonfiguration« zwischen der an den kollektiven Leitbildern der Frauenbewegung orientierten Generation der 68er-Mütter und den individualistischen und hedonistischen 90er-Jahre-Töchtern abbilden.

23 Vgl. hierzu Margit Sereny-Limmer (Interview).

24 Gewiß kann, was künstlich ist und von Menschenhand stammt, wie das Naturgeschaffene schön sein. Dennoch ist auch für den antiken Kontext die Artgenossenschönheit sozusagen der allen vertraute, keiner weiteren Begründung bedürftige »Normalfall« des Schönen, von dem alle Erkenntnisbemühung ihren Ausgang nimmt und auf den sie sich bezieht. Vgl. Xenophon, Symposion (V3), dt. Das Gastmahl, übers. v. G. P. Landmann, Reinbek bei Hamburg 1957, S. 42: »Gibt es nach deiner Meinung Schönheit nur bei Menschen oder auch sonst? – Schön, sagte Kristobulos, kann doch weiß Gott, auch ein Pferd sein und viele unbelebte Sachen. Man spräche doch sonst nicht von einem schönen Schild oder Schwert oder Speer.« Ebenso Th. Mundt, Aesthetik. Die Idee der Schönheit und des Kunstwerks im Lichte unserer Zeit (1845), (Faksimiledruck) Göttingen 1966, S. 275: »Der menschliche Körper selbst ist die erste Verwirklichung der Schönheitsidee, das erste Kunstwerk, in welchem Natur und Geist ineinandergedrungen und dort die Verbindung gefeiert haben, die als das eigentliche Grundgesetz aller Lebensentwicklungen dasteht.« Zum Spannungsverhältnis von Natur- und Kunstschönheit vgl. auch S. J. Schmidt (Hg.), S. 195 ff., und G. Müller, S. 28 ff.

1 Für diese Position beispielhaft: H. J. Eysenck (1981); vgl. M. Schuster, S. 361 ff.

2 Vgl. Nancy L. Etcoff.

3 Vgl. M. Schuster, S. 25 ff., S. 156 ff., bes. 168 f.

4 Zur Ästhetik Kants vgl. bes. T. Eagleton, S. 73 ff.; H. Nitschack, S. 34 ff.

5 In einigen Aspekten folgt die hier vorgetragene Sicht der Kunstphilosophie Roman Ingardens:»Das ästhetische Erlebnis führt zur Konstitution eines eigenen – des ästhetischen – Gegenstandes, der nicht zu identifizieren ist mit demjenigen Realen, dessen Wahrnehmung gegebenenfalls den ersten Impuls zur Entfaltung des ästhetischen Erlebnisses gibt, und das manchmal, wenn es ein zu diesem Zweck gebildetes Kunstwerk ist, eine regulative Rolle beim Verlauf des ästhetischen Erlebnisses spielt.« Vgl. R. Ingarden, Das ästhetische Erlebnis, in: ders., Erlebnis, Kunstwerk und Wert. Vorträge zur Ästhetik 1937–1967, Tübingen 1969, S. 3.

J. J. Winckelmann verbindet in seiner Schrift »Gedanken über die Nachahmung« von 1755 seinen »Geniebegriff« mit dem Selektionsprinzip des antiken Maler Zeuxis: »In solcher genauen Bekanntschaft wird man wie Nikomachos von der Helena des Zeuxis urteilen: ›Nimm meine Augen‹, sagte er zu einem Unwissenden, der das Bild tadeln wollte, ›so wird sie dir eine Göttin scheinen‹«; zit. nach H. Niewöhner, S. 25.

6 Vgl. E. F. Carrit (1949); R. Bayer (1954); D. Brinkmann (1938).

7 Erhellend für diesen Zusammenhang auch der »klassische« Gegensatz von Goethe und Schiller; vgl. H. Nohl, S. 122 ff., ebenso S. 112 ff. und 115 ff. (»Schillers Wendung zum Subjekt« und »Die dialektische Konstruktion des Schönen«).

8 Zum zentralen Aspekt des Zusammenhangs von Symmetrie und Schönheit vgl. W. Kambartel, S. 18 ff.

9 Vgl. Christian Gampert, Rätselhafte Schambeinwöl-
bung, in: taz, 9. 1. 1995; Guggenberger, Komparsen im
Käfig, in: DIE ZEIT v. 10.3.95.

10 Ders., 1764, S. 142

11 Diese Bemerkungen sind jedoch ohne alle erotischen
Konnotationen, wie sie das Signalement intimer Bei-
wörter etwa im Walther-Lied (Sî wundervol gemachet
wîp), im »Leich« und in den szenischen Liedern und
Pastourellen des Minnesangs anklingen läßt: »wîze
hant«, »blôzer vuoz« u. a.; vgl. H. Tervooren, S. 171.

12 Homer, Ilias 3, 156–158.

13 Ders., Laokoon, in: Sämtliche Schriften, hrsg. von
K. Lachmann (3. Aufl. v. F. Muncker), Bd. 9 (1893),
S. 129 f.; vgl. auch G. M. Friedländer, S. 7 ff.

14 Sappho 31 LP (übers. v. E. Peterich). Vgl. P. Brockmeier, S. 201.

15 G. van der Leeuw, Phänomenologie der Religion,
3. Aufl., Tübingen 1970, S. 87.

16 Vgl. K. Ostheeren, Zu Form und Funktion der Schönheitsbeschreibung im Mittelenglischen, in: T. Stemmler (Hg.), Schöne Frauen – Schöne Männer, S. 145 ff.,
S. 152 f.

17 Vgl. zum folgenden H. Haag, S. 33 ff.

18 Zweimal 1,15; zweimal 4,1; 4,7; 6,4; 6,10; 7,2; 7,7.

Wir und die Schönen

1 Vgl. die Zusammenfassung bei S. Sprecher, S. 25 ff.
und Ch. Pfannenschwarz, S. 36 ff.; einen gründlichen
Gesamtüberblick bieten E. Hatfield, S. Sprecher.

2 Vgl. J. Hartnett/D. Elder; H. Sigall/D. Landy; M. L.
Meiners/J. P. Sheposh.

3 Neben den o. g. Titeln vgl. bes. R. Bull/N. Rumsey.

4 Zum folgenden vgl. bes. E. Hatfield/S. Sprecher;
Th. F. Cash/L. H. Janda; ebenso Ellen Berscheid/
Elaine Walster, Wer schön ist, ist auch gut, in: Psy-
chologie heute, Heft 7, 1975.

5 Vgl. bes. E. Walster; E. W. Mathes.

6 Man nennt solche verdeckten, ohne das Wissen der Versuchsperson vorgenommenen Messungen »nicht-reaktiv«; vgl. E. Webb/D. T. Campbell/D. Schwartz/L. Sechrest, Unobstrusive Measures: Nonreactive Research in the Social Sciences, (McNally) Chicago 1966.

7 Die wesentlichen Ergebnisse bei E. Hatfield/S. Sprecher.

8 Zum folgenden bes. G. L. Patzer; R. Bull/N. Rumsey; E. Hatfield/S. Sprecher.

9 Die »double-bind«-Situation beschreibt einen tiefgreifenden psychologischen Loyalitätskonflikt, der im Extremfall Persönlichkeiten regelrecht »spalten« kann.

Fernsehen, Film und Artgenossenschönheit

1 Vreni Berlinger, Corriger la fortune. Vor und nach einer Schönheitsoperation, in: NZZ-Folio, Nr. 5, Mai 1993, S. 22.

2 Norbert Grob, S. 20.

3 Ders., S. 44: »Othello und Nora sind bestimmte, wesenhafte Figuren, geschaffen von einem Dramatiker. Sie können gut oder schlecht gespielt werden, in dieser oder jener Form interpretiert. Aber sie sind ganz deutlich vorhanden, ganz gleich, von wem und ob sie überhaupt gespielt werden. Eine Gestalt in einem Film dagegen lebt und stirbt mit ihrem Darsteller. Hier handelt es sich nicht um die Wesenheit Othello, dargestellt von Robeson, oder die Wesenheit Nora, dargestellt von der Duse; es handelt sich um die Wesenheit Greta Garbo in Gestalt einer Figur namens Anna Christie oder die Wesenheit Robert Montgomery in Gestalt eines Mörders« (Hinweis bei S. Horst, S. 12).

4 Kenneth Anger, Sich an Valentino erinnern heißt Valentino entdecken, in: Stiftung Deutsche Kinemathek (Hg.), S. 8 (vgl. Hinweis N. Grob, S. 25).

5 Dieses »Selbstbild« formt sich in enger Interaktion mit der vor allem von Gleichaltrigen eingeschätzten Schönheit. Vgl. bes. R. E. Kleck/St. A. Richardson/ L. Ronald und J. H. Langlois/A. C. Downs.

6 Vgl. das sogenannte »Bo-Derek-Ranking«.

7 Barry Levinson; USA 1994.

8 Ders., Das Leben der Bilder oder die Kunst des Sehens, 1989.

9 Remake von Jim McBride, USA 1982.

10 Ebd., S. 117.

11 Ich denke hier insbesondere an Woody Allens *Purple Rose of Cairo* (USA 1986), s.o.

12 USA 1986 (von Gary Marshall).

13 Diesen Hinweis, wie so manch anderen guten Ratschlag, verdanke ich Andreas Kilb.

14 Die neue Dimension der Täuschbarkeit und den völligen Verlust an Authentizität hat uns bisher wohl am eindrucksvollsten der oscargeadelte Erfolgsfilm des Jahres 1994, *Forrest Gump* (USA), vor Augen geführt.

Schönheit ist weiblich

1 Vgl. DIE ZEIT vom 1. Mai 1992.

2 Dies., S. 124.

3 »Ein sich bäumendes Pferd«, schreibt Xenophon, dem wir so berühmte Pferdeschilderungen danken, »ist aber auch in der Tat etwas so Schönes, Furcht Gebietendes und Wundervolles, daß es die Augen aller (...) fesselt. Jedenfalls kann niemand von ihm loskommen und sich an ihm sattsehen, solange es sich im vollen Glanz zeigt« (vgl. Xenophon, Peri Hippikes XI 9, dt. Über die Reitkunst, Meißen 1912).
Es ist daher auch gar nicht verwunderlich, daß unter den klassischen naturnahen Metaphern für die weibliche Schönheit das Bild des Pferdes einen wichtigen Platz einnimmt: Anakreon spricht im sechsten vor-

christlichen Jahrhundert die Geliebte fast zärtlich als
»thrakisches Füllen« an, welches noch »unbarmherzig (fliehe) und nur einen Pferdekenner als gewand-
ten Reiter (brauche)« (Anakreon 417 Page; zit. nach
H. Funke, S. 52).

Und Alkman läßt uns den Eindruck eines schönen
Mädchens inmitten von durchschnittlichen Altersge-
nossinnen bis zur fast schmerzenden Deutlichkeit
plastisch werden, wenn er das Exzeptionelle ihrer
Schönheit in einem Bild wie diesem beglaubigt: Sie
hebe sich unter ihresgleichen hervor, »wie wenn einer unter Weidetieren ein Pferd stellte, ein schönes
preisholendes fußstampfendes« (Alkman 1 Page,
übers. v. F. Dornseiff, zit. nach H. Funke, S. 52).

4 Ich will an dieser Stelle ganz bewußt keine Diskussion
zum Geschlechts-Dimorphismus samt seinen biologischen Implikationen führen; ebensowenig dem naheliegenden Verweis aufs Tierreich, besonders auf die
Säugetiere und die Vögel, nachgehen, bei denen in
der Regel die Männchen die schöneren und stattli-
cheren Tiere sind. Was mich an *dieser* Stelle allein interessiert, ist die beobachtbare Unterschiedlichkeit
der Wahrnehmung: Frauen haben Männern zu keiner
Zeit so eindeutig das Etikett Schönheit zugedacht wie
umgekehrt die Frauen von den Männern zum »schönen Geschlecht« geadelt wurden; und nie haben die
Frauen sich *verhaltenspraktisch* von dieser Wahrnehmung mehrheitlich distanziert oder zu erkennen gegeben, daß *ihre* geschlechtsspezifische Wahrnehmung sie dies grundlegend anders sehen lehrte.

Diese Erwägungen sind freilich keine bündige Antwort auf die Frage, ob ein hypothetischer ge-
schlechtsneutraler, aber ästhetisch sensibler Beobachter nicht doch beiden Geschlechtern die gleiche
Schönheit zusprechen würde.

5 Spätestens an dieser Stelle der Argumentation ist der
pflichtgemäße (Frauen-)Einspruch in Gestalt des
Hinweises auf ferne Kulturen – meist die putzsüchti-

gen und farbenprächtigen Woodabe-Jünglinge – mit ihren »ganz anderen« Schmink-, Schmuck- und Zeigeritualen zu gewärtigen (vgl.. etwa Naomi Wolf, S. 15; Judith Rauch, S. 60). Dieser Hinweis indes ist ungefähr so hilfreich wie die Empfehlung, das »Zwei vor, eins zurück« der Echternacher Springprozession als Alternative zur herkömmlichen Fortbewegung einzuführen. Und macht man sich darüber hinaus die Mühe, genauer nachzusehen, dann wird man unschwer feststellen, daß auch bei den Woodabe-Stämmen und anderen Kulturen mit ausgeprägten sinnenfreudigen männlichen Initiations- oder »Balz«-Zeremonien die Lust an der schmückenden und aufschönenden Körperinszenierung keineswegs nur auf die Männer beschränkt ist.

6 Vgl. S. Bovenschen.

7 John Berger, 1989.

8 So Ebba Drolshagen, in: Psychologie Heute special, S. 9.

9 Dörthe Binkert, in:Psychologie Heute special, S. 33.

10 Vgl. ders., Some Women.

11 So hat Schiller einmal die Anmut definiert: als »Schönheit in Bewegung«. Vgl. hierzu H. J. Heinrichs, »Bewege dich, so wirst du schön«.

12 Vgl. H. Funke, S. 62 ff.

13 Neuere Untersuchungen weisen darauf hin, daß »kulturell bedingt« noch lange nicht heißt: »beliebig änderbar«; vgl. z. B. J. H. Barkow/L. Cosmides/J. Tooby (Hg.), The Adapted Mind (Oxford University Press) 1990:»Culture is not causeless and disembodied. It is generated in rich and intricate ways by information-processing mechanisms situated in human minds. These mechanisms are, in turn, the elaborately sculpted product of the evolutionary process. Therefore, to understand the relationship between biology and culture one must first understand the architecture of our evolved psychology.«

14 An diesem Punkt hat es, was den Stand der Schön-

heitsforschung anlangt, in den zurückliegenden Jahren die dramatischsten und weitestreichenden Änderungen gegeben: »Neue Untersuchungen ergaben, daß Menschen kulturunabhängig einheitliche Kriterien dafür haben, was ein hübsches Gesicht sei [...]. In jüngster Zeit waren Vorstellungen populär geworden, wonach das Schönheitsideal eine willkürliche gesellschaftliche Konvention und damit sowohl kulturell geprägt als auch zeitlich variabel sei [...]. Dieser These widersprechen die neuen Ergebnisse. Danach sind die Kriterien für Schönheit sehr wohl international. Japaner lieben an Japanerinnen die gleichen Gesichtszüge wie Europäer an Europäerinnen [...] Die Psychologen sprechen ›von großen Ähnlichkeiten in der interkulturellen Beurteilung der Attraktivität von Gesichtern‹«, schreibt Hubert Rehm in *Spektrum der Wissenschaft* (1. Juli 1994). Und bei Nancy L. Etcoff lesen wir in *Nature* vom 17. März 1994: »There must be some general understanding of the concept, however vaguely defined; for instance, even two-month-old infants prefer to gaze at faces that adults find attractive [...]. But the assumption that beauty is an arbitrary cultural convention may simply not be true. Perret et al. belong to a growing body of scientists who are beginning to challenge it, just as scientists have begun to question anew many other asumptions about the relationship between human behaviour and culture.«

15 »Nofretete« bedeutet wörtlich: »Die Schöne ist gekommen.«

16 In: Die beispielhaften Novellen, Leipzig 1978, S. 66.

17 Ders., Anderthalb Wahrheiten. Aphorismen, Berlin 1974, S. 10.

18 B. Sichtermann, Weiblichkeit. Zur Politik des Privaten, 1983.

19 Zu diesem suggestiven Begriff vgl. W. Peters.

20 U. Greiner. »Wo und wie aber in der Kunst diese (die ideale, höchste Gestalt des Menschen) wiederkehrt oder erstmalig erschien oder erscheint – ob im Her-

mes des Praxiteles, ob im Bamberger Reiter oder in Georg Kolbes Gestalten – : sie wird stärker sein als diese vielgerühmte ›Wirklichkeit‹, in der die Menschen die Wahrheit suchen und aus der sie sich immer wieder von neuem bemühen zu leben« (R.G. Binding, Vom Leben der Plastik, S. 31 f.).

21 Vgl. den frühen Zwischenruf von Katharina Rutschky (1985).

22 Vgl. K. Vondung, »Überall stinkt es nach Leichen«. Über die ästhetische Ambivalenz apokalyptischer Visionen, in: P. Gendolla/C. Zelle (Hrsg.) S. 55 ff.; ebenso H. Hartwig, Die Metaphorik des »Unheimlichen« und »Grausamen« in der Medientheorie, in: P. Gendolla/C. Zelle (Hrsg.), S. 227 ff.

23 Wie kein anderer Künstler war es Goya, der die Dämonen entfesselte; vgl. z.B. die bezeichnende Auseinandersetzung mit Goyas chaotischer Bilderwelt »des Alogischen« bei H. Sedlmayr, Verlust der Mitte, S. 109 ff.

24 Vgl. W. Welsch, Ästhetik und Anästhetik.

25 Zit. nach Joan Didion, ebd.

26 Dies., (1994), S. 123.

27 Dies. (1989).

28 Ders. (1983), S. 7.

29 Vgl. bes. K. Rosenkranz, Ästhetik des Häßlichen (Vorwort W. Henckmann): »Das Häßliche kann also neben dem Schönen, gleichsam unter seinem Patronat, accidentell erscheinen; es kann uns die Gefahr vergegenwärtigen, der das Schöne in der Freiheit seiner Beweglichkeit ständig ausgesetzt ist (...) In der Totalität der Weltanschauung macht das Häßliche, wie das Kranke und das Böse, nur ein verschwindendes Moment aus, und in der Verschlungenheit mit diesem großen Zusammenhang ertragen wir es nicht nur, sondern kann es uns interessant werden« (ebd., S. 40).

30 Ders., (1967).

31 Schön also ist auch, was auf *Schöneres* verweist; auch das, was auf immer unvollkommen, das Vollkom-

mene erahnen läßt, ist Schönheit. Hilde Domin hat zu dieser quasitautologischen Schönheitsdefinition ein schönes Gedicht verfaßt, welches, ganz im Sinne des hier geäußerten Gedankens, auf *das noch schönere Gedicht* verweist, das sie nie geschrieben hat und nie schreiben wird:

SCHÖNER

Schöner sind die Gedichte des Glücks.
Wie die Blüte schöner ist als der Stengel
der sie doch treibt
sind schöner die Gedichte des Glücks.
Wie der Vogel schöner ist als das Ei
wie es schön ist wenn Licht wird
ist schöner das Glück
Und sind schöner die Gedichte
die ich nicht schreiben werde.
(Hilde Domin, in: Hier, Frankfurt am Main 1964)

Schönheit contra Emanzipation?
Eine Antipolemik

1 S. 7.
2 S. 2.
3 Ebd.
4 Ders., Mann an sich, in: DIE ZEIT vom 25.2.1994.
5 Vgl. etwa Sylvia Schneiders Beitrag *Schönheit: Letztes Mittel gegen die Emanzipation?* : »Das Schönheitsideal entpuppt sich immer mehr als Waffe gegen neugewonnene Freiheiten. (...) Die Befreiung der Frauen wurde aufgehalten durch ein neues, ein unheilvolles Verhältnis zum eigenen Körper« (S. 52). Ganz ähnlich schreibt auch Naomi Wolf: »Der Schönheitsmythos in seiner modernen Form entstand, um den Platz des Weiblichkeitswahns einzunehmen und die Frauenzeitschriften und ihre Anzeigenkunden vor dem Fallout der Revolution der Frauen zu schützen. Der

Schönheitsmythos übernahm schlicht und einfach die Funktion des Häuslichkeitskults, den Betty Friedan entlarvte« (S. 89 f.).

6 Naomi Wolf, S. 13.

7 Ebd., S. 14, 15, 16.

8 S. 2.

9 Vgl. bes. S. 78 ff.

10 S. 20; S. 14.

11 Naomi Wolf, S. 23.

12 Ebba Drolshagen, ebd., S. 6 (ff.).

13 Ebd., S. 3.

14 Ebd.

15 Ebd., S. 29.

16 Ursula Nuber, S. 3.

17 Vgl. vom Verfasser, Wenn uns die Arbeit ausgeht (1988).

18 Ursula Nuber, Psychologie heute – special, S. 3.

19 Ebba Drolshagen, ebd., S. 12.

20 Ebd.

21 Buchtitel in ironischer Anlehnung an die Tanzfilme mit Fred Astaire und Ginger Rogers.

22 Zu den geltend gemachten Unterschieden zwischen männlichem und weiblichem Körper vgl. Edda Drolshagen, Psychologie heute – special, S. 9.

23 Zit. nach Ebba Drolshagen, ebd., S. 8.

24 Vgl. Margaret Minker, ebd., S. 16.

25 Hierzu und zum folgenden Ebba Drolshagen, ebd., S. 8; zum Ideal des Androgynen in Kunst und Geschichte vgl. Androgyn. Sehnsucht nach Vollkommenheit (1986).

26 Hierzu und zum folgenden vgl. dies., Sinnlich, selbstbewußt und ein klein wenig böse, in: FAZ vom 8.2.1995, S. 7.

27 Vor allem Ebba Drolshagen wird in ihren zahlreichen Äußerungen zum Thema nicht müde, ein solches »imperialistisches« Schönheitsideal zu behaupten. Zuzustimmen ist ihren Beobachtungen allerdings, was die fortschreitende »Europäisierung« des Äußeren anlangt. Jeder dritte japanische Export-Manager unter-

zieht sich mittlerweile einer pupillenerweiternden Augenoperation.

28 »Mein Image kommt der Wahrheit sehr nahe«, behauptet Claudia Schiffer selbst. Vgl. Immer nur Lächeln – und sonst? Ein Gespräch mit Claudia Schiffer, in: SZ vom 17./18. Dezember 1994, S. 26.

29 Dörthe Binkert, S. 34.

30 Vgl. Renate Scholz, S. 22 ff.

31 Zit. nach Margaret Minker, S. 18.

32 Am 6.4.1989, 19 Uhr.

33 Sie spricht vom »reflexhaften Drang des politischen, wirtschaftlichen und kulturellen Machtestablishments, eine Gegenoffensive gegen die aufbegehrenden Frauen einzuleiten« (S. 15).

34 Interview, in: Psychologie heute – special, S. 8.

35 Vgl. das Resümee dieses doch einigermaßen überraschenden Befundes einer Vielzahl von empirischen Forschungsbemühungen und Studien bei Christel Pfannenschwarz, bes. S. 40 ff.

36 Bernhard Kellermann, Das häßliche Mädchen, Berlin 1979, S. 39.

Wär's ohne Schönheit schöner?

1 »Der Qualität nach«, schreibt Kant, der hier vor allem zu nennen wäre, »ist das Schöne der Gegenstand eines reinen uninteressierten Wohlgefallens«; und einer seiner bezeichnenden Definitionsversuche in der *Kritik der Urteilskraft* (Leipzig 1968, S. 105) lautet: »Schön ist, was ohne Begriff als Gegenstand eines notwendigen Wohlgefallens erkannt wird.« Und: »Die Schönheit genügt sich selber«, notiert Karel Capek in seinen *Reisebildern* (Berlin/Weimar 1978, S. 177).

2 Vgl. Jean Anouilh, Hermelin. Dichtungen VII, München 1960.

3 Ebd.; vgl. G.M.A. Grube, Plato's Theory of Beauty, in: Monist 37, 1927; Th. Sträter, Studien zur Geschichte

der Ästhetik, Heft 1: Die Idee des Schönen bei Platon, Bonn 1861.

4 A.a.o., Leipzig 1973, S. 28.

5 Vgl. R. Assunto, Die Theorie des Schönen im Mittelalter.

6 Vgl. E. Grassi, S. 91 f.; auch S. 50 f. und S. 200 ff.

7 Vgl. beispielhaft den Franziskanertheologen und Kirchenlehrer Bonaventura (gest. 1274): »Wahr spricht der Philosoph Secundus: die Frau ist die Verwirrung des Mannes, die tierische Hausgenossin, fortwährende Beunruhigung, der unaufhörliche Kampf, die tägliche Niederlage, das Gewitter im Hause, das Hindernis der Pflichten, der Schiffbruch des enthaltsamen Mannes, eine schwere Last, eine unersättliche Biene (...) Daher sagt Chrysostomus (...): ›Was ist die Frau anders als die Feindin der Freundschaft, eine unausweichliche Strafe, ein notwendiges Übel, die natürliche Versuchung, das ersehnte Unheil, die Gefahr im Haus, eine Sichel des Satans, eine stinkende Rose, süßes Gift...‹«; hier zit. nach G. Denzel, S. 892.

8 Als typisch vgl. etwa das Hegelsche Diktum: »Das Schöne ist das Scheinen der Idee durch ein sinnliches Medium (Stein, Farbe, Ton, gebundene Rede), die Wirklichkeit der Idee in der Form begrenzter Erscheinung.«

9 Vgl. H. Funke, Urit me Glycerae nitor..., S. 56 ff.

10 Vgl. H. Haag.

11 Die Liebeskunst, Leipzig 1966, S. 14; J.W. von Goethe, Faust I, (Hexenküche) V.x 2603/4.

12 Zit. nach H.-E. Lex, S. 131.

13 A.a.o., in: Tragödien. Sämtliche Werke in 4 Bänden, Bd. 4, Berlin/Weimar 1966, S. 317.

14 Vgl. dies., Weiblichkeit (1981); sehr einfühlsam findet sich dieser Gedanke auch im nachstehenden Zitat: »Schönheit ist die Chance, die Vergänglichkeit zu vergessen und gleichwohl die Erinnerung daran, denn soweit es sich um lebendige Schönheit handelt, wohnt ihr Vergänglichkeit inne. So erklärt sich unsere Am-

bivalenz gegenüber der Schönheit, denn wir haben ihr etwas vorzuwerfen: Daß sie nicht bleibt und daß sie nie vollkommen ist.« (In: Gender Studies, Reflexionen vor dem Spiegel, Frankfurt a.M. 1992; hier zit. nach Publik-Forum, Extra, S. 6).

15 Sylvia Schneider, S. 57.

16 Ein Gespräch mit Margit Sereny-Limmer, in Psychologie heute – special, S. 48.

17 Vgl. Vreni Berlinger, Corriger la fortune, in: NZZ-Folio Nr. 5, Mai 1993, S. 22.

18 Vgl. Dörthe Binkert, S. 35.

19 Ebd., S. 34. Illusionsfest und dennoch verstörungsimmun, ja fast heiter belehrt uns Friedrich von Logau über dieses »eherne Gesetz«: »Jugend liebt und wird geliebt; Alter liebt und wird verlacht; Liebe nimmt so leicht nicht Liebe, die nicht Liebe macht.« (Jugend und Alter, in: ders., Sinngedichte. Eine Auswahl, Berlin 1967, S. 155)

20 Zit. nach H.-E. Lex, S. 127.

Schönheit als soziale Macht

1 Wenn der soziale Beachtungswunsch das Sozialanliegen *par excellence* ist, wenn wir »die anderen« brauchen, weil sie es sind, die uns anschauen, bewundern und lieben, und wenn im letzten alle auch noch so sozialfernen und -feindlichen Unternehmungen wie Kriege, Eroberungen und Machtkämpfe in diesem Wunsche wurzeln und sich von ihm her rechtfertigen, dann ist es nicht besonders schwer, zu zeigen, warum gerade die Schönheit in diesem unablässigen Wettkampf um die stets knappe Ressource der sozialen Aufmerksamkeit eine so überragende Rolle spielt.

2 Eben diesen Gedanken sprechen auch Ricarda Huchs Verse aus:

»Wo hast du
      all die Schönheit hergenommen,
Du Liebesangesicht,
      du Wohlgestalt!
Um die ist alle Welt
      zu kurz gekommen.
Weil du die Jugend hast,
      wird alles alt,
Weil du das Leben hast,
      muß alles sterben,
Weil du die Kraft hast,
      ist die Welt kein Hort,
Weil du vollkommen bist,
      ist sie ein Scherben,
Weil du der Himmel bist,
      gibst keinen dort!«

(Gesammelte Werke, hrsg. v. W. Emrich, Köln/Berlin 1971).

3 Zur feministischen Interpretation dieser ersten Miss-Wahl vgl. Judith Rauch, S. 60.

4 Vgl. die Argumentation bei Philipp Lersch, Gesicht und Seele, München 1961.

Literatur

Ackermann, Diane: Die schöne Macht der Sinne. Eine Kulturgeschichte, München 1991.

Adorno, Th. W.: Minima moralia; Politische Ästhetik, in: Gesammelte Schriften, hrsg. von G. Adorno und R. Tiedemann, Frankfurt am Main 1970 ff.

Ästhetik und Kommunikation 18 (1987) 67/68 (»Kulturgesellschaft«).

Akashe-Böhme, Farideh: Reflexionen vor dem Spiegel, Frankfurt am Main 1992.

Allen, B. P.: Race and physical attractiveness as criteria for white subjects' dating choices., in: Social Behavior and Personality 1976.

Alvares, A.: Der grausame Gott, Hamburg 1974.

Anderson, R. L.: Art in primitive societies, Englewood Cliffs 1979.

Androgyn. Sehnsucht nach Vollkommenheit. Neuer Berliner Kunstverein. Ausstellung und Katalog, Berlin 1986.

Ahrends, Günther: Liebe, Schönheit und Tugend als Strukturelemente in Sydneys »Astrophel and Stella« und in Spensers »Amoretti«, Inaugural-Dissertation, Bonn 1966.

Amelang, Manfred/ Bartussek, Dieter: Differentielle Psychologie, Stuttgart 1981.

Angier, Natalie: Why Birds and Bees, Too, Like Good Looks, in: New York Times, 8. Februar 1994.

Ariès, Philippe: Geschichte des Todes, München 1980.

Arnheim, R.: Toward a Psychology of Art: Collected Essays. University of California Press, 1966.

– Kunst und Sehen, Berlin 1978.

– Some comments on J. J. Gibbson's approach to picture perception, in: Leonardo 1979 (1)

– Entropie und Kunst, Köln 1979.

Asch, S. E.: On the use of metaphor in the description of persons, in: Werner, H. (Hg.): On Expressive Language, Clark University Press. Worchester 1955.

– Änderung und Verzerrung von Urteilen durch Gruppendruck, in: Irle, E. (Hg.): Texte aus der experimentellen Sozialpsychologie, Neuwied 1969.

Assmann, Jan: Ikonographie der Schönheit im alten Ägypten, in: Stemmler, S. 13–32.

Assunto, Rosario: Die Theorie des Schönen im Mittelalter, Geschichte der Ästhetik, Bd. 2: Mittelalter, Köln 1963.

Audran, G.: Les Proportions du Corps Humain, Paris 1683.

Bachofen, Johann Jakob: Das Mutterrecht, Frankfurt am Main (Originalausgabe: 1861).

Badinter, Elisabeth: Ich bin Du. Oder: Die androgyne Revolution, München 1988.

Barck, Karl-Heinz/Gente, Peter/Paris, Heide/Richter, Stefan (Hg.): Aisthesis. Wahrnehmung heute oder Perspektiven einer anderen Ästhetik, 3. Aufl., Leipzig 1991.

Barthes, Roland: Mythen des Alltags, Frankfurt/M. 1964.

– Die Sprache der Mode, Frankfurt am Main 1984.

Bataille, Georges: Das obszöne Werk. Die Geschichte des Auges, Reinbek 1990.

Bateson, G.: Mind and Nature, Glasgow 1980.

Baudrillard, Jean: Der symbolische Tausch und der Tod, München 1985.

Baur, Jürgen/Miethling, Wolf-Dietrich: Die Körperkarriere im Lebenslauf, in: Zeitschrift für Sozialisationsforschung und Erziehungssoziologe 2, 1991, S. 165–188.

Bayer, R: Von der Methode der Ästhetik, 5. Aufl., 1994.

Beauvoir, Simone de: Das andere Geschlecht. Sitte und Sexus der Frau, Reinbek 1989.

Benson, P. L./Karabenick, St. A./Lerner, R. M.: Pretty pleases the effect of physical attractiveness, race, and sex receiving help, in: Journal of Experimental and Social Psychology 1976, 12, S. 409–415.

Berger, John: Und unsere Gesichter, mein Herz, vergänglich wie Fotos, München 1992.

– Sehen. Das Bild der Welt in der Bilderwelt, Reinbek 1974.

– Das Leben der Bilder oder die Kunst des Sehens, Berlin 1989.

Bergler, R./Six, U.: Psychologie des Fernsehens, Bern 1980.

Berlyne, D. E.: Aesthetics and Psychobiology, New York 1971.

Berscheid, E. et al.: The happy american body: a survey report, in: Psychology Today 1973, 7.

Beyer, Johanna: Die Schönheit des gelebten Lebens, in: Psychologie heute special, S. 66–73.

Bierach, Alfred: Das gewisse Etwas. Man hat es oder man lernt es, Genf 1992.

Binkert, Dörthe: »Ich seh nicht mehr so aus, wie ich mich fühle«, in: Psychologie heute special, S. 32–35.

– Ein Gesicht, das zu mir paßt. Frauen in der Lebensmitte ziehen Bilanz, Stuttgart 1990.

Blaffer-Hardy, Sarah: The Woman That Never Evolved, Harvard University Press, Cambridge 1981.

Boch, Gudrun: Das Lächeln des Erreichten, in: Publik-Forum Extra, S. 29–30.

Bocola, Sandro: Die Erfahrung des Ungewissen in der Kunst der Gegenwart, Zürich 1987.

Böhme, Gernot: Für eine ökologische Naturästhetik, Frankfurt am Main 1989.

– Schönsein, Schön-Sein, in: Merkur 44 (1990) 7.

Bortz, J.: Psychologische Ästhetikforschung. Bestandsaufnahme und Kritik, in: Psychologische Beiträge 1978, 20, S. 481–508.

Bourdieu, Pierre: Die Genese einer reinen Ästhetik, in Merkur 46 (1992) 11, S. 967–979.

Bovenschen, S.: Die Listen der Mode, Frankfurt/M. 1986.

Brauerhoch, Annette: Sein und Schein. Zur Differenz männlicher und weiblicher Schönheit im Film, in: Karpf/Kiesel/Visarius, S. 33–60.

Brinkmann, D: Natur und Kunst. Zur Phänomenologie des ästhetischen Gegenstandes, 1938.

Brock, Bazon: Ästhetik gegen erzwungene Unmittelbarkeit, Köln 1986.

Brockmeier, Peter: Vom verliebten Haß über den erquickenden Verdruß zum schmerzlichsten Genuß. Weibliche Schönheit in Texten von Dante bis Sade, in: Stemmler, S. 199–229.

Brod, Max: Über die Schönheit häßlicher Bilder, Wien/Hamburg 1967.

Brownmiller, S.: Weiblichkeit, Frankfurt am Main 1984.

Bruch, Hilde: Der goldene Käfig: Das Rätsel der Magersucht, Frankfurt am Main 1983.

Brücke, E.: Schönheit und Fehler der menschlichen Gestalt, 1913.

Brückner, Peter u. a.: Das Unvermögen der Realität. Beiträge zu einer anderen materialistischen Ästhetik, Berlin 1974.

Bubner, Rüdiger: Ästhetische Erfahrung, Frankfurt am Main 1989.

Büllmann, Bert: Männer-Beauties. Umgang mit einem überschminkten Tabu, in: Beauties – Faszination des schönen Scheins. Starphotographien aus dem Filmhistorischen Bildarchiv Peter W. Engelmeier, München 1993.

Bull, R./Rumsey, N.: The Social Psychology of Facial Appearance, 1988.

Burkhardt, Gudula: Schönheit. Das Mittelmaß als höchstes Glück, in: Natur, 1. Februar 1995.

Busse, Klaus-Peter/Riemenschneider, Hartmut: Grundlagen semiotischer Ästhetik, Düsseldorf 1979.

Butler, Judith: Das Unbehagen der Geschlechter, Frankfurt am Main 1991.

Cadura-Saf, Doritt: Das unsichtbare Geschlecht. Frauen, Wechseljahre und Älterwerden, Reinbek 1990.

Carrière, Maurice: Ästhetik. Die Idee des Schönen und ihre Verwirklichung durch Natur, Geist und Kunst. Erster Teil (Die Schönheit. Die Welt. Die Phantasie) und

Zweiter Teil (Die bildende Kunst. Die Musik. Die Poesie), Leipzig 1859.

Carrit, E.F.: An Introduction to Aesthetics, New York 1949.

Cash, Thomas/Cash, Diane/Butters, Jonathan: Mirror, Mirror on the Wall. Contrast Effects and Self-Evaluation of Physical Attractiveness, in: Personality and Social Psychology Bulletin, September 1983.

Cash, Thomas/Janda, Louis H.: Wie schön darf frau sein, in: Psychologie heute 4/1985.

Chapkis, Wendy: Schönheitsgeheimnisse – Schönheitspolitik, Berlin 1986.

Clarke, Kenneth: The Nude: A Study in Ideal Form, London 1960.

– Feminine beauty, London 1980.

Cook, M./McHenry, R.: Sexual attraction, Pergamon Press 1978.

Corliss, Richard: The New Ideal of Beauty, in: Time, 30. August 1982.

Craft, Christine: Too Old, Too Ugly and Not Deferential to Men, New York 1988.

Damkowsky, Christa: Lieber frei sein als schön, in: Psychologie heute special, S. 74–79.

Dawkins, P.: Das egoistische Gen, Heidelberg 1978.

Degen, Rolf: Schöne Menschen sind auch nicht besser, in: Süddeutsche Zeitung, 18. April 1991.

– Männliche Schönheit auf dem Prüfstand, in: Süddeutsche Zeitung, 22. November 1990.

Denzler, Georg: »Sichel des Satans, süßes Gift ...« Die Frau in der Geschichte der Kirche, in: Universitas, 46. Jahrgang, September 1991, Nummer 543, S. 887–895.

Dermer, M./Thiel, D. L.: When beauty may fail, in: Journal of Personality and Social Psychology 1975, 31, S. 168–176.

Diederichsen/Dormagen/Penth/Wörner: Das Madonna-Phänomen, Hamburg 1993.

Dion, K. K.: Young childrens' stereotyping of facial attractiveness, in: Developmental Psychology 1973, 9, S. 183–188.

Dipboy, R. L./Arvey, R. D./Terpstrade, D. E.: Relative importance of applicant sex, attractiveness and scholastic standing in evaluation of job applicants resumes, in: Journal of Applied Psychology 1975, 60, S. 39–43.

Dowling, Colette: Perfekte Frauen, Frankfurt am Main 1989.

Drolshagen, Ebba: Der maßgeschneiderte Körper, in: Psychologie heute, Nr. 6, 1. Juni 1990.

– Wir wollen, was wir wollen sollen. Interview in: Psychologie heute special, S. 6–11.

– Die Macht der Schönen und ihre (De-)Konstruktion im Film, in: Karpf/Kiesel/Visarius, S. 75–94.

– No body is perfect. Selbstverwirklichung mit dem Skalpell?, in: NZZ Folio »Schönheit«, 1993, S. 6–11.

Dworkin, Andrea: Woman-Hating, New York 1974.

– Pornography: Men Possessing Women, New York 1989.

Eagleton, Terry: Ästhetik. Die Geschichte ihrer Ideologie, Stuttgart/Weimar 1994.

Eckart, Christel: Die Tücken des Erfolgs. Probleme der Verallgemeinerung feministischer Politik, in: Kommune, Heft 6, 1994.

Efran, M. G.: The effect of physical appearance on the judgement of guilt. Interpersonal attraction and severity of recommended punishment in a simulated jury task, in: Journal of Research in Personality 1974, 8, S. 45–54.

Eibl-Eibesfeld, I.: Liebe und Haß, München 1970.

– Der vorprogrammierte Mensch, Wien 1973.

Eichmeier, J./Höfer, O.: Endogene Bildmuster, München 1974.

Emerson, Ralph Waldo: Ausgewählte Texte: Schönheit, München 1987, S. 79–108.

Engler, Wolfgang: Was ist privat, politisch, öffentlich?, in: Leviathan 22 (1994) 4, S. 470–497.

Erpen, Heinrich: Die Sucht, mager zu sein. Der Kampf mit dem eigenen Körper, Stuttgart 1990.

Etcoff, Nancy L.: Beauty and the beholder, in: Nature, 17. März 1994.

Eye, A. v./Wiedl, K. H.: Zur Identifikation und Prädiktion von Personentypen ästhetischer Präferenz, in: Trierer Psychologische Berichte 1977, 4.

– Personentypen ästhetischer Präferenzen und ihre Klassifikationseigenschaften, in: Zeitschrift für experimentelle und angewandte Psychologie 1978, 25, S. 349–366.

Eysenck, H. J.: Type factors in aesthetic judgement, in: British Journal of Psychology 1941, 31, S. 262–270.

– The experimental study of the »good gestalt«. A new approach, in: Psychological Review 1942, 49, S. 344–354.

– Aesthetic preferences and individual differences, in: O'Hare, D.: Psychology and the Arts, Harvester Press, Sussex, 1981, S. 76–101.

Eysenck, H. J./Iwawaki, S.: Cultural relativity in aesthetic judgements: an empirical study, in: Perceptual and Motor Skills 1971, S. 817–818.

Flaake, Karen: Erst der männliche Blick macht attraktiv, in: Psychologie heute, Nr. 11, 1989.

Foucault, Michel: Archäologie des Wissens, Frankfurt am Main 1981.

– Der Gebrauch der Lüste. Sexualität und Wahrheit 2, Frankfurt am Main 1984.

– Die Sorge um sich. Sexualität und Wahrheit 3, Frankfurt am Main 1984.

Freeman, Rita: Die Opfer der Venus, Stuttgart 1989.

– Die Kunst, sich selbst zu lieben. Der innere Weg zur Schönheit, München 1990.

Friday, Nancy: Die sexuellen Phantasien der Frau, Bern 1978.

Friedan, Betty: Der Weiblichkeitswahn, Reinbek 1970.

Friedländer, Georgi M.: Ästhetik und Literaturgeschichte. Aufsätze 1940–1972, Berlin/Weimar 1976.

Frith, C. D./Nias, D. K.: What determines aesthetic preferences, in: Journal of General Psychology 1974, 91, S. 163–173.

Fritsch, G.: Die Gestalt des Menschen, Stuttgart 1899.

Fritsch, Sybille: Von Schönheit und Schmerz. Gebete und Poesie von Frauen aus aller Welt, Gütersloh 1991.

Fromm, Erich: Haben oder Sein, Stuttgart 1978.

Funke, Hermann: Urit me Glycerae nitor ... Literarische Schönheitsbeschreibungen in der Antike, in: Stemmler, S. 47–68.

Gale, G.: Are some aesthetic judgments empirically true?, in: American Philosophical Quarterly 1975, 12, S. 341–348.

Gamm, Gerhard/Kimmerle, Gerd: Ethik und Ästhetik. Nachmetaphysische Perspektiven, Tübingen 1990.

Gay, Peter: Die zarte Leidenschaft. Liebe im bürgerlichen Zeitalter, München 1987.

Geißler, Cornelia: Die neuen Leiden des Ost-Körpers, in: Michael/Spengler, S. 7–13.

Gender Studies: Reflexionen vor dem Spiegel, Frankfurt am Main 1992.

Gendolla, Peter/Zelle, Carsten: Schönheit und Schrecken. Entsetzen, Gewalt und Tod in alten und neuen Medien, Heidelberg 1990.

Giannaras, Anastasia: Ästhetik heute. Sieben Vorträge, München 1974.

Giesecke, H.: Freizeit- und Konsumerziehung. 2. Aufl., Göttingen 1971.

Gildemeister, Regine/Wellerer, Angelika: Wie Geschlechter gemacht werden, in: G. A. Knapp/A. Wellerer: Traditionen-Brüche. Entwicklungen feministischer Theorie, Freiburg i. Br. 1992.

Gilligan, Carol/Lyons,Nona P./Hanmer, Trudy J.: Making Connections. The Relational Worlds of Adolescent Girls at Emma Willard School, Cambridge/London 1990.

Goldberg, B./Folkins, C.: Relationship of body-image to negative emotional attitudes, in: Perceptual and Motor Skills 39, 1974.

Goldmann, W./Lewis, P.: Beautiful is good: Evidence that the physically attractive are more socially skillful, in: Journal of Experimental and Social Psychology 1977,13, S. 125–130.

Goleman, Daniel: Dislike of Own Body Found Common Among Women, in: New York Times, 19. März 1985.

– Equation for Beauty Emerges in Studies, in: New York Times, 5. August 1986.

Gorsen, P.: Das Bild Pygmalions, Hamburg 1969.

Grassi, Ernesto: Die Theorie des Schönen in der Antike, Köln 1980.

Greer, Germaine: Der weibliche Eunuch. Aufruf zur Befreiung der Frau, Frankfurt/Main 1970.

– Wechseljahre, München 1991.

Grefe, Christiane: Fett for Fun: Wahnfeind Cholesterin, in: Michel/Spengler, S. 7–13.

Greiner, Ulrich: Jede Frau ist schön, in: DIE ZEIT, Nr. 6, 5. 2. 1982.

Grob, Norbert: Auch das Schöne ist nur ein Effekt. Stars und Glamour im frühen Hollywood, in: Karpf/Kiesel/Visarius, S. 19–32.

Gronemeyer, Marianne: Altwerden – Aufbruch und Abschied, in: Universitas, 42. Jahrgang, September 1987, Nummer 496, S. 913–922.

Guggenberger, Bernd: Die schöne Ungerechtigkeit. Demokratisierung eines Mythos, in: Karpf/Kiesel/Visarius, S. 61–74.

– Eine Himmelsmacht? Das Ärgernis Schönheit – eine Herausforderung, in: NZZ Folio »Schönheit«, 1993, S. 44–50.

– Sein oder Design. Zur Dialektik der Abklärung, Berlin 1987.

– Wenn uns die Arbeit ausgeht, München 1988.

– Schönheit ist alles - alles andere zählt nicht, in: Frankfurter Allgemeine Zeitung, 9. Dezember 1989.

– Die soziale Macht der Schönheit, Eggingen 1991.

– Die politische Aktualität des Ästhetischen, Eggingen 1992.

– Sind Frauen schöner?, in: DIE ZEIT, 1. Mai 1992.

Guggenberger, Bernd/Janson, Dieter/Leser, Joachim

(Hrsg.): Postmoderne oder Das Ende des Suchens? Eine Zwischenbilanz, Eggingen 1992.

Gumbrecht, Hans U./Weinmann, Robert: Postmoderne – globale Differenz, Frankfurt am Main 1991.

Haag, Herbert: Schönheit im alten Israel, in: Stemmler, S. 33–46.

Häberlin, Paul: Allgemeine Ästhetik, 1929.

Hagenmaier, O.: Der goldene Schnitt, München 1977.

Hartnett, J./Elder, D.: The princess and the nice frog: Study in person perception, in: Perceptual and Motor Skills 1973, 37, S. 863–866.

Hatfield, E./Sprecher, S.: Mirror, Mirror … The Importance of Looks in Everyday Life, 1986.

Haug, Frigga: Sexualisierung der Körper, Berlin 1983.

Haug, W. F.: Warenästhetik. Beiträge zur Diskussion, Weiterentwicklung und Vermittlung ihrer Kritik, Frankfurt am Main 1975.

Hausenstein, W.: Der nackte Mensch in der Kunst aller Zeiten und Völker, München 1913.

Hegel, G. W. F.: Vorlesungen über Ästhetik. Werke, Frankfurt am Main 1970.

Heinrichs, Hans-Jürgen: »Bewege dich, so wirst du schön«. Tanz, Musik, Meditation und Wirklichkeit, Hamburg 1993.

Henckmann, Wolfhart: Ästhetik, Darmstadt 1979.

Hepburn, Katherine: Ich. Geschichten meines Lebens, München 1991.

Hirsch, E.: Das Weib in der bildenden Kunst, Stuttgart 1904.

Hodgkinson, Liz: Much more than just a pretty face, in: Guardian, 13. März 1990.

Hogarth, W.: The Analysis of Beauty Written With a View of Fixing the Fluctuating Ideas of Taste, London 1753.

Hommes, Ulrich: Der Glanz des Schönen, Regensburg 1992.

Horst, Sabine: Zwischen Natur und Kunst. Vom Ort der Schönheit im Film, in: Karpf/Kiesel/Visarius, S. 9–18.

Hülsemann, Irmgard: Ihm zuliebe? Abschied vom weiblichen Gehorsam, Frankfurt am Main 1991.

Humphrey, N. K.: The illusion of beauty, in: Perception 1973, 2, S. 429–439.

Institut für Landes- und Stadtentwicklungsforschung des Landes NRW: Umbruch der Industriegesellschaft – Umbau zur Kulturgesellschaft?, Dortmund 1991.

Iversen, E.: Canon und Proportions in Egyptian Art, London 1965.

Jahoda, G.: Sex differences in preferences for shapes: A cross-cultural replication, in: British Journal of Psychology 1956, 47, S. 126–132.

Jones, W. H./Hansson, R. O./Phillips, A. L.: Physical attractiveness and judgments of psychopathology, in: Journal of Social Psychology 1978, 105, S. 79–84.

Kambartel, Walter: Symmetrie und Schönheit. Über mögliche Voraussetzungen des neueren Kunstbewußtseins in der Architekturtheorie Claude Perraults, München 1972.

Kamper, Dietmar/Wulf, Christoph: Der Schein des Schönen, Göttingen 1989.

Kamper, Dietmar/Wulf, Christoph (Hrsg.): Die Wiederkehr des Körpers, Frankfurt am Main 1982.

Kant, Immanuel: Kritik der Urteilskraft, herausgegeben von K. Vorländer (1924), Nachdruck Hamburg 1963.

Karpf, Ernst/Kiesel, Doron/Visarius, Karsten (Hg.): »Bei mir bist Du schön«. Die Macht der Schönheit und ihre Konstruktion im Film (Arnoldshainer Filmgespräche, Bd. 11), Marburg 1994.

Kinsey, A. C./Pomeroy, W. B./Martin, C. E./Gebhard, P. F.: Das sexuelle Verhalten der Frau, Frankfurt am Main 1970.

Kleck, R. E./Richardson, St. A./Ronald, L.: Physical appearance cues and interpersonal attraction in children, in: Child Development 1974, 45, S. 305–310.

Klitzke, Udo: Schönheit und Zweckmäßigkeit. Zur Theorie der Warengestaltung, Berlin 1984.

Knoth, Ursula: Die schönsten Beine Made in Germany. Interview, in: Publik-Forum Extra, S. 32–34.

Knussmann, R.: Das Partnerbild in vergleichend biologischer Sicht, in: Vita humana 1965, 7, S. 43.

Koch, Luitgard: Vermissen wir das Schöne im Leben?, in: Natur, 1. Mai 1992.

Koenig, O.: Urmotiv Auge, München 1975.

König, R.: Kleider und Leute, Frankfurt am Main 1967.
– Macht und Reiz der Mode, Düsseldorf 1971.

Kolbe, Georg: Vom Leben der Plastik. Inhalt und Schönheit des Werkes, 5. Aufl., Berlin 1933.

Krebs, D./Adinolfi, A. A.: Physical attractiveness, social relations and personality style, in: Journal of Personality and Social Psychology 1975, 31, S. 245–253.

Kris, E.: Die ästhetische Illusion. Phänomene der Kunst in der Sicht der Psychoanalyse, Frankfurt am Main 1977.

Kris, E./Kurz, O.: Die Legende vom Künstler, Frankfurt am Main 1979.

Kummer, Irene: Ich bin die Frau, die ich bin. Eine lebendige Beziehung zu sich und anderen finden, München 1991.

Landy, D./Sigall, H.: Beauty is talent: task evaluation as a function of the performer's physical attractiveness, in: Journal of Personality and Social Psychology 1974, 29, S. 299–304.

Lang, Doe: Geheimnis Charisma. Von der magischen Kraft persönlicher Ausstrahlung, Genf 1988.

Langlois, J. H./Downs, A. C.: Peer relations as a function of physical attractiveness: the eye of the beholder or behavioral reality?, in: Child Development 1979, 50, S. 409–418.

Lasch, Christopher: The Cultur of Narcissim, New York 1978.

Lechmann, Claus: Schön und Gut, in: Psychologie heute 1/1987.

Leiris, Michel: Die Lust am Zusehen. Texte über Künstler des 20. Jahrhunderts, Frankfurt am Main 1988.

Lerner, R. M./Lerner, J. V.: Effects of age, sex and physical attractiveness on child-peer relations, academic performance and elementary school adjustement, in: Developmental Psychology 1977, 13, S. 585–590.

Lex, Hans-Eberhard: Zum Sterben schön. Pariser Friedhöfe, München 1991.

Liessmann, Konrad P.: Ästhetisierte Wirklichkeit/Verwirklichte Ästhetik – Welche Erkenntnismöglichkeiten eröffnet Kunst, welche Formen gesellschaftlicher Praxis?, in: Institut für Landes- und Stadtentwicklungsforschung (Hg.), S. 109–120.

Ligget, Arline und John: Die Tyrannei der Schönheit, München 1989.

Lorenz, K.: Die Rückseite des Spiegels. Versuch einer Naturgeschichte der menschlichen Erkenntnis, München 1973.

Loup, Kurt: Schönheit und Freiheit, Düsseldorf 1959.

Lowe, B.: The Beauty of Sport: A Cross-disciplinary Inquiry, Englewood Cliffs, New Jersey 1977.

Lowen, Alexander: Der Verrat am Körper, Reinbek 1982.

Lucas, A. R.: The imagery of Hieronymus Bosch, in: American Journal of Psychiatry 1968, 124, S. 1515–1525.

Lukács, Georg: Ästhetik (1); Die Eigenart des Ästhetischen (2); 2 Halbbände, 1965.

Lutze, Bettina: Hallo Süsser!, in: Publik-Forum Extra, S. 35.

Machotka, P.: The Nude: Perception and Personality, Irvington, New York 1979.

Mann, Thomas: Joseph und seine Brüder, Frankfurt am Main 1983.

Mapplethorpe, Robert: Some Women, München 1989.

Margulies, St.: Principles of beauty, in: Psychological Reports 1977, 41, S. 3–11.

Mathes, E. W.: The effects of physical attractiveness and anxiety on heterosexual attraction over a series of five encounters, in: Journal of Marriage and the Family 1975, 37, S. 769–773.

Mathews, A. M./Bancroff, J. H.: The principal components of sexual preference, in: British Journal of Social and Clinical Psychology 1972, 11, S. 35–43.

Meier, Christian: Politik und Anmut, Berlin 1985.

Meiners, M. L./Sheposh, J. P.: Beauty or brains: Which image for your mate?, in: Personality and Social Psychology Bulletin 1977, 3, S. 262–265.

Melamed, L./Moss, M. K.: The effect of context on ratings of attractiveness of photographs, in: Journal of Psychology 1975, 90, S. 129–136.

Meyer, Thomas: Die Transformation des Politischen, Frankfurt am Main 1994.

Meyer, Thomas A.: Ästhetik, 2. Aufl., 1925.

Michel, Karl Markus/Spengler, Tilman (Hrsg.): Verteidigung des Körpers, Kursbuch 119, Berlin, März 1995.

Mims, P. R./Hartnett, J. J./Nay, W. R.: Interpersonal attraction and help volunteering as a function of physical attractiveness, in: Journal of Psychology 1975, 89, S. 125–131.

Minker, Margaret: Die Macht der Männer und die Schönheit der Frauen, in: Psychologie heute special, S. 14–21.

– Die Zeiten ändern sich, ebd., S. 102–105.

– Mit eigenen Augen sehen. Selbstliebe lernen, Körpergefühl verbessern. Ein Handbuch für Frauen, München 1990.

Minker, Margaret/Scholz, Renate: Schönheits-Operationen. Entscheidungshilfen, Operationsmethoden, Alternativen, München 1988.

Mitchel, K. R./Orr, E. E.: Heterosexual social competence, anxiety, avoidance and self-judged physical attractiveness, in: Perceptual and Motor Skills 1976, 43, S. 553-554.

Möhrmann, Renate: Die Schauspielerin. Zur Kulturgeschichte der weiblichen Bühnenkunst, Frankfurt am Main 1989.

Morgan, Elaine: Der Mythos vom schwachen Geschlecht, Düsseldorf 1972.

– The Descent of Woman, New York 1979.

Morris, Desmond: Der nackte Affe, München 1980.

– Intimate Behavior, London 1971.

Muehleck-Müller, Cathleen: Schönheit und Freiheit. Die Vollendung der Moderne in der Kunst; Schiller – Kant, Würzburg 1989.

Müller, Gerald: Philosophische Ästhetik versus Ästhetisches Manifest. Rekonstruktion und systematischer Vergleich der ästhetischen Theorien Kants und Oscar Wildes, Konstanz 1983.

Müller, H. W.: Der Kanon in der ägyptischen Kunst, München 1973.

Münker, Rolf: Schönheitschirurgie. Faszination und Grenzen. Aktuelle Operationsmethoden, Stuttgart 1991.

Mundt, Theodor: Ästhetik. Die Idee der Schönheit und des Kunstwerks im Lichte unserer Zeit, Göttingen 1966.

Neumann, Eckhardt: Herrschafts- und Sexualsymbolik, Stuttgart 1980.

Niewöhner, Heinrich: Einfache Nachahmung der Natur, Manier und Stil. Grundbegriffe der Poetik und Ästhetik, Frankfurt am Main/Bern/New York/Paris 1991.

Nitschack, Horst: Kritik der ästhetischen Wirklichkeitskonstitution. Eine Untersuchung zu den ästhetischen Schriften Kants und Schillers, Frankfurt am Main 1976.

Nohl, Hermann: Die ästhetische Wirklichkeit. Eine Einführung, 3. Aufl., Frankfurt am Main 1961.

NZZ Folio: Schönheit, Nr. 5, Mai 1993.

Obermaier, Uschi: Das wilde Leben. Aufgezeichnet von Claudius Seidl, Hamburg 1994.

O'Hare, D.: Psychology and the Arts, Harvester, Sussex 1981.

Osborne, H.: Theory of Beauty, London 1952.

Panofsky, Erwin: Stil und Medium im Film, in: ders., Die ideologischen Vorläufer des Rolls-Royce-Kühlers, Frankfurt am Main 1993, S. 17–52.

Paris, Ginette: Aphrodites Wiedergeburt, 1990.

Patalas, Enno: Sozialgeschichte der Stars, Hamburg 1963.

Patzer, G. L.: The Physical Attractiveness Phenomena, 1985.

Pawlik, J.: Goethe. Farbenlehre, Köln 1974.

Peary, Gerald: Rita Hayworth. Ihre Filme – ihr Leben, Heyne Filmbibliothek 12, München 1985.

Peitz, Christiane: Ich komme aus dem Bett hier. Über Richard Gere als »American Gigolo« und über schöne Männer, nicht nur im Kino, in: Karpf/Kiesel/Visarius, S. 123–136.

Perrett, D. I./May, K. A./Yoshikawa, S.: Facial shape and judgments of female attractiveness, in: Nature, 17. März 1994.

Peters, Werner: The Existential Runner: Über die Demokratie in Amerika, Eggingen 1992.

Pfannenschwarz, Christl: Schön und gut, aber: Was heißt eigentlich »schön«?, in: Psychologie heute special, S. 36–43.

Piaget, J.: Das moralische Urteil beim Kinde, Zürich 1954.

Piehl, J.: The golden section: The true ratio?, in: Perceptual and Motor Skills 1978, 46, S. 831–834.

Platon: Das Trinkgelage oder über den Eros, Frankfurt am Main 1985.

Polhemus, Ted: Body Styles, Lennard Publishing, Luton 1988.

Pomeroy, Sarah: Frauenleben im klassischen Altertum, Stuttgart 1985.

Psychologie heute special: Frauenschönheit, Heft 4, Weinheim 1992.

Publik-Forum Extra: Schönheit. Atme die Fülle des Augenblicks, 1994.

Püschel, F.: Messen, Maßnehmen, Abformen am menschlichen Körper, Berlin 1962.

Rabius, Martin: Die Kunst des gewissen Etwas. Zu »Gila« von Charles Vidor, in: Karpf/Kiesel/Visarius, S. 113–122.

Ranke-Graves, Robert: Griechische Mythologie, Reinbek 1960.

Rauch, Judith: Frauen – nicht von Natur aus das »schöne Geschlecht«, in: Psychologie heute special, S. 60–65.

Reed, Evelyn: Woman's Evolution: From Matriarchal Clan to Patriarchal Family, New York 1986.

Rehm, Hubert: Schönheit – doch mehr als bloßer Durchschnitt?, in: Spektrum der Wissenschaft, 1. Juli 1994.

Rivette, Jacques: Schriften fürs Kino, CICIM 24/25, München 1989.

Rohr, S.: Über die Schönheit des Findens. Die Binnenstruktur menschlichen Verstehens nach Charles S. Peirce. Abduktionslogik und Kreativität, Stuttgart 1993.

Rosenkranz, Karl: Ästhetik des Häßlichen, Darmstadt 1976.

Russett, Cynthia E.: Hairy Men and Beautiful Women, in: Sexual Science: The Victorian Construction of Womanhood, Harvard University Press, Cambridge/Massachusetts 1989.

Rutschky, Katharina: Männerschönheit. Über einige Hemmnisse, die ihr im Wege stehen, in: Frankfurter Rundschau, 8. Juni 1985.

Salvia, J./Algozzine, R./Sheare, J. B.: Attractiveness and school achievement, in: Journal of School Psychology 1977, 15, S. 60–67.

Schadow, G.: Polyklet oder von den Maßen des Menschen nach dem Geschlecht und Alter, Berlin 1834.

Schapals, Carola: Applaus für die Sonne, in: Publik-Forum Extra, S. 24.

Schiller, Friedrich: Über die ästhetische Erziehung des Menschen in einer Reihe von Briefen, in: ders., Sämtliche Werke, hrsg. von Gerhard Fricke und Herbert G. Göpfert, Bd. 5, München 1980.

Schmaußer, Beatrix: Blaustrumpf und Kurtisane. Bilder der Frau im 19. Jahrhundert, Stuttgart 1991.

Schmidt-Joos, Siegfried: Ästhetizität. Philosophische Beiträge zu einer Theorie des Ästhetischen, 2. Aufl., München 1972.

- (Hg.) »schön«. Zur Diskussion eines umstrittenen Begriffs, München 1976.

Schneider, Gisela/Laermann, Klaus: »Augen-Blicke«. Über einige Vorteile und Einschränkungen geschlechtsspezifischer Wahrnehmung, in: Kursbuch 49, 1977.

Schneider, Sylvia: Schönheit: Letztes Mittel gegen die Emanzipation?, in: Psychologie heute special, S. 52–57.

Schnelle, H. H.: Längen-, Umfang- und Bewegungsmaße des menschlichen Körpers, Leipzig 1960.

Schneppen, Anne: Sinnlich, selbstbewußt und ein klein wenig böse, in: DIE ZEIT, 10. Februar 1995.

Scholz, Renate: Körperkorrekturen. Schönheitsfehler beheben. Ein Ratgeber für Erwachsene und Kinder, München 1990.

Schuster, Martin: Das ästhetische Motiv. Eine Einführung in die Psychologie der Bildenden Kunst, Frankfurt am Main 1985.

Schwarzer, Alice: Durch dick und dünn, Hamburg 1989.

Schwichtenberg, Cathy: The Madonna Connection. Representional Politics, Subcultural Identities and Cultural Theory, Boulder (Colorado) 1993.

Sedlmayr, Hans: Verlust der Mitte. Die bildende Kunst des 19. und 20. Jahrhunderts als Symptom und Symbol der Zeit, Salzburg 1948.

Seid, Roberta Pollack: Never Too Thin: A History of American Women's Obsession with Weight Loss, New York 1988.

Sereny-Limmer, Margit: »Jede Frau ist ein Original – und Originale sind kostbar«. Interview, in: Psychologie heute special, S. 48–51.

Serres, Michel: Der Hermaphrodit, Frankfurt am Main 1989.

Sichtermann, Barbara: Weiblichkeit. Zur Politik des Privaten, Berlin 1983.

Sigall, H./Landy, D.: Radiating beauty: effects of having a physically attractive partner on person perception, in: Journal of Personality and Social Psychology 1973, 28, S. 218–224.

Simmel, Georg: Zur Philosophie der Kunst, Potsdam 1922.

– Philosophie der Landschaft. Das Individuum und die Freiheit, Berlin 1984.

Slama, V.: Von der Sinnlichkeit der roten Farbe, Wien 1990.

Sloterdijk, Peter: Unsere Sterne sind weiblich, in: Vogue (Deutschland) 12 (1993), S. 62–64.

Sloterdijk, Peter (Hrsg.): Vor der Jahrtausendwende: Berichte zur Lage der Zukunft, Frankfurt am Main 1990.

Sommer, Carlo Michael/Wind, Thomas: Die Hüllen des Ich, Weinheim 1988.

Spitz, R./Wolf, K.: The smiling response. A contribution to the ontogenesis of social relations, in: General Psychology Monographs 1946, 24, S. 57–125.

Sprecher, Susan: Haben es Schöne schöner? Erkenntnisse der Sozialpsychologie, in: NZZ Folio »Schönheit«, 1993, S. 25–27.

Staib, Margitta: Die enthaarte Frau. Körper- und Gesichtsbehaarung, München 1991.

Stemmler, Theo (Hg.): Schöne Frauen – Schöne Männer. Literarische Schönheitsbeschreibungen. Vorträge eines interdisziplinären Kolloquiums, Mannheim 1988.

Stephan, Cora: Leben im Unnatürlichen. Ein Plädoyer, in: Michel/Spengler, S. 1–6.

Stiftung Deutsche Kinemathek (Hg.): Valentino, Berlin 1979.

Stone, Merlin: Als Gott eine Frau war. Die Geschichte der Ur-Religionen unserer Kulturen, München 1988.

Sturm, Hermann/Eschbach, Achim: Ästhetik und Semiotik. Zur Konstitution ästhetischer Zeichen, Tübingen 1981.

Sudendorf, Werner: Marlene Dietrich, Berlin 1980.

Swartz, P.: Effect of face masking on aesthetic judgment, in: Perceptual and Motor Skills 1980, 51, S. 3–11.

Tervooren, Helmut: Schönheitsbeschreibung und Gattungsethik in der mittelhochdeutschen Lyrik, in: Stemmler, S. 171–198.

Theweleit, Klaus: Männerphantasien, Frankfurt/M. 1976.
– Buch der Könige, Basel/Frankfurt am Main 1988.
Tobacyk, J./Myers, H./Bailey, L.: Preference for photographs and personality traits, in: Perceptual and Motor Skills 1981, 52, S. 762–766.
Tomberg, Friedrich: Politische Ästhetik. Vorträge und Aufsätze, Darmstadt und Neuwied 1973.
Treichler, Peter: Ungeputzt am schönsten. Wandel weiblicher Schönheit im 20. Jahrhundert, in: NZZ Folio »Schönheit«, 1993, S. 28–40.
Udry, J. R.: Structural correlates of feminine beauty preferences in Britain and the United States: a comparison, in: Sociology and Social Research 1965, 49, S. 330–342.
Und ewig lockt das Weib, in: Der Spiegel, 3. August 1992.
Utiz, Emil: Ästhetik, Berlin 1923.
Virilio, Paul: Krieg und Kino – Logistik der Wahrnehmung, 2. Aufl., München 1991.
Vitruv: Zehn Bücher über Architektur. Lat. und dt. v. C. Fensterbusch, Darmstadt 1937.
Volkelt, J.: Objektive Ästhetik, in: Zeitschrift für Ästhetik 1917, 12, S. 385–424.
Voss, H. G./Keller, H.: Neugierforschung. Grundlagen – Theorien – Anwendungen, Weinheim 1981.
Wagoner, H. H./Sullenberger, C. B.: Pupillary size as an indicator of preference in humor, in: Perceptual and Motor Skills 1978, 47, S. 779–782.
Walster, E.: Importance of physical attractiveness and dating behavior, in: Journal of Personality and Social Psychology 1966, 4, S. 508–516.
Walters, Margaret: Der männliche Akt. Ideal und Verdrängung in der europäischen Kunstgeschichte, Berlin 1979.
Wander, Maxie: Guten Morgen, du Schöne. Frauen in der DDR, 5. Aufl., Darmstadt und Neuwied 1978.
Warner, Marina: In weiblicher Gestalt. Die Verkörperung des Wahren, Guten und Schönen, Reinbek 1989.

Webb, E./Campbell, D. T./Schwartz, D./Sechrest, L.: Unobstrusive measures: Nonreactive research in the social sciences, McNally: Chicago 1966.

Welsch, Wolfgang: Ästhetik und Anästhetik, in: Welsch/Pries, S. 67–90.

Welsch, Wolfgang/Pries, Christine: Ästhetik im Widerstreit. Interventionen zum Werk von Jean-François Lyotard, Weinheim 1991.

Wenders, Wim: Emotion Pictures, Frankfurt am Main 1986.

Werckmeister, O. K.: Ende der Ästhetik. Essays über Adorno, Bloch; Das gelbe Unterseeboot und der eindimensionale Mensch, Frankfurt am Main 1971.

West, St. G./Brown, T. J.: Physical attractiveness, the severity of the emergency and helping: a field experiment and interpersonal simulation, in: Journal of Experimental Social Psychology 1975, 11, S. 531–538.

Wickler, W.: Stammesgeschichte und Ritualisierung, München 1970.

Widmann, Arno: Sex und Lust, in: Ästhetik und Kommunikation, Bd. 7, Berlin 1981.

Wiederkehr-Benz, Katrin: Weibliche Schönheit und Emanzipation, in: Neue Zürcher Zeitung, 22. März 1992.

Wilhelmi, Ch. v.: Handbuch der Symbole, Berlin 1980.

Will, Herbert: Der ewige Streit zwischen Körper und Seele, in: Michel/Spengler, S. 51–66.

Wilson, D. W.: Helping behavior and physical attractiveness, in: Journal of Social Psychology 1978, 104, S. 313–314.

Wilson, D. W./Donnerstein, E.: Guilty or not guilty? A look at the »simulated« jury paradigm, in: Journal of Applied Social Psychology 1977, 7, S. 175–190.

Winckelmann, Johann Joachim: Geschichte der Kunst des Altertums, Dresden 1764.

– Anmerkungen über die Geschichte der Kunst des Altertums (1767), in: Winckelmann: Kunsttheoretische Schriften, Bd. 5, Straßburg 1966.

- Von der Fähigkeit der Empfindung des Schönen in der Kunst, in: Kunsttheoretische Schriften, Bd. 10, Straßburg 1966.
- Gedanken über die Nachahmung der Griechischen Werke in der Malerei und Bildhauerkunst, Erläuterung, Stuttgart 1969.

Winkler, Ulrich: Das schöne Leben. Eine interdisziplinäre Diskussion von Gerhard Schulzes »Erlebnisgesellschaft«, Wien 1994.

Winterberg, C.: Divina Proportione. Die Lehre vom Goldenen Schnitt, Wien 1889.

Wolandt, Gerd: Die Ästhetik, das tägliche Leben und die Künste. Ausgewählte Vorträge. 8. Internationaler Kongreß für Ästhetik, Bonn 1984.

Wolf, Naomi: Der Mythos Schönheit, Reinbek 1991.

Wright, Patricia: Goya. Bild-Erlebnis-Kunst, Stuttgart/Zürich 1994.

Wysocki, Gisela von: Metropolitan-Lady oder Utopische Masken des Weiblichen, in: Sudendorf 1980.

Xenophon: Memorabilia, herausgegeben von C. Hude, Leipzig 1934.

Zurhorst, Meinolf: Richard Gere. Seine Filme – sein Leben, München 1993.

Brigitte Beil

Gutes Kind, böses Kind

Warum brauchen Kinder Werte?
dtv 36539

»Für kleine Elefanten ist die Sache ganz einfach: sie kommen auf die Welt und wissen sofort instinktiv, was sie tun müssen, um in ihrer Herde als gute Dickhäuter zu gelten. Kleine Menschen haben es da entschieden schwerer... Sie haben keine Ahnung, warum sie dieses tun und jenes lassen sollen, warum man wohl auf die Trommel, nicht aber auf den Kopf der kleinen Schwester hauen darf.«

Darin sind sich die meisten Menschen einig: Freundschaft, Gerechtigkeit, Mitgefühl, Vertrauen und Toleranz sind für unsere Kinder notwendiger denn je. Schwierig wird es allerdings, wenn es darum geht, Kindern diese Tugenden praktisch zu vermitteln. Und ab welchem Alter? Wie kann man Kindern und Jugendlichen Werte nahebringen, ohne daß sie altmodische hohle Phrasen bleiben? Solange sie abstrakt bleiben, sind es einfach nur zu große Worte für kleine Menschen.

Konkrete Vorschläge aus dem und für den Familienalltag. Damit kommt die Frage nach den Werten wieder dahin zurück, wo sie wirklich sinnvoll ist – ins Kinderzimmer.

»Brigitte Beil baut auf positive Kräfte und praktisches Handeln. Ihr Optimismus ist ansteckend.«
Maria Frisé in der FAZ

dtv

Fit durch gesunde Ernährung

Dr. med. K. H. Cooper
**Die neuen Gesund-
macher. Antioxidantien.**
Das Ernährungs- und Fit-
neßprogramm gegen freie
Radikale
dtv 36548

Dr. med.
Harald Kinadeter
Gesund mit Vitaminen
Der tägliche Vitaminbedarf
zum Schutz vor Krankhei-
ten und Umwelteinflüssen
dtv 36512

Margret Siemers
**Gesund mit natürlichen
Haus- und Heilmitteln**
Kräutertees, Säfte und
Tinkturen, Dämpfe, Aro-
maöle und Einreibungen,
Umschläge, Waschungen
und Bäder
dtv 36518

**Handbuch der gesunden
Ernährung**
Von Ahornsirup bis Zu-
satzstoffe
Von Franz Binder und
Josef Wahler
dtv 36006

Heilfasten
Die Buchinger-Methode-
Der natürliche Weg zu
körperlicher und seeli-
scher Gesundheit
Herausgegeben von
Maria Buchinger
dtv 36504

Dr. med.
Helmut Anemueller
Richtig essen
Die Grundlage der Voll-
kornernährung
dtv 36510

Das neue Küchenlexikon
Von Aachener Pronten bis
Zwischenrippenstück
Von Erhard Gorys
dtv 36008

Michel Montignac
**Essen gehen und dabei
abnehmen**
dtv 36524

Michel Montignac
Ich esse um abzunehmen
Die Methode Montignac
CD-ROM
dtv 52101

dtv

Die Etikette ist tot – es lebe die Höflichkeit!

C. Bernd Sucher
Hummer, Handkuß, Höflichkeit
Das Handbuch des guten Benehmens
dtv premium 15102

»Kultiviert ist nicht derjenige, der Regeln beherrscht,
sondern sie variiert, der Situation anpaßt, sie – auch das ist
machmal nötig und richtig – mißachtet.«

Gut benehmen kann sich jeder: Wie und warum was zur rechten Zeit zu sagen, zu tun oder zu lassen ist, führt C. Bernd Sucher in diesem so praktischen wie geistreichen Benimmbuch vor. Von Anrede bis Zahnstocher, von Affront bis Umgangsformen, von Champagner bis Tischreden, es bleibt keine Frage offen zu Lebensstil, Geschmack und angenehmem Umgang miteinander.

Ein liebenswürdiges und mitunter auch bissiges Brevier der feinen Lebensart und des guten Geschmacks für alle Lebenslagen.

»**Das beste Benimm-Buch seit langem.
Kein lauwarmer Aufguß antiquierter Verhaltensregeln,
sondern ein humorvoll geschriebener,
lebensnaher Ratgeber.**«
›Cash‹, Hamburg

dtv

Warum wir küssen – wen wir küssen – wie wir küssen

Adrianne Blue
Vom Küssen
oder Warum wir nicht voneinander lassen können
dtv premium 24105

»Ist das Küssen ein evolutionärer Fortschritt?
Oder ist es nur ein Zufall, daß die beiden intelligentesten
Primatenarten – die Menschen und die Bonobos –
Weltmeister im Küssen sind?«

Seit jeher regt der Kuß die Phantasie des Menschen an und ist
Ausdruck von Gefühlen der Liebe, Leidenschaft und Sehnsucht, der Freundschaft und des Verrats, der Ehrerbietung,
Unterwerfung und Dankbarkeit. Und nichts tun wir so gerne
und so ausgiebig wie Küssen.

Adrianne Blue breitet vor uns ein wahres Schlaraffenland des
Küssens aus, indem sie neueste wissenschaftliche Erkenntnisse mit den schönsten Geschichten, Gedichten und Szenen
aus Theater und Film verbindet, die unsere Kultur zum
Thema Küssen zu bieten hat.

»Ein Buch, das einfach Lust macht.«
Cosmopolitan

dtv

Abservierte Männer, Kinder ohne Väter – Opfer eines hunderttausendfachen Scheidungskrieges

Karin Jäckel
Der gebrauchte Mann
Abgeliebt und abgezockt – Väter nach der Trennung
dtv premium 15103

»Meine Anklage gilt nicht den Menschen, die ihre Ehe
oder eheähnliche Beziehung auflösen.
Ich prangere nur das Wie an.«

Jede dritte Ehe in Deutschland wird geschieden, und in knapp der Hälfte gibt es gemeinsame Kinder. In der Regel bleiben diese bei den Müttern, und die Männer werden zu Besuchspapas und Zahlvätern degradiert, die sich den ersehnten Kontakt zum eigenen Sprößling bitter erkämpfen müssen.

Wie diese in Scheidungsfällen ganz alltägliche Situation von den Betroffenen erlebt wird, dokumentiert Karin Jäckel in dieser Sammlung authentischer Lebensgeschichten, die den Blick vom Leid der Frauen an zerbrochenen Familien auf das der Männer und der gemeinsamen Kinder lenkt.

»Karin Jäckels schockierender Sozialreport macht darauf aufmerksam, daß hier sozialer Zündstoff entsteht, der uns alle angeht – nicht nur ein paar zornige Mütter, verletzte Väter und verzweifelte Kinder.«
Eva Herold-Münzer

dtv